영성집회 시리즈1

〈집회 가운데 임하시는 주님〉 개정판

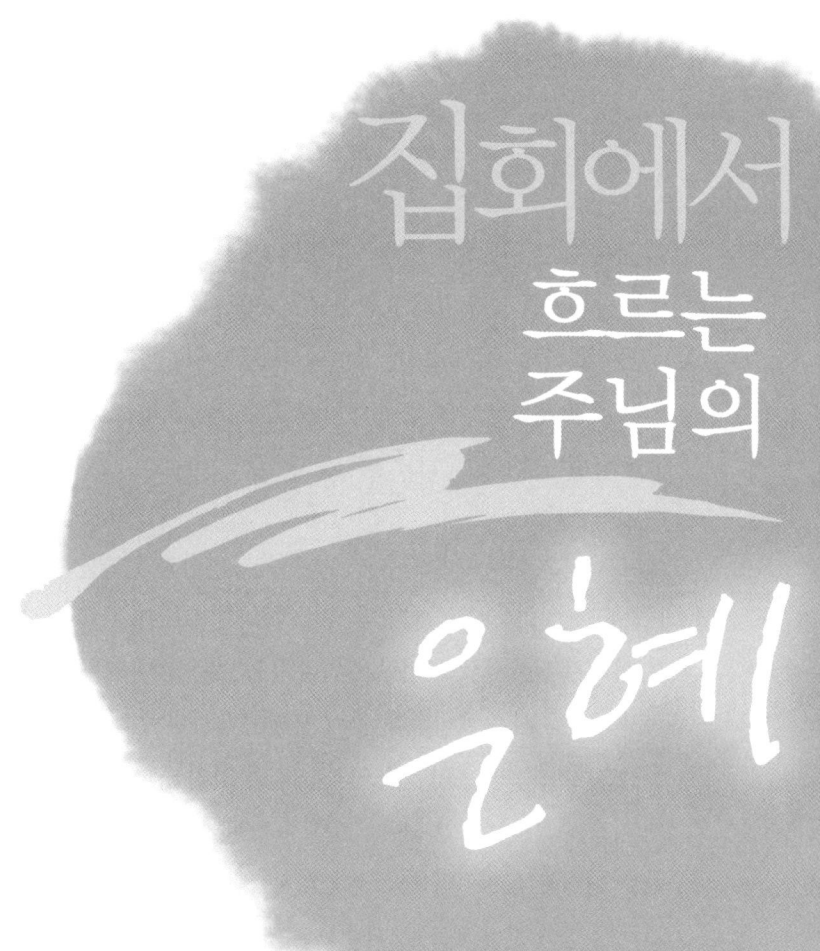

집회에서
흐르는
주님의
은혜

정원 지음

영성의 숲

서문

이 글은 제가 운영하고 있는 인터넷 카페 [정원 목사 독자 모임]에 실린 글들 중에서 모임과 집회에 관련된 것을 모아서 편집한 것입니다.
저는 지금까지 주로 기도와 영성에 대한 30 여권의 책을 저술하였고 그 동안 저의 글을 통하여 영적 변화를 경험했다는 많은 분들의 고백과 간증을 수없이 접하였습니다.

저의 사역은 현장의 집회 사역보다 주로 영성의 원리를 체계화시키기 위한 글쓰기의 사역이라고 할 수 있습니다. 그러므로 활동적이기보다는 거의 움직이지 않고 사람을 만나지 않으며 혼자 조용히 기도하고 묵상하고 글을 쓰는 편입니다. 문서 사역에 몰두할 수 있도록 목회도 내려놓았습니다. 그러나 가끔 모임과 집회를 가지는 이유는 영성이란 단순히 이론에 그쳐서는 안 된다고 생각하기 때문입니다.
글을 통해서 실제적인 영적인 원리를 제시하는 것도 필요하지만 또한 그러한 영적 원리와 흐름, 그리고 하나님의 풍성한 임재하심의 실제가 집회를 통해서 나타나고 경험되어져야 하지 않는가 하는 마음이 있기 때문입니다.
그런 마음으로 가끔 집회를 하게 되었고 감사하게도 우리의 모임 가운데는 주님의 풍성한 임재와 은총이 임하시곤 하였습니다.

이 글은 그러한 집회와 모임을 하면서 느꼈던 여러 가지 깨달음이나 영적인 원리를 기록한 것입니다. 영성 사역이나 그 영의 흐름에 대한 원리에 관심이 있는 분들은 어느 정도 도움이 될 것입니다.

카페에 집회에 대한 광고가 나가면 그 때부터 회원들의 기대로 들뜬 글들이 게시판에 오르곤 하였습니다. 마치 잔치를 하는 것 같았지요.
집회를 위해서 중보 기도를 자청하는 분들.. 여러 가지 봉사에 자원하는 분들.. 그리고 집회를 마치면 서로 집회와 모임을 통해서 받은 느낌들을 서로 눈물로 고백하고 나누며 서로에 대한 그리움들을 토로하곤 해서 카페가 아주 법석거렸습니다. 하루에 100개가 넘는 글들이, 덧글까지 포함하면 4 - 500개가 넘는 글들이 올라오기도 하였지요.
일단 문서화되는 것이기 때문에 그러한 홈페이지의 분위기를 그대로 전달하는 것은 불가능할 것입니다. 지나칠 정도로 저에게 감사와 사랑의 마음을 표하는 글들, 회원들 간의 애정과 그리움에 대한 고백들을 다 실을 수는 없겠지요. 다만 그러한 회원들의 글 중에서 몇 개를 선정해서 내용을 요약하여 집회와 모임의 분위기를 조금이나마 전달할 수 있도록 하였습니다.

제가 인도하는 모임과 집회는 어떤 문제의 해결이나 질병의 치유 등에 초점을 두지 않고 오직 우리의 영혼이 눈을 뜨고 깨어나는 것, 그리하여 주님의 임재를 누리고 경험하고 알아 가는 것에 초점을 두고 있습니다. 그러므로 주로 주님 자신에 대하여 알기 원하고 영혼이 깨어나기를 원하고 사모하는 이들이 모이게 됩니다.
집회에 참석한 이들의 경험과 간증을 어느 정도 실은 것은 그러한 글과 표현에서 그들이 경험한 영의 흐름이 흘러나오기 때문입니다.
그러한 간증과 고백들은 단순한 문자가 아니라 그들이 경험한 영적 실체이기 때문에 그 글 속에서 영적인 에너지와 풍성함이 흘러나와 글을 읽는 이들에게도 그러한 영적인 힘이 전달되게 됩니다. 카페에 있는 집회에 관련된 간증을 읽다가 통곡하는 일은 흔히 일어나는 일이었으며 어떤 이는 PC방에서 읽고 있다가 영적인 능력이 임하여 쓰러지다시피 하신 분도 있습니다. 이 글을 읽는 이들에게도 그와 동일한 주님의 능력과 은총이 임할 것을 기대합니다.

주님을 사모하고 추구하는 그리스도인들의 모임과 집회는 우리가 누릴 수 있는 가장 영광스러운 축복입니다.
우리는 어떤 문제의 해결을 얻기 위해서나 외적인 복을 받기 위해서 모이는 것이 아니라 그리스도를 더 알고 누리고 맛보기 위하여 모이는 것입니다. 그리고 모임과 집회를 통해 우리의 영이 풀려나고 우리가 주님의 임재와 풍성함을 누릴 수 있게 될 때 우리는 그것이 바로 천국인 것을 알게 됩니다.
그리스도인들이 모이는 모든 집회와 모임이 바로 이렇게 천국이 될 수 있다면 우리는 진정 우리에게 주어진 모든 삶에서 승리와 영광과 자유함을 누릴 수 있게 될 것입니다.
부디 이 책이 주님이 사용하시는 아름다운 도구가 되기를 소원합니다. 할렐루야..

2003. 8. 정원.

개정판 서문

이 책은 2003년 9월에 [집회 가운데 임하시는 주님]이라는 제목으로 출간된 책입니다. 이번에 독자여러분들의 제의를 받아들여 내용을 대폭 수정하고 증보하였습니다.

저자의 글에 비하여 회원들의 간증이 좀 많아서 아쉽다는 분들이 많이 계셔서 간증을 거의 없애고 간단하게 요약하였으며 저자의 글을 더 많이 실었습니다. 다른 책인 [영성의 원리]와 중복되는 내용의 한 장을 삭제했고 다른 2개의 장을 추가하였습니다.

부디 이 책을 읽는 독자님들이 집회에서, 책에서 흐르는 영성의 흐름에 실제적으로 접하여 주님의 임재와 은총을 풍성하게 경험하게 되기를 기원합니다.

이 책이 처음 출간된 때에 비하여 최근에는 시간 여유도 부족하고 문서 사역에 전념하기 위하여 공개적인 집회는 거의 하지 않으므로 이해해 주셨으면 합니다.

2007. 5. 정원.

서문

1장 신촌의 첫 모임
1. 영성 모임의 아름다움에 대하여 (10)
2. 집회에서의 어지러운 현상에 대하여 (15)

2장 두 번째 나눔의 교회 모임
1. 집회의 중심이 되는 주님의 임하심 (25)
2. 기 체험과 성령체험의 차이에 대하여 (40)

3장 에바다 교회 집회
1. 예배와 주의 임재와 포옹에 대하여 (48)
2. 이 시대에 필요한 권능의 영성 (51)

4장 삼정 교회 집회
1. 중보와 사역은 영혼을 높은 곳으로 이끄는 것입니다 (63)
2. 주님의 은혜와 영광의 임하심에 대하여 (71)
3. 주님의 강권적인 사랑하심 (85)
4. 주님을 찬양합니다! (89)

5. 글을 읽는 중에 임하시는 주님의 역사 (91)

6. 부흥은 고통의 대가만큼 온다 (93)

7. 오직 주님을 구하십시오 (101)

8. 역설의 기쁨에 대하여 (106)

5장 개봉동 세계 영성원 집회
1. 집회 리포트 (113)

2. 하나님의 임재가 모든 것의 중심이다 (121)

6장 평촌 예비사모 모임과 가정 모임
1. 어제 모임 이야기들 (134)

2. 메시지 정리 (141)

7장 수원 온누리 교회 집회
1. 주님의 마음을 느끼는 것 (148)

2. 오전 메시지 정리 (172)

3. 오후 메시지 정리 (191)

8장 보라매공원 회관 집회
1. 갈망이 있는 곳에 주님은 임하신다 (221)

2. 보라매 집회의 소감 (234)

3. 보라매집회 후 목사님 댁에서의 메시지 (243)

1장 신촌의 첫 모임

일시 : 2001. 5. 29
장소 : 신촌 꿈뜰

아직 컴퓨터에 익숙하지 않은 컴맹의 상태에서 기독교의 대표적인 인터넷 사이트인 갓피플에 [사랑의 영성 모임]이라는 인터넷 카페를 만들고 운영을 하게 되었습니다. 지금은 [정원 목사 독자모임]이라고 이름이 바뀌었지요.
처음에 인터넷으로 글을 올리고 낯선 사람들과 인터넷을 통하여 교제를 나눈다는 사실이 마냥 신기하기만 하였습니다.
목회를 내려놓고 처음으로 글쓰기를 시작한 터라 시간 여유가 비교적 많아서 날마다 이 곳에서 영성의 원리, 흐름에 대한 여러 글들을 올리고 찾아오는 이들과 교제하며 질문에 답하기도 하고 상담도 하면서 지내게 되었습니다.
비록 실제의 만남이 아니었고 컴퓨터 속의 만남이었지만 그것은 우리 모두에게 커다란 즐거움이었습니다. 날마다 컴을 켜고 카페에 들어와 글을 읽으며 울고 웃는 이들이 점점 더 많아졌습니다. 카페가 주는 기쁨과 주님의 임재가 놀라웠기 때문에 카페의 초기 화면을 보기만 해도 눈물을 흘리는 이들도 있었습니다.

날마다 자주 카페에 들어와 그렇게 삶을 나누다보니 우리 모두는 서로 깊은 일체감과 친밀감을 느끼게 되었고 직접 만나보고 싶은 마음이 들게 되었습니다. '여기에서 글을 쓰는 사람들은 어떤 사람들일까?' 하는 호기심이 생기게 되었던 것이지요.

그래서 카페에 광고를 내고 첫 모임을 가지게 되었습니다. 모임에 대한 공고가 뜨자 카페는 정말 아수라장이었지요. 즐거운 흥분과 기대로 인하여 말입니다. 아무튼 그렇게 해서 즐겁고 행복한 만남이 시작되었습니다.

지금은 회원이 7천명이 넘었고 날마다의 방문자수가 8-900명이나 되어 예전의 가족과 같은 오붓함은 많이 사라져 아쉬운 마음이 듭니다.

카페를 통한 교제의 열정이 초기보다는 많이 식었지만, 그래도 여전히 인터넷의 글들과 사역을 통하여 주님께 대한 갈망들이 일어나고 충족되고 그 흐름이 퍼져나가는 것에 대하여 주님께 감사할 뿐입니다. 부디 인터넷과 그 사역들이 앞으로도 주님의 아름다운 통로가 되기를..

할렐루야..

1. 영성 모임의 아름다움에 대하여

할렐루야. 모두들 다 평안하시지요?
어제의 첫 모임.. 글로만 보던 많은 분들을 실제로 볼 수 있어서 참 즐거웠습니다. 몇 분 정도 오셔서 오붓한 교제를 하리라 생각했는데 기대이상으로 많이 오셔서 놀랐습니다.

모임을 하기에는 그 장소가 여러 가지로 조건이 안좋더군요.
그곳에는 기도의 영이 거의 없어서 혼미한 기운이 좀 있었어요.
바깥의 소음, 발자국 소리, 소리가 새어나가 영적 기운이 모이지 않고 퍼지는 느낌 등이 몹시 안타까웠습니다.
저는 주로 내면적인 사역을 하는 사명이기 때문에 고요함과 안정된 분위기가 필요했는데 어제는 그런 면에서 조금 아쉬웠습니다.
마이크가 있으면 조용히 이야기해도 전달이 되니까 영의 흐름에 도움이 되었을 텐데 마이크도 없고 원래 소리가 작은 편이어서 잘 안 들리니까 목에 힘주게 되고 그러다 보니 긴장하게 되어 영의 흘러나옴이 방해를 받는 느낌이 들더군요.
앞으로 계속 모이려면 장소를 위한 기도가 참 필요할 것 같습니다.
기도할 수 있는 고요한 공간, (기도가 쌓여있는 곳이라면 더 좋겠지요.) 무릎을 꿇거나 누울 수 있는 곳.. 피아노나 키보드 정도는 있는 곳이 필요한데 앞으로 계속 모이려면 좀 알아보아야겠습니다.
저는 집회도 좋지만 그룹모임도 참 중요하다고 생각합니다.
집회에서는 기도와 찬양을 통하여 주님의 임하심과 만지심을 경험하기는 좋지만 서로 충분히 대화를 하고 교제를 나누기가 어렵습니다.
사람은 누구나 자기의 깊은 부분을 표현하고 격려를 받고 그렇게 나누면서 행복감을 느끼고 영적으로 풍성해지고 성장해갈 수 있지요. 대중집회와 함께 그러한 소그룹의 모임은 필수적이라고 할 수 있습니다.

많은 소그룹 모임이 있지만 자신의 정서가 표현되고 그것이 온전히 받아들여지고 격려를 받는 경우가 많지 않기 때문에 저는 그러한 고백과 나눔의 훈련이 참 필요하다고 느낍니다.
각자가 얼마나 아름다운 존재이고 또 주님이 기뻐하시는지 그리고 서로의 존재가 서로에게 힘이 되는지.. 그렇게 서로 칭찬하고 격려하는 모임이 얼마나 필요하고 중요한지 모릅니다.
저는 그러한 격려사역을 통하여 얼마나 사람이 빨리 성장하고 변할 수 있는지 서로 체험하게 되기를 원해요.
그러한 것은 전체 집회에서는 한계가 있습니다. 그러한 나눔은 소그룹에서 가능하며 5-6명 이상이면 어렵지요.

자신을 표현하기 어려워하고 사랑을 고백하거나 받기에 익숙하지 않은 분들이 그러한 훈련들을 통해서 실제로 회복되고 자유롭게 되는 그러한 모임을 참 하고 싶군요.
대부분의 사람들이 혼자서 영성의 거인이 되려고 하지 관계 안에서 성장할 줄을 모릅니다. 그러나 그러한 관계가 자유롭지 않으면 우리는 이 땅에 천국을 건설할 수도, 삶에서 행복을 누릴 수도 없지요.
어제는 하나의 가능성을 확인한 것으로 만족할 수 있었습니다.
그런데 참 우시는 분들이 많더군요. 주님의 임재는 우리를 행복하게 하고 또 울게 하시는 것 같습니다.
연세가 50대부터 20대까지 다양하게 오셨는데 처음 만나는 분들이 다 같이 주안에서 어떤 이질감도 없이 서로 울고 웃으며 기뻐하는 모습을 보면서 주님은 정말 놀라우신 분이라고 느꼈습니다. 주를 사랑한다면 거기에는 정말 남녀노소가 없구나.. 하는 것을 느꼈어요.
지금은 피곤해서 정신이 없기는 하지만 헤어지고 나니까 더욱 그리움이 생기는군요. 정말 만남 그 자체가 행복이라고 느껴져요.
여러분.. 너무 사랑하고 사랑합니다.
이제 모임이 시작되었고 어떻게 해야할지 잘 모르지만 주님을 진정으로 사랑하는 모임, 더 그분을 사랑하기 위해서 같이 걸어갔으면 좋겠어요. 우리에게는 아무런 목표도 계획도 없습니다.
그저 주님을 사랑하기 원해요.
그저 주님을 행복하게 해드리고 싶을 뿐이지요.
그분이 우리를 인도하시고 원하시는 것이 무엇이든지
순종하고 가고 싶을 뿐입니다.

아직 주님이 어떤 것을 더 원하시는지, 우리를 어떻게 인도해 가실지 알 수 없습니다. 다만 제가 어제 받은 메시지는 이것이었습니다.

사랑하는 나의 자녀들아.
나는 너희를 원한다.

나는 너희와 교제하기를 원한다.
나는 너희에게 나의 치료와 안식을 주기를 원한다.
나는 너희에게 아무 것도 요구하지 않는다.
다만 너희가 나를 누리며
내 안에서 안식하기를 원한다.
너희가 나의 사랑을 더 깊이 알고
발견해가기를 원한다.
나의 자녀들아.
나와 교제하자.
나는 오랫동안 그러한 교제와 만남에 굶주려 왔다.
진정 너희가 나를 향해서 눈을 돌릴 때
나는 너희에게 나를 나타낼 것이다.
그리고 너희는 새롭게 될 수 있을 것이다.

저는 이러한 말씀을 받았을 뿐입니다.
그래서 내일의 일을 걱정하지 않습니다.
지금의 주님의 인도하심과 원하심을 기다리며
조용히 있을 뿐입니다.

모든 분들께 감사드립니다.
여러분을 향한 주님의 만지심과 역사하심이
더 깊고 아름답게 이루어지기를 기대합니다.
사랑합니다. 할렐루야..

[K집사] 주님, 여기가 좋사오니.. 하고 베드로가 말했지요. 하지만 베드로는 그 주님을 따라 다시 변화산에서 내려와야 했습니다. 지금의 제 마음은 그 베드로의 마음과 같습니다.
너무나 행복한 하루를 보냈습니다. 사랑하는 사람들과 함께한 시간은 마치 한 여름 낮에 꾼 아름다운 꿈과 같습니다.
아름다우신 정원 목사님, 사모님, 사랑의 눈길로 주님께 충만했던 많은 사랑하는 분들.. 사랑한다는 것이 바로 이런 것이다 하는 것을 느꼈습니다. 이제 다시 일상으로 돌아와 다음의 만남을 고대하며 주님을 바라보겠습니다. 사랑합니다.

[Y자매] 아.. 거기 있을 때는 몰랐는데.. 집에 오니까 너무 그립네요. 카페에서 보던 분들을 실제로 보니까 너무 좋았어요. 그렇게 만나고 나서 홈에 오니까 여기가 집 같고 사람들의 이름들이 너무 사랑스럽게 보이네요. 모두 보고 싶고.. 감사드립니다.

[L집사] '만남은 사역' 이라는 목사님의 말씀이 생각나네요. 어제 모임에서 너무 많이 울었습니다. 주님의 임재하심.. 물먹은 솜처럼 몸을 꼼짝할 수 없도록 만지시는 것을 느꼈어요.. 머리는 아프고 열이 나고.. 그런데 어느 정도 시간이 지나니 목사님이 말씀을 전하시는 가운데 한결 시원해졌습니다.
거기 모인 모든 분들이 어떻게 그렇게 주님을 깊이 알기를사모하며 맑고 순수한 마음을 가질 수 있는 것인지 참 존경스럽고 아름다워 보였습니다. 사랑하는 목사님.. 그리고 사모님! 모였던 모든 분들에게 존경과 사랑을 올려드립니다.

2. 집회에서의 어지러운 현상에 대하여

며칠 전에 처음 모임을 가졌을 때 어지러운 현상이 있었지요. 그 현상에 대하여 설명을 해보겠습니다.
찬양을 조금 하고 말씀을 나누고 있는데 갑자기 어지러운 현상이 강하게 다가왔습니다.
인도자가 그것을 느끼는 것은 대체로 모인 분들 중에서 여러 명이 그러한 현상을 느끼고 있는 것을 의미합니다. 그럴 때 어느 정도 영이 민감한 인도자는 모인 분들의 영적 상태를 그대로 느끼기 때문입니다.
그 현상이 상당히 강력했기 때문에 저도 놀랐습니다.
여러 분들이 많이 어지러워하셨고 Y집사님은 몹시 많이 힘들어 하셨는데 그 상태로 어떻게 차를 몰고 집까지 가셨는지 모르겠군요..
그 상태에서는 앉아있는 것도 어려우며 조용히 누워서 주님의 임하심을 기다리는 것이 좋습니다. 그러나 그 장소가 바닥에 누워있을 수 있는 곳이 아니라서 제가 "주님.. 지금 역사하시면 곤란합니다.." 하고 기도했었지요.

이러한 어지러움의 현상은 주님의 임재가 있을 때에 흔히 나타나는 것입니다. 어떤 분은 저와 전화를 하는 중에 힘이 쭉 빠져나가고 어지러운 증상을 경험하기도 합니다. 전화로 어떤 분과 조용히 대화를 나누는 중에 갑자기 상대방이 비명을 지르며 쓰러지는 바람에 전화가 끊어진 적도 있습니다. 집회를 하는 중에 사람에게 다가가면 뜨거운 바람이 다가오는 것을 느끼고 쓰러지거나 힘이 빠지는 분들도 종종 있습니다.
왜 이러한 현상이 생길까요?
어지러움, 힘이 쭉 빠지는 것, 그것은 어떤 의미일까요? 그것은 유익할까요? 아니면 나쁜 경험일까요?

한마디로 말하자면 그것은 우리의 영혼에게 매우 유익이 되는 경험입니다. 그 상태에서 우리가 누워서 조용히 안식할 수 있다면 우리는 우리의 영에 많은 변화가 일어나는 것을 경험하게 됩니다.
주님이 우리를 구체적으로 사로잡으시는 것이기 때문에 오랫동안 기도한 만큼의 효과가 나타나며 짧은 시간에 빠른 영적 변화가 생길 것이라고 이야기할 수 있습니다.
사람은 몸과 정신과 영을 가지고 있지요.
몸은 인격과 의식이 없으며 본능과 욕구가 있을 뿐입니다.
정신, 혼은 몸을 지배하며 현상계를 이해하고 접촉하는 것입니다. 그러나 혼은 영계를 이해하지 못하며 물질계, 현상계에 반응할 뿐입니다.

영은 영계와 교통하는 정신이 아니고 영입니다. 그러므로 영이 발달되지 않고 혼, 정신으로만 사는 사람은 영적 세계를 이해하기 어려우며 환경의 지배를 받게 되는 것입니다.
그러므로 그들은 아무리 환경을 바라보지 말라고 가르쳐도 환경을 바라보지 않을 수가 없습니다. 그것은 체험적인 문제이며 영이 깨어나지 않은 상태에서는 아무리 원해도 그렇게 되지 않습니다.

그러므로 이러한 상태에 있는 이들은 환경으로 인하여 기뻐하고 환경으로 인하여 낙심합니다.

그들은 머리의 사람들이며 선악과의 사람들입니다. 그들은 생명과 영에 대하여 많이 들어도 그것을 이해할 수는 있을지 모르지만 그것의 실상을 경험하고 누리는 것은 어렵습니다. 정신이란 지식을 얻고 이해하는 기능을 가지고 있지만 영의 기능과는 다른 것이기 때문입니다.

이들은 이웃을 사랑하고 섬겨야 한다고 그 당위성을 느끼고 결단할 수도 있지만 그렇게 살지는 못합니다. 또한 그렇게 가르치고 사역할 수는 있지만 사람들을 그렇게 살게 하지는 못합니다.

왜냐하면 그러한 생명과 변화는 영에서 나오는 것으로 머리와 정신은 그것을 가능하게 할 수 없기 때문입니다. 그러므로 어떠한 지식이나 이론도 처음에는 신선하게 느껴져도 조금 시간이 지나면 지겨워지는 것입니다.

그렇다면 그 영의 발전과 깨어남은 어떻게 이루어지는 것일까요? 집회에서 나타나는 어지러운 증상과 영의 발전은 관계가 있을까요?

그렇습니다. 주님의 영이 강력하게 접근할 때 우리의 영은 깨어나 활동하기 시작하며 그 결과로 혼, 정신이 무기력해집니다.

즉 어지러운 현상은 영이 혼을 지배하고 정복하기 위한 과정인 것입니다. 혼의 힘은 머리를 통해서 주로 역사하므로 그 머리를 결박하여 영의 수하에 두게 하려는 것입니다.

몸의 힘이 쭉 빠지는 것은 혼과 함께 육도 무기력해지는 과정입니다. 그렇게 몸과 혼이 약해지면 영이 마음놓고 활동을 하게 됩니다.

그렇게 어지러울 때는 억지로 어지러움을 떨치려고 애쓰지 말고 저항

하지 말고 그저 편안하게 누워서 눈을 감고 수동적으로 주님을 기다려야 합니다. 어떤 이는 영적 상식이 전혀 없어서 머리에 문제가 생긴 줄로 알고 약을 먹거나 하는 이들도 있는 데 그것은 좋지 않습니다.
이 때는 조용히 주님께 자신을 의탁하고 쉬어야 합니다. 주님께 무엇을 구하기보다는 조용히 긴장을 푼 상태에서 그분의 역사에 몸을 맡겨야 합니다.
사람에 따라서는 의식이 아주 없어지며 몸이 마비되어 버리고 오랜 동안 깨어나지 못하기도 합니다. 그것은 주님의 임재와 영의 역사가 좀 더 깊은 상태라고 할 수 있습니다.

언젠가 어떤 교회의 수련회집회를 인도하는 중에 돌아다니며 안수기도를 하던 중 어느 자매가 그렇게 쓰러지고 3시간동안 깨어나지 못해서 난처했던 적도 있었습니다.
그 자매는 강력한 성령님의 임재로 인하여 입신을 했던 것인데 영적 현상을 모르는 집사님들이 옆에서 때리고 울고불고 난리를 쳐서 아주 곤란했습니다. 제가 이상한 사람 취급을 받는 기분이었습니다. 나중에 자매가 깨어나서 영계에서의 경험과 주님을 만난 간증을 하는 바람에 간신히 난처한 입장이 해결되었지요.
어지러운 현상, 주님의 임재 속에서 몸이 무기력해지는 것.. 이러한 경험이 반복되면 우리의 영은 몹시 예민해지며 주님의 임재에 대하여 민감해지고 사람의 영을 쉽게 느끼게 됩니다.
또한 영의 지배 없이 제멋대로 독자적으로 움직였던 머리의 생각들이 점차 잠잠해지게 되고 몸의 정욕도 서서히 다스려지게 됩니다.
사람들은 몸의 본능을 만족시키기 위해서 많이 애씁니다. 육체를 기쁘게 하고 좋은 느낌을 얻기 위해서 노력하지요.

또한 머리의 지적인 호기심을 채우기 위하여 노력합니다. 새로운 것을 알고 싶어하고 궁금한 것을 참지 못합니다. 그러한 것이 뇌의 본능이지요. 그러나 몸과 머리의 그러한 본능적인 충족이 영에게 방해가 되는 것은 잘 모릅니다.

우리의 눈이 뜨여지게 된다면 우리는 우리의 기도가 응답되지 않고 우리의 소원이 이루어지지 않은 것에 대해서 많이 감사하게 될 것입니다. 우리는 많은 것을 구하지만 실상 자신에게 무엇이 필요하고 중요한 것인지 잘 알지 못하고 있기 때문입니다.

몸의 만족과 뇌의 만족도 역시 우리가 잘 모르지만 영의 깨어남과 흘러나옴을 방해하는 중요한 요인입니다. 그러므로 주의 영이 임하셔서 우리의 몸을 무기력하게 하시고 우리의 뇌를 일시적으로 무기력하게 하실 때 우리의 영이 깨어나게 되며 새로운 세계에 대한 감각을 가지게 되는 것입니다.

어지러운 현상 - 그것은 주님의 가까이 임하시는 은총입니다.
그분은 우리의 겉 사람을 결박하시고 깊이 사로잡기를 원하십니다.
나는 한때 주의 이름을 부르기만 하면 너무 심한 어지러움이 임해서 도저히 앉아 있을 수는 상태가 되어서 많이 걱정하곤 했습니다. 물론 지금은 걱정하지 않습니다. 그 이유를 알기 때문입니다.

오래 전에 처음 그런 현상을 경험했을 때 나는 놀라고 걱정이 되었습니다. 7-8년쯤 전에 내가 어떤 집사님을 기도해준 적이 있었는데 그녀는 기도를 받으면서 이상하게도 몸이 서서히 뒤로 기울어지더니 결국에는 쓰러져서 몸이 땅바닥에 붙어서 일어나지 못하고 입도 붙어서 말도 거의 하지 못하는 것이었습니다. 그녀는 3시간 정도 꼼짝 하지 못하고 누워 있었는데 거의 움직일 수가 없었습니다. 나중에 내가 그녀의 몸이 풀리도록 기도하자 그녀는 간신히 몸의 마비가 풀려서 일어날 수 있었습니다.

나는 그 경험이 그녀의 영적 생활에 어떤 변화를 주었는지 궁금했습니다. 단순히 몸의 느낌이 좋은 것이라면 나는 그것을 별로 권장하고 싶지 않았습니다. 몸을 기분 좋게 하는 것들은 세상에 많이 있기 때문입니다. 나는 그녀에게 그 현상 이후에 자신에게 나타난 변화에 대해서 물었습니다. 그녀는 대답은 단순했습니다.
그 경험을 하기 전에는 기도를 5분하는 것도 지겨웠는데 그 후로는 3시간을 기도해도 어찌나 달콤하고 기쁜지 시간이 가는지도 모른다는 것입니다. 나는 그녀의 이야기를 듣고 그러한 몸의 무기력 현상이 영의 풍성한 풀려 나옴과 관련이 있다는 것을 알게 되었습니다. 그리고 그 후에도 반복되는 비슷한 경험을 통해서 나는 더욱 확신을 얻게 되었습니다.

우리의 목표는 신비체험이 아닙니다. 어떤 황홀경을 느끼는 것이 아닙니다. 우리는 다만 우리의 겉 사람이 주님께 사로잡히기를 원합니다.
우리의 생각을 사로잡아 주께 복종시키고 우리의 욕망이 사로잡혀 주께 복종되기를 원합니다.
한 때 나를 지나치게 높이던 어떤 자매가 나중에 생각이 바뀌었는지 나를 비난하며 내가 최면술을 한다고 이야기한 적이 있었습니다.
그래서 나는 그녀에게 그런 이야기를 했습니다.
최면술은 사람을 변화시킬 수 없다.

최면술은 우리로 하여금 주님을 사랑하고 추구하게 할 수 없다.
최면술은 우리가 영혼을 사랑하도록 만들지 못한다.
주를 사랑하고 영혼을 사랑하고 그분께 순종하며 그분께 자기의 생명을 바치고 싶은 열망을 일으키는 것은 오직 성령의 역사이다.
어떤 현상이든 그 현상보다 더 중요한 것은 그 경험의 결과로 나오는 열매이다.. 라고 말입니다.

주님이 우리에게 가까이 오실 때 우리는 변화됩니다.
우리는 점점 자아의 사람, 육의 사람에서 주님의 사람으로, 주님과 그분의 뜻을 구하는 사람으로 바뀌어 갑니다.
우리는 점점 우리의 소원에는 관심이 없어지고 주님의 소원에 대하여 집중하게 됩니다. 그리고 그것이 진정한 해방이며 승리이며 자유입니다. 그러므로 우리는 좀 더 주님을 사모하고 그분의 영이 우리를 사로잡도록 기도하고 기다리며 의탁해야 합니다. 그럴수록 우리는 죄에서 육체에서 자아에서 악에서 해방됩니다. 우리는 점점 더 실제적인 천국이 무엇인지 경험하게 되는 것입니다.

주님이 우리를 만지실 때 많은 영적인 현상이 있습니다.
그것을 두려워하지 마십시오.
지혜와 깨달음을 달라고 기도하십시오.
그분은 우리를 인도하시며 보호하십니다.
맹목적으로 몸에 임하는 체험을 구하지는 마십시오.
그러나 주님을 구하고 그분의 임재가 당신에게 나타난다면 그것을 너무 두려워하거나 거부하지는 마십시오.

무엇보다 중요한 것은 체험 자체가 아니라 당신 자신이 주님께 속한 사람이 되는 것입니다.

좀 더 주님의 사람이 될 수 있도록
좀 더 그분이 우리를 만지시도록
좀 더 우리의 영이 그분을 경험하도록
더욱 더 주님을 갈망하십시다.
주님은 사모하는 만큼 우리에게 임하시고
우리를 붙드실 것입니다.
그리고 주님의 풍성하심을 맛볼 때
우리는 변화되어 갈 것이며
우리는 그것이 이 세상에 임하는 천국이며 영광인 것을
이해하게 될 것입니다.
할렐루야.

2장 두 번째 나눔의 교회 모임

일시 : 2001. 6. 26
장소 : 나눔의 교회 (봉천동)

신촌의 첫 모임이후 한달 만에 두 번째 모임을 가졌습니다.
당초에는 매주 모일 계획이었으나 체력적으로 쉽지 않아서
한달 만에 모이게 되었습니다.
오전 11시에 모여 모임을 가지고 식사를 한 후 오후에는
조별로 모여서 교제와 간증을 나누었습니다.
오직 주를 사랑하고 추구하는 이들의 만남은 곧 이 땅에서
누릴 수 있는 천국이라는 것을 확인할 수 있었던 모임이었습니다.

1. 집회의 중심이 되는 주님의 임하심

사랑하고 보고싶은 여러분.. 다들 행복하시지요?
어제.. 다들 피곤치 않으셨나요? 모두들 만나게 되어 너무 즐거웠습니다. 몸이 조금 힘든 상황이어서 모임이 잘 될지 걱정했었어요. 이상하게도 모임을 하려고만 하면 힘들어지더군요.. 저번 첫번 모임 때도 거의 기다시피 해서 모임에 갔었는데..
그런데 주님께서 생각 외로 은혜를 허락해주셔서 마음이 참 기쁘군요. 첫 모임에서는 우시는 분들이 많았는데 어제는 우시는 분들도 있었지만 웃으시는 분들이 더 많더군요.. 그래서 참 기뻤습니다.
주님께서 임하시는 가운데 기쁨을 많이 주신 것 같았어요. 아무튼 주님 안에서는 눈물이든 웃음이든 다 귀하다는 것을 느꼈습니다.

주님의 역사에는 빛의 역사와 바람의 역사, 그리고 불의 역사가 있습니다. 빛에는 영광과 거룩함의 임재가 있으며 바람에는 꿀이 흐르는 것 같은 달콤함이, 그리고 불에는 강함과 뜨거움이 있습니다.
어제 저는 빛을 조금 가지고 갔었지요. 주님의 임재와 함께 빛을 조금 나누어주고 싶었기 때문입니다. 빛의 경험이란.. 한 마디로 설명하기는 어렵지만 주님의 내면적인 깊은 경험이라고 할 수 있을 것입니다. 그러나 성도들의 전체적인 영의 상태가 주님과 은혜를 사모하기는 했지만 빛을 받을 상태는 되지 못했습니다. 그래서 다음에 모임을 할 때는 빛보다는 불을 조금 더 가지고 가야겠다는 생각이 들었습니다. 빛은 깊고 선명하지만 불의 역사가 좀 더 강력하기 때문입니다.

제가 무엇을 나누어준다고 하면 오해를 할 수도 있겠지만.. 집회는 사역자의 영적 준비와 상태에 따라 모임에 빛이 임하기도 하고 불이 임하기도 하고 꿀같이 달콤한 바람의 기운이 역사하기도 합니다. 사역자의 영적 상태가 청중에게 전달되는 것이지요. 그런데 우리의 모임에서는 일단 뜨거움의 역사, 기초를 좀 더 다진 후에 조금 깊은 곳으로 가야겠다는 느낌이 듭니다.

오래 전에 목회를 하고 있을 때 여름수련회를 하던 때의 이야기입니다. 지방의 기도원을 빌려서 수련회를 했는데 나는 이 집회에서 지성소의 깊은 은혜를 같이 나누고 싶은 마음이 있었습니다.

평소에 교회에서 집회를 할 때는 사람들이 일상 생활을 하면서 세상의 어두운 기운을 많이 접촉한 상태에서 교회에 오기 때문에 영이 혼탁하고 맑지 않습니다. 그러므로 집회를 통해서 맑고 깊은 영적 세계에 들어가는 것이 쉽지 않습니다.

집회를 통해서 주님의 임재와 은혜를 경험해도 자기가 가지고 있는 영적 어두움이 약간 정화되는 정도입니다. 그리고 이제 영이 조금 맑아질 정도가 되면 집회는 끝이 나고 다시 집에 돌아가서 또 세상의 혼미한 기운들과 접해야 합니다. 그리고 다음 집회에는 또 여전히 혼미한 영적 상태로 교회에 오고 또 조금 정화된 상태로 돌아갑니다. 계속 이러한 상태가 반복됩니다.

그렇기 때문에 평소의 평균적인 영적 상태를 뛰어넘어서 지성소의 깊은 곳으로 들어가는 것은 바깥 세상과 차단되어서 며칠동안 집중적으로 기도와 찬양과 예배를 드릴 때에 가능한 것입니다. 그런 면에서 여름 수련회는 영의 깊은 곳으로 갈 수 있는 아주 좋은 기회입니다.

수련회나 부흥회와 같이 여러 날 동안 계속하는 집회를 할 때에 첫날의 첫 번째 집회에는 성도들의 영적 상태가 세상의 때가 많이 묻어있는 상태이기 때문에 대체로 집회 가운데 주님의 임재가 그리 강력하지 않으며 사람들은 메시지를 잘 흡수하지 못합니다.

그러므로 첫날 집회는 성도들을 깊은 은혜로 이끄는 것보다는 그들이 가지고 온 세상의 혼미한 기운을 처리하는 것에 치중을 해야 합니다. 그러나 두 번째, 세 번째 집회에 들어갈수록 성도의 영은 정화되고 열어져서 점차 강력한 주님의 임재로 들어갈 수 있게 됩니다.

그렇기 때문에 모든 집회가 항상 오전보다는 오후 집회가 좀 더 좋으며 첫날보다는 둘째 날이 좋습니다. 그리고 마지막 날에 가장 깊은 은혜가 임하게 되지요. 이것은 주님의 임재와 은총이 성도들의 영 가운데 차곡차곡 쌓이기 때문입니다. 거듭되는 집회를 통해 나쁜 영들과 나쁜 기운이 정화되고 영적으로 예민해져서 순수한 하늘의 은총을 누리고 맛볼 수 있는 상태가 되는 것입니다.

그러므로 모든 부흥회나 수련회의 첫날 집회는 항상 고생을 하게 되어 있습니다.

그런데 그 해의 수련회는 첫날 집회에 다른 해보다도 집회를 인도하기가 힘들었습니다. 고생을 많이 했지요. 그것은 수련회에 참석하기 위해서 우리 교회 성도들뿐만 아니라 새로운 분들이 여기 저기서, 지방에서 멀리서도 많이 왔는데 그들은 영의 움직임과 흐름을 전혀 모르는 분들이라 어찌나 그 영혼 속에 어두움들을 많이 가지고 있든지 정말 견디기가 어려웠던 것입니다.

청중 속에 영의 흐름이 맑고 충만한 분들이 있으면 사역자는 그만큼 사역하는 것이 쉽습니다. 예배 가운데 방해하는 영들, 악하고 어두운 영들의 움직임이 있어도 청중 안에 있는 강력한 영의 사람으로부터 흘러나오는 영적인 힘이 그 어두움의 기운을 상쇄하기 때문입니다. 물론 본인은 그런 사실을 잘 모르지요. 그러나 사역자에게는 그렇게 영이 맑고 깨어있는 성도가 예배 인도에 도움이 되는 것입니다.

우리 교회의 청년들은 평소에 영의 훈련을 받고 어느 정도는 영의 감각이 깨어 있어서 그들이 통성으로 방언기도를 하기만 해도 나의 영이 힘을 얻을 수 있었습니다. 그러나 처음오시는 다른 분들은 열심히 방언으로 기도해도 그 소리 때문에 머리가 아팠습니다.

흔히 방언을 하면 그 영적 기운이 무조건 좋을 것이라고 생각하지만 그렇지 않습니다. 영이 훈련되고 정화되지 않은 이들의 방언을 들으면 머리가 아프고 피곤하게 하는 기운이 나오는 경우가 많이 있습니다. 어떤 이들의 방언은 그 소리가 날카롭고 신경을 피곤하게 하며 어떤 이의 방언은 어둡고 칙칙하며 어떤 이는 둔탁하고 혼미한 기운을 바깥으로 퍼뜨립니다.

그것은 그들이 잘못된 방언을 받았다는 의미는 아닙니다. 그것은 그들의 영혼이 정화가 덜 되었다는 것을 의미합니다. 방언은 그 사람의 영혼이 얼마큼 깨어나고 정화되었느냐에 따라 능력과 아름다움과 풍성함의 차이가 엄청나게 큰 것입니다.

첫날의 집회에서 많이 고생한 후에 나는 작전을 짰습니다. 자리의 배치를 다시 하기로 한 것입니다. 첫째 줄과 둘째 줄에 영적으로 어느 정도 예민하고 훈련된 이들을 앉게 했습니다. 그리고 처음 오신 분들은 비교적 뒷자리에 앉게 하였습니다. 그렇게 하자 처음 오시는 분들이 가지고 있는 영적인 어두움들을 첫째 줄과 둘째 줄이 막아주어서 둘째 날부터는 쉽게 집회를 인도할 수 있었습니다.

이 때 선명하게 느낀 것은 집회에 단순한 은혜의 수준을 넘어서 깊고 특별한 주의 은총으로 나아가기를 원한다면, 깊은 영의 세계를 경험하기 원한다면 참석자들이 단순히 사모하기만 해서는 안 되며 충분히 많은 기도로 준비되어야 한다는 것입니다. 그리고 초보적인 영혼들, 아직 영이 훈련이 되지 않고 어둠의 기운을 많이 가지고 있는 분들은 깊은 집회보다는 강력하고 뜨거운 집회가 필요하다는 것입니다.

어제의 모임은 충분히 만족스러운 것은 아니었지만 그래도 주님의 임재하심이 있었고 또 많은 분들이 좋아하셔서 마음이 즐거웠습니다. 다만 앞으로 이 모임이 좀 더 주님의 은총을 맛보고 영의 충만한 흐름을 경험하려면 여러 보완작업이 필요하고 봉사자들도 많이 필요할 것 같습니다.

한가지를 들자면 경배자들의 필요성입니다. 예배를 준비하는 찬양팀을 말하는 것이지요. 찬양팀의 중요한 역할은 찬양을 인도하면서 이를 통하여 사람들의 영을 준비시키는 것입니다.

풍성하고 충만한 찬양은 주님의 임재가 집회 가운데 충만하게 임할 수 있도록 준비하는 역할을 합니다. 그러한 영적 분위기를 만들어 가는 것이지요.

한국 교회가 아직 그런 부분에 익숙하지 않아서 집회 가운데 주님이 임하시도록 주님을 초청하지 않고 자기들끼리 예배를 드리는 경향이 많이 있어요.
그러나 예배의 주인은 예배를 드리는 성도들이 아니라 주님이십니다. 그러므로 그분이 실제적으로 임하셔서 예배하는 성도들을 만지실 수 있도록 주님을 예배에 초대하여야 하며 이를 위하여 많은 부분들이 세심하게 준비되어야 합니다.

악기 연주자들의 준비기도, 마이크 장치와 상태, 주의를 빼앗을 수 있는 요소에 대한 기도와 점검.. 그런 요소들에 대한 사전 준비도 필요하지요. 모임에 대한 많은 준비가 필요하지만 가장 중요한 것은 주님이 편안하게 오실 수 있는 마음의 준비입니다.
현대의 교회는 사람에게는 온갖 편리를 제공하지만 주님께는 별로 신경을 쓰지 않고 소홀히 다루지요.. 그래서 주님의 실제적인 임하심이 부족한 것입니다. 그러나 사람들이 아무리 많이 열심히 와도 주님이 임하시지 않는다면 그것이 무슨 소용이 있겠습니까?

사람들은 예배를 드릴 때 주님을 초청하는 시간을 가지면 그것이 하나의 형식적인 순서일 것이라고 생각합니다. 인도자가 '오, 주님..이 자리에 임하여 주십시오..' 하고 기도를 해도 막상 눈앞에 어떤 특별한 일이 일어나지 않으면 그저 하나의 의식을 행한 것으로 여기지요.
하지만 실제적으로는 그렇지 않습니다.
비록 육체의 눈으로는 아무 일도 일어나지 않는 것 같지만 영적으로는 엄청난 변화가 일어납니다. 갑자기 공기가 달라지지요. 영적으로 예민한 이들은 그것을 분명하게 감지하게 됩니다.

갑자기 어떤 선명한 기운이 움직이게 됩니다. 갑자기 달콤한 움직임이 사람들 사이로 왔다갔다하는 것이 느껴집니다.

그것이 단지 기분일까요? 느낌일 뿐일까요?

오, 아닙니다. 그것은 주님의 운행하심입니다. 비록 눈에 선명하지 않아도 예배 가운데 주님을 초청하며 주님의 임하심을 구할 때 주의 영은 바로 그 자리에 임하십니다. 그리고 성도들을 터치하십니다.

주님의 영이 그 공간에 임재하시고 운행하실 때 그것은 눈에 보이는 것은 아니지만 거기에는 감동의 흐름이 있고 놀라운 행복감과 흐름이 있습니다. 그것은 세상 어디에서도 얻을 수 없는 행복감입니다.

주님의 임재를 구하고 그 자리에 초청을 해도 주님이 잘 임하시지 않을 때도 있습니다. 여전히 영적으로 막막하고 무엇인가 벽에 부딪친 것 같은 느낌이 있지요.

그럴 때에 인도자는 주님께 그 이유를 물어야 합니다. 무엇이 주님의 임하심을 방해하고 있는지 주께 묻고 주님이 말씀하시는 대로 방해된 것을 내려놓아야 합니다.

참석자들 가운데 다른 이들을 미워하고 용서하지 않는 마음이 있다든지, 사역자에 대하여 서운한 마음이 있다든지, 지나치게 세상 근심에 잠겨있다든지, 집회 전에 TV등 세상 문화와 많이 접한 상태라든지 등등 다양한 이유가 주님의 임재를 방해할 수 있습니다.

사역자는 주님이 말씀하시는 대로 그 예배의 방해물을 내려놓도록 성도들에게 권면하고 같이 기도해야 합니다. 그것은 집회의 영적 분위기를 바꾸어 놓아 주님께서 임하실 수 있는 영적 상태로 변화시킵니다.

그렇게 된 후에 주님의 임재하심을 구하면 곧 주님의 풍성하신 임재가 나타나며 사람들은 주님의 은총에 사로잡히게 됩니다.

집회의 중심은 바로 이것입니다. 곧 주님이 그 공간에 임하시는 것입니다. 만일 주님이 집회 가운데 임하시지 않는다면 그 집회는 아무 의미가 없다는 것을 알아야 합니다.

그래서 저는 목회를 할 때 집회를 인도하는 중에 강대상을 내려온 적이 여러 번 있었습니다.

"여러분.. 죄송합니다. 지금 이 상황에서는 주님이 임하시기 어렵습니다." 그렇게 말하고는 예배를 중단하고 내려오곤 했었습니다.

그것 때문에 상처받고 교회를 떠나신 분들도 있었지만 저는 누가 상처를 받더라도 주님이 임하시는 것이 예배의 중심인 것을 분명하게 전달할 필요가 있었습니다. 또한 제가 순종을 해야 할 대상은 오직 주님이었습니다. 마지막 날에 저를 심판하실 분도 또한 성도들이나 사람들이 아니고 오직 주님이십니다.

만약에 주님이 말씀하시기를 성도들의 영적 상태가 준비되어 있지 않으니 예배를 인도하지 말라고 하신다면 사역자가 주님의 뜻을 거슬러 억지로 예배를 인도할 수는 없습니다. 예배는 주님을 높이며 우리가 주님 앞으로 나아가는 것이지 사람들의 기분을 즐겁게 하는 것은 아니기 때문입니다.

적당히 대충 집회를 인도하고 내려갈 수는 있습니다. 하지만 그것은 사역자가 주님의 종이 되는 것을 포기하고 사람의 종이 되는 것이나 마찬가지입니다. 그렇게 사역자가 사람의 눈치를 보고 주님을 두려워하지 않는다면 모든 사람들이 주님을 가볍게 여기게 될 것입니다.

오늘날 많은 성도들은 예배 가운데 주님이 임하시기를 기대하지 않으며 준비되지 않은 마음, 나태한 심령으로 집회에 옵니다. 하지만 그러한 자세로 드리는 예배는 아무런 영적 유익이 없습니다. 집회 가운데 주님이 임하시고 실제적으로 성도들을 만져주지 않으신다면 그들은 변화되지 않습니다. 그들은 오래 예수를 믿어도 승리의 삶을 살 수 없으며 그저 따분한 종교인이 될 뿐입니다. 그들이 믿고 있는 것은 살아 계신 하나님이 아닙니다.

일반적인 예배들.. 주님의 임재를 초청하지 않고 지금 그분이 오셔서 만져주실 것을 기대하지도 않으며 그저 설교의 메시지를 통하여 어떤 지식을 얻기를 기대하는 일반 집회와 그분을 의식하고 구하며 그분의 만지심을 사모하고 기다리는 집회는 분명히 다릅니다.
혼자서 아무런 기대 없이 습관적으로 드리는 기도와 주님의 응답을 느끼려 하고 들으려고 하는 기도는 분명히 다릅니다.
습관적으로 성경을 읽는 것과 주님이 지금 임재하시고 말씀하실 것을 기대하는 묵상은 근본적으로 다릅니다.
그러므로 우리의 예배가 주님께 잡히려면 우리의 모든 관심을 오직 주님께 몰두해야 하며 그것에 방해되는 모든 요소를 내려놓아야 하는 것입니다.

바깥뜰은 전투적인 예배를 드리는 곳이며 성소는 누림과 즐거움, 눈물과 기쁨이 있는 곳입니다.
그러나 지성소는 거룩과 영광의 장소이며 그곳에서는 주님 외에 그 어떤 것에도 마음을 돌릴 수 없습니다. 거기서는 아무도 농담하고 장난치고 웃을 수 없습니다. 그렇게 할 수도 없으며 그렇게 하면 바로 주의 영이 소멸됩니다. 주님은 거룩하신 분이시기 때문입니다.

권능이 임하는 집회도 있습니다. 여기에서 사람들은 능력과 힘을 얻고 활력을 얻으며 영적 충전을 받습니다. 이것은 깊은 집회라고 할 수는 없지만 강력한 집회이며 첫 번째 차원의 은혜 집회입니다. 이것은 바깥뜰의 집회입니다. 다만 이곳에서는 일시적인 승리는 있으나 사람의 삶과 인격과 중심이 바뀌어지지는 않습니다. 많은 은사들이 있고 승리들이 있으나 그것은 외적인 영역에서의 승리입니다.

아름다움과 기쁨과 사랑스러움이 임하는 집회도 있습니다. 여기에는 부분적으로 천국의 기쁨이 임하며 또한 내적인 부서짐이 있습니다. 내적인 고통이 임하기도 합니다. 이 집회는 사람을 내적으로 변화시킵니다. 이것은 성소의 집회입니다.

주님의 영광이 아주 깊고 강하게 임하는 집회도 있습니다. 이것은 지성소의 집회입니다. 이 때 사람들은 함부로 찬양할 수 없고 웃을 수 없으며 기도할 수 없습니다. 주님의 영광이 아주 강한 곳에서 사람들은 엎드러지게 됩니다. 숨도 쉬기 어렵게 됩니다. 이것은 거룩한 집회입니다. 이러한 집회는 영혼들을 좀 더 깊이 주님께 소유된 사람으로 만들어가게 됩니다.

오늘날 지성소의 집회는 찾아보기 어렵습니다. 사역자의 수준이나 성도들의 수준이 그러한 집회를 감당하기 어렵습니다. 오늘날은 현실적인 문제가 해결되고 마귀의 억눌림에서 약간 벗어나는 정도의 집회를 대다수의 사람들은 기대합니다. 헌신의 정도가 깊어질수록 우리는 좀 더 깊은 집회, 주님의 충만하신 은총을 기대할 수 있습니다. 오늘날 우리는 깊고 충분한 헌신을 잘 찾아보기 어렵습니다.

예배의 상황이 주님의 깊은 임재를 향할 수 없고 제한이 많이 있을 때 우리가 항상 집회를 포기해야 하는 것은 아닙니다. 우리는 깊은 주님의 은총을 포기하고 다소의 기쁨과 행복을 맛보는 것으로도 만족할 수 있습니다. 권능이 임하든, 성소의 기쁨이 임하든, 지성소의 깊은 거룩함이 임하든.. 그 어떤 것이든 주님께로부터 오는 것은 영광과 생명과 아름다움이 넘치는 것입니다.
현실적으로 오늘날의 예배에서 지성소를 경험하고 주님의 깊으신 임하심을 얻는 것은 거의 어렵습니다. 하지만 우리는 자신을 더 깊이 주님께 드리고 더 깊이 주님의 임하심을 경험하고 더 깊은 예배를 드릴 수 있도록 사모하고 갈망해야 합니다.

잠깐 인사를 드린다는 것이 또 길어졌군요.. 여러 분들이 말씀하신 것처럼 헤어진 지 얼마 안되었는데 또 그립고 보고 싶습니다.
여러분들이 저를 사랑해주시는 것도 감사하고 즐겁지만 서로 모여서 포옹하고 축복하고 울고 기도하고 나누고.. 그 모습을 보는 것이 너무나 행복했습니다. 마치 푸른 초장에서 양떼들이 즐겁게 풀을 뜯는 듯이.. 그렇게 평화롭고 아름답게 보였습니다.
마음 같아서는 매주마다 모이고 싶지만 현재로서는 체력과 상황이 허락지 않는군요. 문서 사역에 몰두하기 위해서 목회를 내려놓았는데 지금은 카페 운영과 전화 상담, 메일 답장.. 등에 너무 시간을 빼앗기고 있어서 글쓰기에 어려움을 많이 겪고 있으니까요. 주님이 좀 더 체력을 주시고 상황을 허락하시면 자주 모임을 갖고 싶습니다.

참 이상한 느낌이 듭니다. 대부분 안지 얼마 되지도 않은 분들인데 이렇게 잠시의 만남으로 정이 들고 보고 싶고 안보면 서운하고.. 정말 주님을 추구하는 그 일체감의 기쁨이 뭔지 새삼 느끼게 되었습니다.
모임 준비를 위하여 음식으로, 봉사로 섬기고 수고하신 모든 분들께 사랑과 감사의 마음을 표합니다.
여러분.. 사랑합니다. 보고싶습니다.
여러분을 알게 된 것이 저의 삶에 있어서 커다란 즐거움이 된 것을 고백합니다. 다음의 즐거운 만남을 또 기대하면서 부디 평안하십시오.
부디 더욱 더 주님을 갈망하십시오.
할렐루야..

[H집사] 목사님! 연약한 육신 가운데서 흘러나오는 주님의 향취.. 맑고 고운 순전한 천상의 음률.. 왜 그리 눈물이 흐르던지요.
크고 작은 주님의 만지심의 손길을 느꼈습니다.
사랑이라고 외치는 무리들이 많은 세대이지만 진정한 예수사랑을 몰라 마른 가뭄에 논바닥 갈라지듯 목 타는 영혼들에게 영원히 목마르지 않는 생수를 공급해주는 귀한 목사님 감사드립니다.
목사님! 사모님! 저희들은 주님의 사랑과 행복을 가슴에 안고 돌아왔습니다. 수고 많으셨습니다.
귀한 모임을 허락하신 주님께 영광 돌립니다.

[K전도사] 향기가 있고 사랑이 있고.. 그냥 젖어드는 향기에 시간 가는 줄 모르고 밤새라도 교제를 나누었으면 좋겠다 느껴지던 행복한 시간이었어요.

많은 분들의 수고와 헌신이 모임을 더욱 아름답게 해주어서 고마웠어요. 너무 감사드립니다.

[H자매] 천국의 축제 같은 만남이었어요. 모임이 끝난 지.. 몇 시간밖에 안됐는데 마치 몇 년은 된 것 같이 길게 느껴지네요.
이런 그리움.. 이런 따뜻함.. 이런 소중함.. 이런 사랑..
알게 해주신 주님. 감사합니다..
진정한 사랑.. 진정한 만남... 진정한 향기를 더 알기 원합니다.
여러분, 감사해요. 이제 다시 홈 카페에서 영으로 만나요.

[J자매] 사랑하는 여러분! 안녕히 주무셨는지요? 주님의 이름으로 아침 인사를 드립니다. 참, 그립습니다. 너무나도 주님을 갈급해 하시는 여러분들.. 너무나도 좋으신 여러분들.. 너무나도 겸손하신 여러분들.. 너무나도 열정적이신 여러분들.. 너무나도 아름다우신 여러분들.. 너무나도 재미있으신 여러분..

그런 분들을 만나게 해주신 주님의 사랑과 섭리가 너무나도 놀랍고 감사할 따름입니다. 많은 교제를 나누진 못했지만 반짝 반짝 빛나는 여러분들의 눈과 활활 타오르는 여러분들의 가슴에서 따뜻한 주님의 온기가 느껴졌습니다.

성함도 모르는 처음 본 분들도 계셨지만 그냥 그렇게 주님을 추구하고 주님을 사랑하고 있다는 사실만으로도 우린 너무나도 가깝고 서로가 너무나도 사랑하고 있다라는 것을 가슴으로 느낄 수 있었습니다.

혹, 제가 여러분들께 폐가 되지는 않았는지 걱정이 됩니다. 자제를 했는데도.. 그렇게 돼 버렸습니다. 주님이 강하게 임하실 때는 제어하는 것이 어려운 것 같아요. 제가 구를 때 다치신 분은 없으셨는지요. 제자리에서만 굴렀는지 돌아다녔는지 기억이 안 나서요. 죄송합니다.

주님의 사랑으로 여러분들을 사랑할 수 있기를 원해요. 주님의 사랑의 끈으로 아름답고 끊어지지 않는 영원한 끈으로 매여지는 여러분들과 제가 될 수 있기를 주님께 기도 드려요.

[L집사] 사랑하는 목사님.. 어제 너무 감사했습니다. 자다가도 막 웃음이 나오는군요. 찬양 중에 계속 웃음이 나오고 아침 출근 시간에도 차안에서 웃음이 터져 나오네요. 만남을 계획하신 주님께 사랑과 감사를 올려 드립니다. 사랑합니다.

[K집사] 여러분 사랑해요. 잠시의 떨어짐도 이렇게 그리움이 되는군요. 사랑하는 목사님, 사모님.. 식구들.. 모두들 사랑하고 보고 싶어요. 사랑의 모임.. 아름다운 공동체..
어제 저도 모르게 많이 돌면서 춤을 춘 것 같아요. 주님께서 저절로 저를 돌려주시는 느낌이었어요. 그리고 난 후의 지금 제 느낌은 제가 엄마라서 그렇게 느끼는 건지 어린아이가 막 울고 있는데 그 아이를 달래려고 엄마가 아이를 빙빙 돌려주는 그런 느낌입니다.

너무 홀가분하고 즐겁습니다. 그 동안 너무 많이 영을 억제 하고 있었다는 생각이듭니다. 영의 느낌.. 영의 감동.. 영의 생각들.. 영에 대해 많이 무지했던 관계로 그냥 열심히만 하면 되는 줄 알았습니다. 하지만 어제의 일로 영에도 느낌과 인격이 있다는 걸 알았답니다. 이젠 더 많이 이 느낌과 인격을 풀어놓아야 할 것 같습니다.

주님의 이끄심을 따라서 표현하는 것은 참 행복하고 아름답더군요. 여러분들.. 많이 사랑합니다.

[P집사] 모임에 참석하기 전에는, 왠지 나그네 같은 마음이 들어서 글을 올리기도 서먹했는데, 한번의 만남으로 식구와 같은 친밀감이 드네요. 목사님께서 편안하게 인도해주셔서 굉장히 즐거웠습니다. 특히 찬양 인도 때 정말 행복했지요.

오늘 같이 모임에 참석한 L집사님과 함께 칼국수를 먹으며 집회 때 있었던 이야기와, 호흡기도를 하며 있었던 영적인 현상에 대해 이야기를 하느라 낄낄 깔깔 아무도 모르는 우리들의 이야기를 하느라 너무 너무 재미있었습니다.

주님 주신 기쁨으로 너무 행복하네요.

여러분들 모두 사랑합니다.

2. 기 체험과 성령체험의 차이에 대하여

모임에 참석하고서 -Y집사-

예수님 안에서의 자유를 호흡합니다. 컴맹을 겨우 면하기 시작한 초보인지라 모임을 마치고 온 후 처음으로 문을 열어 보았답니다.
목사님의 글들에서 훅... 숨이 멈춰지는 감사의 눈물을 오랜만에 흘려 보았습니다. 예수님의 사랑을 어떻게 그렇게 은혜롭게 묘사하실 수 있는지요. 예수님이 스승 되신다는 말은 제가 많이 쓰던 말인데 목사님도 사용하시니 누가 먼저인지 나중에 천국에 가서 알아보고 싶군요.
만남의 축복! 하나님의 원하시는 코이노니아를 이룰 수 있는 은혜의 선물인 것을 감지 하게됩니다. 만남에 감사를 드립니다.
그런데 목사님. 제가 예전에 기를 접한 적이 있었습니다.
어제의 모임에서 그곳에서 일어났던 현상들과 비슷한 현상들이 있더군요. 그 차이점에 대해서 조금 궁금합니다.

사랑하는 Y집사님.
반갑습니다. 누가 무슨 말을 먼저 썼느냐는 것이 무슨 의미가 있나요. 사람들이 도움을 얻고 주님께 영광이 된다면 그것으로 충분하지요. 저는 아무도 저를 기억해주시지 않기를 바랍니다. 오직 주님을 기억하시기를 원하지요.
패션모델들의 사진을 보면 표정에 별로 웃음이 없고 좀 딱딱한 느낌이어서 왜 저럴까 하고 생각을 했었는데 어딘 가에서 들으니까 모델들은 자기 자신보다 옷을 더 드러내야 하기 때문에 자신들의 표정이 매력적으로 보이거나 튀는 것을 피한다고 하더군요.

주님을 드러내고 싶어하는 사람도 그래서 너무 드러나고 튀지 않는 것이 중요하다고 느꼈습니다. 사람들이 '아, 누구에게 은혜를 받았다..' 하고 말한다면 그것은 사역의 실패가 아닌가 생각합니다.
종종 주님은 사라지고 사람만 유명해져서 추종자들이 생기니까요.
그래서 여기가 최고라는 식으로 분파가 생기곤 하지요. 그러므로 사람들이 알지 못하는 사이에 자기도 모르게 사역자는 잊어버리고 주님의 향취에 빠져 들어가게 하는 것이 바른 사역일 것입니다.

기 체험과 성령체험의 차이를 물어보셨는데 나타나는 모습은 외형적으로는 비슷하게 보일 것입니다. 기도 일종의 영적인 에너지이자 힘이기 때문이고 영은 같은 성질을 가지고 있으니까요.
그러나 외적으로 보면 현상은 비슷하지만 임하는 영의 종류가 다르지요. 빛의 영과 어두움의 영, 주님의 영과 미혹의 영.. 이렇게 엄청난 차이가 있습니다.
무당들도 성령 받은 사람들과 똑같이 진동을 하고 음성을 듣고 영의 세계를 체험합니다. 그러나 그 영들은 귀신의 영이며 그 음성은 귀신의 음성입니다. 그러므로 외적인 현상보다 중요한 것은 그 영이 어떠한 영이냐 하는 것입니다.

그러면 그것을 분별하는 기준은 무엇일까요? 그것은 어렵지 않습니다. 성경도 이에 대해서 아주 단순하게 말합니다. 열매를 보면 그 나무를 알 수 있다는 것입니다. (마7:17) 그러므로 열매를 맺지 못하는 나무는 찍어버리라고 여러 번 거듭하여 말씀하시고 있지요. (눅3:9)

그것은 우리의 경험이나 상식에도 부합되는 것입니다. 자식을 보면 그 아빠를 알 수 있지 않습니까? 황인종인 엄마가 백인 아이를 낳았다면 그것은 아빠가 백인인 것을 보여줍니다.

그와 같이 주님의 영이 임하시면 주님의 성분이 나타나게 됩니다. 주님께 속한 열매를 맺게 됩니다. 이 사람이 주님의 사람이라는 내적인 증거들이 많이 나타나게 되지요.

주의 영을 받으면 주님께 대한 사랑과 헌신이 증가되고 영혼들을 사랑하게 되며 겸손해지고 온유해지는 등 삶의 변화가 나타나게 됩니다.

그러나 미혹의 영을 받으면 성령의 열매를 맺지 못하면서도 자신이 최고라고 생각하고 교만해지고 남들을 판단하며 가르치려고 하고 섬기는 것을 싫어하고 대접을 받는 것을 좋아하게 되지요. 그리고 심령도 잔잔한 평안과 기쁨이 없으며 왠지 불안합니다. 그것은 그들이 받은 영이 바른 영이 아닌 것을 보여줍니다.

그 분별은 단순히 개념적이고 이론적인 것이 아닙니다. 주님의 거룩한 영을 많이 경험할수록 그 구별은 명확해지고 실제적이 됩니다. 분별력이 증가하는 것이지요.

주님은 너무나 아름답고 온유한 영이시기 때문에 그 영을 경험하면 그렇지 않은 영을 접촉할 때에 금방 느끼게 됩니다. 그러나 단순히 주님과 성경에 대한 지식은 많이 가지고 있더라도 주님의 임재에 대한 실제적인 경험이 부족하다면 이론으로만은 분별이 쉽지 않은 경우가 많이 있습니다. 열매가 당장 눈앞에 나타나는 것이 아니기 때문에 혼돈이 될 수도 있는 것이지요.

우리의 영적 경험이 증가될수록 우리의 분별력은 깊어집니다. 전에는 아주 충만했다고 느끼는 것들이 나중에 보면 일종의 감정적인 흥분 상태라고 느껴질 수도 있습니다. 전에 자신이 깊은 깨달음과 주님의 임재 속에 있었다고 생각했지만 나중에 생각하면 그것은 침체의 기운에 눌린 것이라고 여길 수도 있는 것입니다. 영의 감각이나 기능이 진전되면 판단도 달라지게 됩니다.

주님의 영을 경험하는 것이라고 하더라도 각 사람이 경험하는 수준과 차원은 엄청난 차이가 있습니다. 같은 집회에서 똑같이 쓰러지고 똑같이 웃고 똑같이 입신하고.. 해도 그들이 경험하고 접촉하는 영계는 다 다른 것입니다.
보통 초보적인 체험일수록 육체에 강한 느낌이 나타나며 차츰 영의 성장이 이루어질수록 체험은 겉으로는 잘 나타나지 않고 내면적으로만 느끼게 됩니다.

기도 사역을 해보면 어떤 분은 안수할 때 몇 미터씩 나가떨어지기도 하시고, 그저 힘이 쭉 빠지며 그 자리에서 주저앉는 경우도 있으며, 어떤 분은 아무 것도 느끼지 못하거나 어지러움을 경험하시기도 했습니다.
재미있는 것은 나의 경험으로 보면 외적으로 강렬한 현상이 나타나는 분에게서는 삶이나 인격의 변화가 그리 나타나지 않는다는 것입니다.
그러나 신체에 어떤 변화를 별로 감지하지 못하는 분들은 오히려 조금 시간이 지나서 관찰해 보면 어느새 자기의 가치관이나 성향, 삶의 열매에 조금씩 변화가 생기는 것을 알 수 있었습니다.
영적 경험의 이러한 특성들을 이해하면 무조건 모든 영적 체험에 대해서 마음 문을 열고 특정한 체험을 부러워하며 구하는 것이 별로 바람직하지 않다는 것을 이해하게 될 것입니다.

체험은 우리의 선택 사항이 아닙니다. 누구나 자신이 개인적으로 원하는 체험이 있을 수 있지만 더 좋은 것은 그것을 주님께 맡기는 것입니다. 우리가 주님을 바라보고 추구하다보면 주님은 각 사람에게 필요한 것들을 경험하게 해주실 것입니다.

체험 자체가 영적 성숙의 기준이라고 할 수는 없습니다. 그것은 주로 기질적인 면, 사명적인 면과 관련되어 있습니다. 어떠한 체험이든 그것은 주님이 우리에게 일방적인 은혜로 주신 것이기 때문에 다른 이들의 경험과 비교해서 누가 더 깊다, 영적이다 하고 생각하거나 성숙의 근거로 볼 수 없는 것이지요.

주님보다 체험에 집중하다보면 어둠의 영들이 장난을 많이 치고 속일 수 있으며 그 영들을 잘 분별하지 않는다면 거기서 교만과 판단과 분열 등의 문제가 생길 수 있습니다.

일반적으로 경험이 많지 않은 성도들은 마귀가 심어주는 비교와 교만과 이간질과 상처와 같은 것들을 잘 보지 못하며 그렇게 되어 깨어진 교회도 많습니다. 그래서 사역자들은 교회가 갈라지고 분열되는 것을 피하기 위하여 체험들을 조심스럽게 억제시키곤 했습니다.

그러나 그럼에도 불구하고 기독교는 근본적으로 체험의 종교인 것을 이해해야 합니다. 말씀과 체험이 어우러지지 않는다면 우리는 균형적으로 성장하기 어렵습니다. 그렇기 때문에 조심하고 분별을 위하여 애쓰면서 더욱 주님의 영광과 역사를 깊이 경험하고 발전할 수 있도록 우리는 주께 나아가야 합니다.

이해하셨는지요? 기나 다른 종교의 세계에도 영적으로 보여지는 체험들이 있습니다. 하지만 그것은 우리가 경험하는 영, 우리가 경험하는 세계와는 다른 것입니다. 사단이 어떤 것을 비슷하게 포장한다고 하더라도 내용까지 같은 것은 아닙니다.

우리는 신비 체험이 아니라 주님 자신을 추구합니다. 우리는 초능력을 얻고 신비한 힘을 얻기 위해서 기도하고 찬양하는 것이 아니라 주님을 기쁘시게 하며 우리가 주님의 소유가 되고 주님의 뜻을 이루기 위하여 주님께 나아가는 것입니다.

그 과정에서 주님은 우리를 만져 주시며 그것은 우리에게 놀라운 은총과 행복한 순간이 됩니다. 하지만 그것은 천국으로부터 온 것이며 기나 다른 미혹의 세력과 다른 것입니다.

이 좋으신 주님을 끝없이 갈망하고 사모하고 구하십시오. 주님이 임하셔서 우리의 심령을 아름답고 정결케 해주실 때 우리는 그것이 천국으로부터 온 것임을 분명하게 알게 될 것입니다. 죄에서의 해방, 영혼 깊은 곳에서 터져 나오는 순결한 기쁨, 사랑.. 그것은 오직 주님만이 주실 수 있는 영광의 은총이기 때문입니다.

3장 에바다 교회 집회

일시 : 2001. 6. 28.
장소 : 에바다 교회 (서울 미아리)

미아리에 있는 작은 교회에 집회를 인도하러 가게 되었습니다. 이 교회에서는 목요일마다 영성 집회를 하고 있습니다. 오래 전부터 초청을 받았으나 여유가 없어서 미루고 있다가 시간을 내서 가게 되었습니다. 영성에 대한 관심을 가지고 있는 교회라 영적 실제에 대한 메시지를 나누게 되었습니다. 집회 후에 간단한 교훈을 나누어 보았습니다.

1. 예배와 주의 임재와 포옹에 대하여

저는 집회를 하는 동안 주님의 은혜와 임재가 충만한 상태에서라면 성도들 간에, 사역자와 성도들 간에 아름다운 포옹을 나누는 것이 참으로 아름답다고 생각합니다. 예배란 곧 주님과 교제를 나누는 것이며 성도들 간에도 하늘의 영광이 가득한 교제를 나누는 것이기 때문입니다.

저는 이성과의 개인적인 만남에 대해서는 아주 보수적인 입장입니다. 나이와 위치와 이유를 막론하고 남녀가 같이 일대일로 있는 것은 좋지 않다고 생각하는 편입니다. 저도 아내와 함께 하지 않으면 여성과 일대일로 있는 경우는 없습니다.
그러므로 남녀간에는 포옹은 물론 악수하는 것이나 사소한 신체 접촉도 조심해야 한다고 생각합니다. 그러나 예배는 다르다고 생각합니다.

예배란 아버지의 품안에서 자녀들이 뛰어 노는 것입니다. 그러므로 거기에는 웃음과 즐거움과 사랑의 나눔과 포옹과 고백과 눈물이 있는 것이 마땅할 것입니다.
예배란 주님과의 교통이며 지체와의 교통입니다. 그러므로 하늘의 거룩한 기쁨을 맛보며 동시에 지체들과의 교제와 연합을 확인하는 것입니다.

그런 의미에서 저는 예배 가운데 나누는 포옹을 참 좋아합니다. 그래서 우리 모임에는 자주 포옹이 있지요. 주님의 임재와 기쁨이 충만할 때 옆의 지체들과 같이 포옹하고 사랑을 고백하며 기도를 나누는 시간을 자주 갖게 합니다.

만약 은혜가 충만하지 않은 상태라면 그것처럼 어색하고 부자연스러운 것이 없겠지요. 영의 흐름이 전혀 없는 집회에서 억지로 옆에 있는 사람들과 인사를 시키는 경우도 있는데 그것은 정말 죽을 맛입니다. 너무나 어색하고 쑥스러워서 다시는 그곳에 가고 싶지 않지요. 얼른 도망가고 싶은 마음으로 가득하게 됩니다. 그러나 주님의 임하심이 충만한 상태라면 사랑의 고백과 나눔은 정말 천국과 같은 기쁨을 우리에게 줍니다.

조용히 서로 교감하며 안고 있을 때 거기에는 영의 흐름이 나타납니다. 기도해줄 때도 형제든 자매든 할머니든 포옹한 상태에서 조용히 기다리고 있으면 주님의 임재가 같이 흘러가는 것을 느낄 수 있습니다. 수련회나 영성 집회를 인도할 때 저는 사람들이 저의 어깨에 기대어 한없이 눈물을 쏟는 것을 흔히 경험하곤 하였습니다.
저의 마음으로는 모든 사역자들이 그들이 인도하고 있는 모든 성도들을 한 분씩 다 포옹해 준다면 얼마나 좋을까 하고 생각합니다.
그것은 성도들이 가지고 있는 많은 서운함, 상처, 막혀 있는 담, 오해, 억울함, 외로움.. 등이 회복되고 치유되는 아름다운 시간이 될 것입니다.

집회 중에 포옹할 때 그것은 단순히 사람으로서 포옹하는 것이 아닙니다. 사역자는 그 시간에 주님을 대신하여 성도를 안아주는 것입니다.

그러므로 성도들은 주님이 바로 자신을 안아주시고 위로하며 축복하시는 것을 느끼게 되는 것입니다.

이성과의 포옹은 항상 위험한 요소를 가지고 있습니다. 그러므로 은혜와 감동과 기쁨이 충만하게 흐르는 분위기 속에서 사역자의 인도로 하지 않으면 문제가 될 요소가 많이 있습니다. 그러나 은혜스러운 예배에서 지체들이 눈물 속에서 포옹하고 서로 손을 잡아주고 사랑과 격려를 표현하는 것.. 나는 그것이 천국 잔치의 한 부분이라고 믿습니다.

오늘 집회를 인도할 일이 있어서 저는 지금 떠나야 합니다.
주님이 조금 역사하시면 저는 그들과 웃음을 나누고 헤어질 것입니다.
주님이 조금 더 역사하시면 저는 그들의 손을 오래 붙잡고 흔들 것입니다. 주님이 아주 충만하게 역사하시면 나는 그들을 한 분 씩 안아줄지도 모릅니다.
아름다운 집회를 위해서 부디 기도해주십시오.
오늘도 사랑의 주님과, 그리고 사랑하는 분들과 포옹을 하면서 아름다운 하루를 보내십시오.
모든 분들께 사랑의 포옹을 보냅니다.
할렐루야

2. 이 시대에 필요한 권능의 영성

저의 기쁨이 되시는 카페의 여러분들.. 안녕하세요?
여러분의 기도 덕분에 어제 집회를 잘 마치고 돌아왔습니다.
주님의 은혜가 너무나 감사하군요. 주님께서 기쁨과 웃음과 자유함을 많이 주셨습니다. 그래서 참 즐거운 하루를 보냈지요.
기도해주셔서 감사합니다.
어떤 분이 집회에 대해서 몹시 궁금해하시면서 제가 예배 후에 인사만 하고 왔는지 악수를 했는지 아니면 포옹까지 했는지 물어보시더군요. 그래서 간단하게 모임에 대해서 이야기를 하려고 합니다.

2시부터 집회인데 일찍 와서 식사를 같이 하자고 해서서 빨리 간다는 게 늦어서 가보니 식사가 다 끝이 났었습니다. 그래서 저 혼자만 목사님 사무실에서 식사를 하게 되었습니다. 그런데 식사를 제대로 할 수 없게 하시더군요. 여러 목사님들이 옆에 앉으셔서 질문들을 폭포수같이 연속으로 퍼부었기 때문입니다.
이 목사님들은 여기 저기에서 영성 훈련도 많이 받으시고 탐구도 많이 하셔서 영성에 대한 관심과 질문이 많았는데 여러 복잡한 질문들에 대해서 내가 간단하고 쉽게 대답을 하니까 몹시 놀래고 기뻐하시는 것이었습니다.

저는 워낙 복잡한 것을 싫어하기 때문에 어떤 질문이든 간단하게 한 두 마디로 정의를 내리고 정리를 하는 습관이 있습니다.
'빛은 밝습니다.'
'어둠은 나쁘지요.'
'싫으면 안 하면 됩니다.'
'주님의 감동은 재미있는 것이죠.'
여러 복잡한 질문을 하는데 제가 즉시로 그런 식으로 간단하고 쉽게 정리를 하면서 대답을 하자 모두들 손뼉을 치고 아주 즐거워하시는 것이었습니다.

질문에 시달리느라 식사도 거의 못하고 기도도 하지 못한 채 시간이 되어 강단에 섰습니다. 목사님이 저를 소개하면서 '한국교회 영성의 최고봉이신..' 이런 식으로 소개를 하는데 가슴이 철렁했습니다.
웃으면서 목사님께 회개를 하시라고 이야기를 했지만 마음이 좋지 않았습니다. 가슴에 깊이 무엇인가가 박히는 느낌이었습니다. 농담이라도 그러한 표현은 저에게 화가 될 것입니다. 제가 드러나고 영광을 받는다면 저에게 돌아올 것은 심판밖에 없겠지요. 그것은 정말 두려운 일입니다. 오래 살려면 조심해야겠다는 생각이 들었습니다. 정신이 번쩍 들었지요.

성도님들은 60분 정도 모인 것 같았는데 연세는 30대, 40대, 50대로 보였습니다. 매주 목요일마다 모인다고 합니다.
교회의 분위기는 참 부드럽고 좋았습니다. 따뜻하고 포근하고.. 처음이지만 친근하게 느껴졌습니다.

전반적으로 부드럽고 차분하고 성숙된 영의 흐름이 있었습니다. 성도들에게서 헌신과 아름다움의 기운이 많이 느껴졌습니다.
그러나 영들이 조금 약하게 느껴졌습니다. 그래서 어둠의 영들에게 눌린 부분들이 좀 있었습니다.
이곳에서는 내적인 기도와 관상기도.. 그런 쪽을 중심으로 사역하는 것 같았습니다. 자기 부인, 파쇄, 깨어짐.. 내적으로 깊이 들어가고 주님과 연합하는 것.. 그런 분위기가 느껴졌습니다. 약간 고전적인 분위기, 수도원이나 광야 같은 분위기랄까요.. 그런 느낌이었습니다.

널리 알려진 기독교 고전들.. 깊은 영성인이자 하나님의 사람들이 쓴 글들을 보면 아름다움과 향취, 주님과의 사랑의 관계와 체험들이 많이 기록되어 있습니다. 세상의 중심에서 벗어나 주님과의 깊은 교제에 들어가는 순수하고 깊은 아름다움들이 있습니다.
물론 고전은 좋은 것입니다. 그리고 깊은 기도도 좋은 것입니다. 하지만 알아야 할 것이 있습니다. 그것은 깊고 섬세한 신앙의 스타일 이전에 먼저 강력한 영적 권세를 경험하고 승리하는 삶의 단계를 통과해야 한다는 것입니다.
앞서간 시대에 주님께 충성된 많은 종들이 있었습니다. 하지만 이 시대에 그런 깊고 차분한 영성만을 추구하는 것에는 문제가 있습니다. 그것은 이 시대에 역사하고 있는 마귀를 깨뜨리고 제압하는데 어려움을 줍니다.
왜냐하면 그 당시에도 많은 사악한 영들이 움직이고 있었지만 지금은 훨씬 더 악하고 더러운 영들이 운행하고 있기 때문입니다. 그 시대의 영들과 지금의 악한 기운들과는 비교가 되지 않습니다.

한 예를 들까요. 60년대쯤에 선생님이 학교에서 아이들에게 교훈적이고 감동적인 어떤 이야기를 해준다고 합시다. 그럴 때 아이들은 울 것입니다. 쉽게 감동을 받고 눈물을 흘릴 것입니다. 그 때에는 그런 일이 흔했습니다. 마음 밭이 순수했지요. 만약 요즘에 그 비슷한 이야기를 한다면 어떨까요? 아이들이 웃을 것입니다.
'선생님.. 썰렁해요.. 웃겨요.. 재미없어요.. 그래서 뭐 어쩌자는 건데요..' 아마 이런 반응을 보이는 아이들이 많을 것입니다. 다시 말하면 요즘에는 거칠고 완악한 영들의 역사하는 수준이 예전과 비교할 수 없이 강력하다는 것입니다.

과거의 명 설교자들이 많이 있습니다. 하나님이 사용하신 많은 능력의 종들이 있었지요. 그들은 그 당시에 매우 유능한 사역자들이었습니다. 그러나 그들이 지금 그 당시의 능력으로 설교를 하고 당시의 메시지를 전한다면 지금도 그 당시와 같이 좋은 반응을 얻을까요? 아마 그렇지 않을 것입니다.
저는 오래 전에 고전적인 명 설교로 알려진 책들을 많이 읽고 이런 생각이 든 적이 있었습니다. '과연 오늘날에도 성도들이 이렇게 길고 따분한 메시지를 끝까지 참고 들어줄까?' 하는 생각 말입니다.

오늘날 사람들은 과거의 사람들처럼 순박하지 않습니다. 이들은 조급하고 쫓기며 불안한 마음으로 가득하며 세속적이고 물질적인 사고로 충만합니다.
몇 백년전의 사람들처럼 교리에 대한 싸움과 논쟁으로 마음을 쓰지 않으며 그런 데는 별로 관심도 없습니다. 주님에 대한 갈망도 부족하고 현실적인 문제에 대한 눌림과 관심으로 가득합니다.

이러한 현대인들의 완악하고 피폐한 영적 상태를 과거에 있었던 능력과 기름부음으로 해결하기에는 충분하지 않다고 할 수 있습니다. 그 당시의 영적 수준과 능력으로는 오늘날의 영들을 제압하는 것이 쉽지 않다는 것입니다. 즉 오늘날은 좀 더 강력한 권능과 역사와 기름부음이 필요한 것입니다.

18세기에는 18세기의 기름부음이 있습니다. 19세기에는 19세기의 기름부음이 있습니다. 그러나 오늘날에는 오늘날의 기름부음이 필요합니다. 과거에 역사하셨던 주님이 아니라 이 시대에 역사하시는 주님의 기름부음을 받아야 합니다. 시대를 역행해서 과거에 역사하셨던 주의 역사를 경험하려고 하면 이 시대에서 열매를 맺을 수 없습니다.

어떤 이들은 과거에 역사하셨던 성령의 역사에 대해서만 향수를 가지고 그와 동일한 것만을 추구합니다. 하지만 주님은 날마다 새롭게 역사하시는 분입니다. 그분은 오늘의 필요에 합당한 주의 능력과 역사를 베푸시며 기름 부으실 것입니다.

저는 이 시대에 특별히 권능적인 영성이 필요하다고 생각합니다. 묵상과 깊은 내적인 기도가 필요 없다고 할 수는 없습니다. 그것은 아름다운 기도이며 깊은 영성입니다. 그러나 그 이전에 놀라운 권능과 하늘의 은총이 쏟아지는 승리와 환희의 체험이 필요하며 그러한 영성이 이 시대에 필요하다고 생각합니다.

소극적이고 조용하기만 한 영성은 이 세상의 강력한 사악함을 깨뜨리는 데에 부족합니다. 이 시대에는 깊은 헌신과 내적인 변화가 필요하지만 또한 강력하고 권능이 넘치는 하나님의 임재, 폭포수와 같이 흘러 넘치는 하늘의 영광이 필요하다고 생각합니다. 주님은 우리에게, 구하는 이들에게 그것을 허락하실 것입니다.

각 시대마다 주님이 허락하시는 은총이 있습니다. 우리는 항상 그 흐름에 우리를 맞추어야 합니다.
그것은 찬양에 있어서도 마찬가지입니다. 어떤 이들은 항상 과거의 것들, 과거에 주님이 사용하시던 것만을 은혜스럽고 좋은 것으로 생각합니다. 지금 우리가 부르고 있는 찬송가는 대부분 100년 전, 200년 전에 영국, 미국인들의 정서에 맞게 만들어지고 불려지던 찬송들입니다.
당신에 그 찬송을 통한 주님의 은혜가 있었습니다. 주님은 그들에게 그 곡들을 통하여 큰 은총을 베풀어주셨습니다.

그러나 지금 이 시대에는 이 시대에 역사하시는 주의 영으로부터 새로운 찬송의 영감을 받고 새 찬양을 올려드려야 합니다. 이 시대에 맞는 찬양이 필요합니다. 과거의 것들이 필요 없다는 것이 아닙니다. 그것들도 역시 사용될 수 있고 필요합니다. 다만 그것으로 만족하지 말고 이 시대에 역사하시는 영감 있는 곡과 가사와 노래가 필요하다는 것입니다. 새 노래가 필요합니다. 그것이 이 시대 영혼의 필요와 지금 우리의 영적 필요를 채우는 것입니다.
사람들은 추억을 좋아합니다. 이미 경험했었던, 익숙해있는 과거의 은총을 버리고 새로운 것에 익숙해지는 것은 쉬운 일이 아닙니다. 나이가 들수록 현실이 어려울수록 사람들은 추억 속에 잠기게 됩니다.
하지만 기억해야 합니다. 과거보다 중요한 것은 지금 현실입니다. 과거

결혼하기 전, 연애시절의 사랑의 기억을 추억하는 것보다 오늘 지금 이 순간에 배우자를 사랑하는 것이 훨씬 더 중요합니다. 그와 같이 우리는 과거에 임하셨던 주님이 아니라 오늘 이 시간에 임하시는 주님을 추구하고 경험해야 합니다. 주님은 날마다 언제나 항상 새롭게 임하시고 일하십니다.

이 집회에서 말씀을 전하면서 느끼게 된 것은 발성기도, 부르짖는 기도가 부족한 상태에서 내적인 기도, 관상기도에만 몰두하게 될 때 생기는 부작용이었습니다. 그것은 영을 어둡게 하며 소극적이 되고 침체되고 무기력해지고 창백한 신앙이 될 수 있습니다. 자신들이 보면 경건해 보이지만 그러나 그것은 영이 눌린 것입니다.

주님과의 연합의 체험은 어느 단계가 되면 저절로 영의 역사가 오는 것입니다. 그러나 아직 영이 충분히 무르익지 않았을 때 수동적으로 기다리는 기도에만 몰두하면 악한 영들에게 눌리게 됩니다. 모든 열매들은 항상 자연스럽게 맺어지는 것이지요.
성숙한 신앙, 깊은 헌신과 내적 신앙을 추구하시는 분들이 흔히 쉽게 빠지는 오류이기도 합니다.
이러한 분들은 먼저 충분히 부르짖고 발성으로 기도함으로써 영을 활성화시켜야 하며 어느 정도의 은사적인 단계를 통과하여야 하며 때가 이르기까지 그 과정을 거쳐야 합니다. 초보적인 뜨거움과 열정의 단계를 체질에 맞지 않는다고 스스로 지나쳐버리면 많은 후유증을 겪게 되며 성장에도 도움이 되지 않는 것입니다.
찬송을 한두 곡 부르면 전체적인 영성의 흐름을 대충 파악할 수 있기 때문에 나는 이 공간에 활기와 즐거움이 가득하도록 평소보다 더 많이 장난을 쳤습니다. 찬양도 부흥회 스타일로 열정적으로 많이 드렸지요. 처음에는 좀 풀리지 않는 느낌이었지만 어느 정도 기도와 찬양이 드려지자 조금씩 분위기가 뜨거워지는 것을 느꼈습니다.

성도님들은 조금씩 웃기 시작했고 점점 더 행복한 분위기가 되자 나중에는 무슨 이야기를 해도 웃었습니다.

전체의 영을 회복시키기 위해서 찬양과 기도를 많이 하다보니 말씀을 별로 전하지 못했습니다. 하지만 후회스럽지는 않았습니다. 메시지를 많이 듣는 것보다 영이 활성화되는 것이 더 중요하기 때문입니다. 영이 충만하지 않은 상태에서는 많은 메시지를 들어도 거의 소화할 수 없습니다.

시간을 잘 절제하지 못해서 약속한 시간보다 몇 시간이 지난 후에야 간신히 끝을 낼 수가 있었습니다. 하지만 자리에서 먼저 일어나는 사람은 없었습니다.

이들은 사랑과 포옹과 축복과 격려.. 이런 데에 익숙하지 않았지만 점차로 적응을 해서 나중에 집회가 마칠 때쯤 해서는 서로 포옹하고 기도하며 우시는 모습을 볼 수 있었습니다. 그것은 참 아름답고 사랑스러운 장면이었습니다.

집회를 마친 후에는 사람들이 나에게 익숙해졌는지 웃으면서 나에게 달려들어 품에 안기시는 분도 있었고 나는 그것이 즐거웠습니다.

집회를 마친 후에는 안면이 있는 몇 집사님들과 다른 전도사님들과 저녁식사를 같이 나누었습니다.

이분들도 열정과 사모함이 많으셔서 주님과 영성에 대한 끝없는 질문들이 계속 되었고 이에 대한 대답을 들으면 기쁨과 탄성을 연속 발하셨습니다. 불고기를 대접받은 것 같은데 이야기에 빠져서 뭘 먹었는지 잘 기억이 안 나는 것 같습니다.

시간이 늦어서 9시쯤 밖으로 나왔는데 아직 질문이 끝나지 않아서 길거리에 서서 계속 이야기를 나누었습니다. 대부분 다 처음 만나는 분들이었지만 헤어지는 발걸음이 떨어지지 않았습니다.

나중에 저는 지하도로 들어가 지하철을 타야 했는데 차마 떠나지 못하고 그 입구의 계단에서 여럿이 둘러앉아서 한 시간쯤 더 대화를 나누었습니다. 길바닥에 앉아서 이야기에 빠져 있다니.. 나이도 많은 사람들이 이게 뭐 하는 짓인지.. 우리들 스스로도 우스웠습니다.

누군가가 말했습니다.
"목사님을 모시고 이렇게 밤을 새고 주님의 이야기를 들으면 얼마나 좋을까요.."

모두가 탄성을 올렸지만.. 마음 같아서는 그러고 싶었지만.. 그러나 집에 와야 했지요. 결국 우리는 모두 포옹을 나누고 헤어졌습니다.

만난 지 하루.. 이야기를 나누는 것도 처음.. 그러나 몇 십 년 동안 알고 있었던 것처럼 친근하게 느껴지는 것이 참으로 신기했습니다.

같이 주님을 사모하고 영적 발전을 추구하며 주님께 나아가기를 원한다는 것.. 그러한 공통점은 잠시의 만남임에도 불구하고 혈연보다 더 깊은 일체감을 누리게 하는 요소가 있었습니다. 주님의 은총은 너무나 놀라워서 그분과의 사랑에 잠기게 되면 그를 사랑하고 그를 연모하는 자들끼리는 그처럼 같이 빠져 들어가게 되는 것입니다.

집에 오니 11시 40분이었습니다. 몸은 솜처럼 피곤했지만 마음은 날아갈듯이 즐거웠습니다. 주님과 함께 걷는 삶은 언제나, 영원히 행복한 삶이라는 것을 또 확인 받은 하루였습니다.
목사님은 앞으로 적어도 한 달에 한번은 정기적으로 오셔야 된다고 합니다. 곤란함을 표시했더니 그러면 두 달에 한번이라도 꼭 오셔야 된다고 부탁을 하십니다. 잠간이지만 정이 든 것 같았습니다.
하지만 여기 저기 자주 움직이고 집회를 하고.. 하는 것은 저의 사명이 아니겠지요. 저는 어디까지나 문서 사역에 더 몰두해야 하니까요..
하지만 이제 헤어진 지 하루도 안되었는데 그들이 다시 보고싶은 마음이 일어납니다. 이래저래 저도 사람들에게, 교제에 중독이 되어가고 있는 모양입니다.

어쩌면 우리는 모두가 주님의 사랑에 중독이 된 것이 아닌가 하는 생각이 듭니다. 항상 주님의 사랑과 은총을 입으면서 그것이 너무나 좋아서 또 주님께 가고, 다시 주님께 가고.. 그리고 주님을 사랑하는 사람을 보면 그저 너무 좋아서 시간가는 줄 모르고 사랑의 고백과 이야기를, 보고싶은 마음들을 나누는.. 우리는 정말 중독자인 것 같습니다.
하지만 그 중독은 너무나 행복한 중독이지요.
더 깊은 주님의 중독에 들어가고 싶어, 이제 다시 글을 접고 기도해야겠습니다.
여러분.. 감사합니다. 사랑합니다. 모두들..보고싶군요...
오늘도 주님께 다시 중독되어 그분과 함께 행복한 하루를 보내시기 바랍니다.
주님을 찬양합니다. 할렐루야..

4장 삼정 교회 집회

일시 : 2001. 8. 19 - 22
장소 : 삼정 교회 〈서울 은평구 소재〉

우리 집과 가까운 곳에서 사역하시는 목사님의 초청으로 4일간 밤 집회를 하게 되었습니다.
그 교회에서 뿐 아니라 집회를 한다는 소식을 들은 카페의 회원들 도 많이 참석해서 같이 은혜를 나누고 집회의 분위기를 날마다 카페에 올려서 회원들과 즐거운 대화들을 주고받았습니다. 분위기가 아주 뜨거워져서 집회와 관련된 글이 하루에 100개 넘게 올라오기 도 했지요.
은혜와 감동을 함께 나누었던 그 분위기와 집회 뒷 이야기를 나누어 보겠습니다.

1. 중보와 사역은 영혼을 높은 곳으로 이끄는 것입니다

궁금한 게 있어요.. -S자매-

안녕하셨어요. 집회를 인도하시느라고 수고가 많으시지요.
근데 궁금한 게 있어요..
목사님 집회 전에는 특히 시험도 많고.. 머리도 많이 아픈 것 같아요..
왜일까요? 아.. 지금도 머리가 빙글빙글 하네요.
토요일 날에는 너무 아파서 머리를 막 때렸어요. 어제도 머리가 너무 아파서...
계속 졸리고 힘없고 나른하고.. 오늘도 조금 그러네요.

그리고 또 한 가지요.
요즘은 '중보'에 대해 조금 생각해 봤어요.
늘 어떤 사람을 도와주고 기도해 주고 나면 제가 이유 없이 더 힘들어 지곤 해요.
얼마 전에는 죽고 싶다는 친구를 도와줬는데 그리고 나니까 거의 그 친구 수준으로
계속 기분이 우울하고 다운이 되더군요.
왜 그런가 했더니 어제 기도 중에 악한 영들이 하는 말이 친구를 왜 도와줬냐..
겁을 주는 거예요.
그래서 알았지요. 이런 증상이 친구를 돕는 과정에서 생긴 것인지 알게 되었어요.
중보란 그런 것일까요?

H언니가 말하더군요.
중보란 정말 단순히 그 사람을 위해 기도만 하는 것이 아니고 그 사람의 상태와 심
정을 안고 함께 싸워 나가는 것 같다구요.
목사님.. 그런 것인가요!
그리고 중보해 준 사람에게 그 영들이 와서 괴롭히고..
그러기도 하나요?
아무튼 지금은 어제보다 많이 나아져서 다행이예요..
그럼 이따 집회에서 뵐 께요.

사랑하는 S자매에게.

두 가지 질문을 주었는데 그 두 개가 같은 것이로군요.
첫 번째의 문제는 자매가 집회를 위해서 기도하는 과정에서 오는 영적인 전쟁이라고 할 수 있습니다.
이미 내가 여러 번 언급했지만 집회의 성공과 승리는 영적 전쟁에서 승리하는 것에 달려있다고 할 수 있어요. 사역자가 그 전쟁에서 승리하게 되면 성도들은 해방과 자유와 치유를 경험하게 되며 사역자가 전쟁에서 승리하지 못하거나 그러한 전쟁 자체에 대하여 잘 모르게 되면 성도들을 묶임에서 풀어줄 수 없는 것입니다.

그러므로 집회가 시작되기 이전에 악한 영들은 사역자들을 공격하며 또한 사역자를 위해서, 집회를 위해서 기도하고 중보하는 이들을 공격하는 것입니다. 그리고 그 과정에서 그러한 현상들, 머리가 아프고 어지럽기도 하고 구토 증상이나 여러 증상들을 경험할 수 있습니다.
하지만 별로 두려워할 필요는 없습니다. 우리는 그러한 전쟁의 경험들을 통해서 강해지며 분별력도 증가되고 결국 더 풍성한 주님의 역사를 배워나가게 되니까요.

이번 집회에서는 중보에 대해서 조금 나누어 보려고 합니다.
중보한다는 것, 사역한다는 것은 자신의 영혼이 속해있는 빛의 세계에서 상대방이 속해있는 어둠의 영계로 내려가는 것을 의미합니다. 그래서 그들에게 빛을 주고 그들을 끌고 빛의 세계로 데리고 올라가는 것이지요. 그들이 사역의 결과 기쁨과 해방을 느끼는 것은 그들이 우리가 속한 영계로 올라온 것입니다. 그러나 그들이 혼자 있을 때 다시 침체된다면 그들은 다시 자기가 속한 영계로 떨어진 것이지요. 그러므로 우리는 또다시 어둠의 굴로 내려가서 그들을 끌고 올라와야 합니다. 그렇게 반복하여 그들을 회복시켜서 어느 정도의 수준으로 올라오게 하는 것, 그것이 바로 중보이며 사역인 것입니다.

모든 사람들은 각자가 자기에게 맞는 어떤 영계에 속해있습니다.
죽은 다음에 천국과 지옥에 가는 것이 아니라 이 땅에 살면서 어느 수준의 영계에 속해있지요. 천국도 지옥도 수천 수만의 영계로 나뉘어진다고 할 수 있습니다. 성경을 보면 천국에서 충성도에 따라 상급이 다르며 영적 수준이나 사역에 따라 큰 자와 작은 자 등의 등급이 있는 것을 알 수 있지요. 그처럼 천국에도 차이가 있으며 이 땅에 살 때에도 모두가 다 자신의 발전 단계에 맞는 영계에서 사는 것입니다.

그런데 살아있는 동안에도 영계에 속해있다면, 지금 하나님을 모르고 지옥에 속해있는 영혼들은 왜 고통을 느끼지 않을까요?
예를 들어 나사로와 아는 사이인 부자는 살아있는 동안에도 지옥의 영계에 속해 있었지요. 그러나 그는 영혼이 발전하지 않고 마비되어 있었으며 오직 육체의 희락에만 관심이 있기 때문에 자기 영혼의 고통을 느낄 수 없었습니다.

사람은 육체를 가지고 있는 영적인 존재이지요. 그래서 영혼은 영계와 교통하지만 육체는 물질계와 교통합니다. 바로 이 육체의 존재 때문에 살아있는 동안은 영계를 잘 감지하지 못합니다. 살아있는 동안에는 영혼의 감각보다 육체의 감각이 더 선명하고 물질 세계를 중심으로 해서 살아가니까요.

장갑을 끼고 악수를 하면 상대방의 체온을 느낄 수 없듯이, 이 육체라는 완충지대의 존재 때문에 사람들은 자기의 영혼이 지옥에 있고 지옥과 연결되어 있으면서도 고통을 느낄 수 없습니다.

아니, 사실은 그들의 영혼은 고통을 느끼고 있지요. 다만 그들이 육체 중심으로 살기 때문에 육체에만 민감하고 영으로는 죽어있어서 자신의 안에서 고통하고 있는 영혼의 감각을 감지하지 못하고 있는 것입니다.

사람의 영혼이 깨어나고 발전하게 되면 영적인 세계에 대한 감각이 예민해집니다. 그래서 악한 영들이 가까이 오면 아주 괴롭게 느끼고 주의 은혜가 임할 때는 아주 기쁨을 느끼고 행복해하지요. 현실의 환경과 상관없이 말입니다. 그러므로 영혼의 감각이 발전할수록 죄를 짓는 것이 싫고 악을 싫어하며 세상의 유행을 따르는 것보다 주님의 임재와 천국의 영광을 구하며 기도하게 되는 것입니다.

그러므로 영혼이 깨어있는 이들은 이 세상을 떠나기 전에도 현실 속에서 이미 천국의 기쁨을 누리게 됩니다. 환경이 아주 비참한 상태에서도 그의 영혼은 깨어있으므로 천국에서 오는 은총의 빛을 경험하고 있기 때문이지요. 그러나 영이 별로 발전되지 않은 사람은 육 중심으로 살기 때문에 자기 영혼의 상태보다 환경으로 인하여 기뻐하고 슬퍼하며 흔들리게 됩니다.

그렇게 사람들은 육체가 존재하는 동안에는 영의 세계와 잘 교통하지 못하고 환경과 육체에만 몰두하기 때문에 영이 잘 자라지 않고 낮은 영역에 있게 되는 것입니다. 그런 이들의 영혼을 깨우고 발전시켜서 영적으로 더 높고 아름다운 곳으로 올라가도록 돕는 것이 바로 사역이라고 할 수 있지요.

집회하는 것도, 중보하는 것도 그런 것입니다. 자신이 거하고 있는 밝고 아름답고 영광스러운 빛의 세계에서 중보와 사역의 대상이 처해있는 고통과 흑암이 가득한 낮은 영계로 내려오는 것입니다. 그리고 그들을 이끌고 빛의 세계로 다시 데리고 올라가는 것이지요.
여기서 사역자는 자신이 올라가 본, 경험한 세계까지만 안내할 수 있습니다. 자신이 어둠과 고통이 가득한 낮은 영역에 있으면서 사람들을 높은 곳으로 이끌 수는 없다는 것이지요.
엄밀하게 말하면 사역자는 환경을 초월하는 기쁨의 세계를 체험하지 못한 상태에서는 사람들을 도울 수 없습니다.
환경을 초월하는 기쁨이라는 것은 환경을 보면 너무나 고통스러운 상황인데 이상하게 심령이 즐겁고 행복한 것을 말합니다.
돈도 없고, 밥도 굶을 지경이고 자기를 괴롭히는 이도 많고.. 상황은 그런데 심령에는 기쁨이 충만합니다. 이것은 그의 영이 어느 정도 높은 곳에 있다는 것을 보여줍니다. 그러므로 그러한 상태에 있을 때 그는 사람들을 돕고 이끌 수 있는 것입니다.

좋은 환경에서 얻는 기쁨은 사실상 낮은 차원의 기쁨입니다. 주님께서는 그 사람의 영혼을 높은 영계로 인도하시기 위해서 환경의 비참함을 허락하시기도 하시는데 그것은 환경이 그림자와 같고 영원한 실상이 아니라는 것을 가르치시기 위한 것입니다. 그렇게 환경에 대하여 깨달게 될 때 우리 영혼은 조금씩 깨어나게 되며 영혼이 깨어날수록 우리는 보이는 것이 아닌 보이지 않는 것, 영원한 기쁨과 만족을 구하게 됩니다. 사역자란 따로 있는 것이 아니며 목사다, 사모다, 전도사다 하는 것은 별로 의미가 없습니다. 다만 주님을 경험하고 그분께 잡히게 되면 우리의 삶 모든 것이 다 사역이 되도록 인도하십니다. 영적인 실제가 부족해서 사람들을 높은 곳으로 이끌지 못한다면 사역자의 지위가 무슨 소용이 있겠습니까.. 오직 마지막 날의 심판이 두려울 뿐이지요.

사역도, 중보도 쉬운 것은 아닙니다. 거기에는 전쟁이 있습니다. 그 전쟁은 고통의 대가를 지불하는 것을 통해서 승리하게 됩니다. 주님이 십자가를 지시고 승리를 이루셨지만 우리가 현실에서 실제적으로 그것을 누리기 위해서는 주님의 십자가에 그치지 않고 각자에게 주어진 십자가를 극복해야 합니다.

저도 사람을 돕고 기도해주고 집회를 하면서 사람들이 가지고 있는 고통들이 오는 것을 많이 겪었습니다.
자살의 충동을 느끼는 사람을 도와주고 나면 나에게도 자살하고 싶은 충동이 올라오고, 세상을 사랑하는 사람을 도와주면 내 영혼도 비슷한 증상에 감염되어 너무나 삭막해지고 비참해질 때가 있습니다. 그것은 전쟁의 후유증인데 빨리 그것을 극복하고 벗어나야 합니다.
또한 반대로 주님을 사랑하는 영혼을 만나면, 주님의 이야기를 할 때 상대방이 빨려 들듯이 받아들이면 내 영혼, 그리고 주님의 영이 하늘을 날듯이 기뻐하는 것을 느낍니다.
우리가 살아있는 동안은 전쟁이 있습니다. 온 세상에 악한 기운이 가득하고 주를 사랑하는 이들 보다는 자신을 사랑하는 이들이 많기 때문에 우리는 영을 강건하게 해야 하고 전투에 대비해야 합니다.
누구든지 주를 사랑하면 그 영혼은 해방되고 자기를 사랑하면 영혼은 마귀의 밥이 됩니다. 그러나 이것을 제대로 이해하는 이들은 드물지요. 오늘날 많은 사람들이 주님을 믿는다고 하면서도 세상을 열심히 사랑하며 자신에 대한 육적인 애정에 빠져있습니다.
근심, 두려움, 자기 연민, 분노.. 그 모든 것들이 세상을 사랑하고 자기를 지나치게 사랑하기 때문에 지옥에서 어두움의 영들이 그들에게 가져다주는 것이지요.

중보와 기도의 전투에 너무 지나치게 하지는 말기를 바랍니다.
자신의 영력에 비해서 무리를 해서는 안 됩니다.
많이 지쳤을 때는 주를 마시는 기도, 충전하는 기도를 하십시오.
마음속으로 주의 이름을 부르며 호흡을 하면 주의 영의 임재가 채워지기 때문에 영이 강건해집니다. 그래서 회복이 빨라지게 되지요.
전쟁 중에는 눈을 부릅뜨고 강건하게 해서 싸우는 것이 좋으며 지쳤을 때는 그렇게 주의 임재 속에서 안식하면서 영적 충전을 해야 합니다.

하지만 그러한 전쟁의 과정을 통해서 영적으로도 강건해지고 분별력도 증가되면서 성장하게 되는 것이니 별로 걱정할 필요는 없습니다. 우리는 혼자 싸우는 것이 아닙니다. 주님께서 우리를 지키시고 인도하시며 보호하시지요. 그러니 주님과 함께 싸우고 사역하면서 하나씩 배울 것을 배워나가면 됩니다.
저도 그 싸움을 20년 넘게 해왔습니다. 힘든 것도 많지만 배우는 것도 즐거운 것도 많이 있습니다. 그것은 아주 행복한 일입니다.
너무 무리하지 말고 주님이 허락하시는 분량 안에서 조금씩 사역하고 중보하기를 바랍니다.
상대를 위하여 싸우다 쓰러져도 그것을 이해하거나 고마워하는 사람은 별로 없습니다. 다들 이상하게 여길 뿐이지요. 하지만 그러한 것들에 마음을 써서는 안 됩니다. 우리는 다만 주님의 도구가 되어야 할 뿐입니다.
부디 믿음의 싸움을 싸우며 강건해지십시오. 주님의 은총이 자매님에게 함께 하시기를 기원합니다.

진짜 시원합니다!   -S자매-

와.. 목사님! 정말 감사해요!
글을 읽고 있는 데 머리가 정말 맑아 졌어요!
그런 것이군요! 아! 맞아요!!
너무 감사하고 또 감탄하여
어찌할 바를 모르겠네요..
늘 도와주셔서 감사합니다.
주님의 빛을 더 알고 사모하며..
다른 이들을 더 잘 도울 수 있는 사람이
얼른 되고 싶어요.

아.. 너무 감사하네요..
보잘 것 없는 사람을 통해 남을 돕게 하시니..
너무 감사해서 울고 싶어요. 주님의 은혜 감사합니다.

2. 주의 은혜의 임하심과 영광의 임하심에 대하여

목사님. 궁금한 것이 있어요.　-J자매-

사랑하는 목사님. 잘 주무셨어요?
어제, 목사님의 찬양이 너무나도 가슴을 울렸던 하루였습니다..
여쭤보고 싶은 것이 있어서요.. 집회 끝나시고 조금 한가해지시면
천천히 말씀해 주시기 바래요.
어제의 예배 때 느꼈던 것을 간단히 말씀드릴게요.
어제 집회에서 주님의 눈부신 빛과 강한 임재를 느꼈는데요..
감사해요. 주님.
언제부터인지 제가 나름대로 주님의 임재를 조절할 수 있게 된 것 같아요.
그로 인해 제가 주님을 제한하고 있는 것은 아닌지
조금은 걱정도 됩니다.〈질문1〉

예전 같았으면 아마 그 자리에 쓰러졌을 그런 상황인데 (마음은, 누워있고 싶었어요.) 그런데 그냥 그렇게 주님의 강한 임재를 느끼면서 외적으로 나타나는 육체적인 변화는 없이 (주님의 임재는 강하게 느껴지더라고요) 주님께 경배와 예배를 드리는 절 발견하게 되었어요.
자신을 표현하는 것이 좋다고 하셨는데 어제는 왠지 모든 것이 평안했다고 해야 하나요.. 전에는 느껴보지 못한 그런 평안.. 계속, 경배와 기도가 나오고..,
어떤 때는 그냥 조용히 아무 말 없이 움직이지 않고 가만히 있고 싶었고 어떨 때는 주위 분들을 위해 기도 드리고 싶었어요..
나의 마음이 변함없이 고요함 가운데 잔잔한 물결이 임하는 것을 느낄 수 있었어요.. 외부적으로는 잠잠했지만 저의 내면 속에서는 주님의 너무나도 크신 사랑과 임재에 가슴이 터져 버릴 것 같았어요..

타 버릴 것 같은, 벅차 오르는 가슴 때문에 "으아아…" "할렐루야.."
하고 소리를 질렀는데, 모두들 못 들으신 것 같아요.

모두들, 주님의 임재하심에 온통, 몸과 마음을 빼앗기신 것 같았어요.
감사해요.. 너무나도 거룩하고 너무나도 잔잔하고
기쁘고, 행복한 시간이었습니다.

목사님.
지성소에서는 몸을 움직일 수 없다고 하셨잖아요..
몸을 움직이게 되면 주님을 제한한다고요..
몸은 굳지 않은 상황에서도, 지성소의 체험이 가능한 것인지요. 〈질문2〉

지성소에서는 항상 몸이 굳어지나요?
어제 몸을 움직이기 싫어 가만히 있었는데, (굳어지지는 않음)
저의 상태가 지성소에 들어간 것인지 궁금해서요.
사실 저는 의문이 있어도 그냥 넘어가는 편이에요. 그저 시간이 되면 알게 되겠지..
하고요.. 이것은 그냥 궁금해서 질문을 드려보았어요.
항상 감사드리며 오늘 예배도 주님께서 충만하게 임하실 것을 믿어요. 할렐루야.

사랑하는 J자매. 어제 잘 들어갔지요?
좋은 질문을 올렸군요. 집회 준비기도로 조금 여유가 없기는 하지만
집회의 내용과 관련이 있으니 조금 이야기해보지요.

주님의 은혜의 임하심과 영광의 임하심은 다릅니다.
이따 집회에서 조금 더 이야기할텐데, 간단하게 한마디 할게요.
은혜는 주님이 그분의 영광을 버리고 우리에게로 낮은 곳으로 오시는
것입니다. 그분의 영광을 감추시고 우리의 악하고 더러운 상태에 그대
로 오셔서 우리를 있는 그대로 받아주시는 것이지요.
만일 그분이 그분의 영광을 하나도 감추지 않고 우리에게 그대로 임하

시면 우리는 단 1초도 살아남을 수가 없어요. 그렇기 때문에 그분은 어린 자녀를 위하여 그분의 영광을 감추시고 은혜로 오십니다.

영광으로 임하시는 것은 그분이 자신의 모습을 조금 보여주시는 것입니다. 이 영광을 우리 각자가 감당할 수 있을 만큼 아주 조금만 보여주시는데 이 영광을 접하게 될 때 그분의 거룩하심이 드러납니다.
은혜는 아무리 악하고 영적으로 성숙이 되지 않은 어린 자라도 경험할 수 있습니다. 이것은 우리의 상태와 관계없이 일방적인 은총으로 주어지는 것이지요.
그러나 은혜만 입어서는 영의 성장이 느립니다. 달콤한 사탕만 좋아하고 많이 먹으면 맛이 있기는 하지만 이빨이 썩는 것 같이, 은혜의 경험만으로는 충분한 성장이 어렵습니다.
그래서 우리는 은혜의 주님을 경험하는 것과 함께 영광의 주님의 경험을 또한 조금씩 맛보아가야 합니다. 그래야 우리 영혼이 아름답게, 깊게 자라게 됩니다.

주님의 거룩과 영광의 임재는 그 깊이의 정도는 있지만 일반적으로 아무나 체험할 수 있는 것이 아닙니다. 주님이 함부로 그분의 영광을 보이시지 않습니다. 충분히 영혼이 자라고 정화되어야 하지요. 그분의 영광이 임하게되면 사람은 그 앞에 죽은 듯이 엎드러지게 됩니다.
그것은 구약에 나타나는 하나님의 임재와 영광과 비슷한 것입니다.
하나님의 영광이 시내산에서 구름과 연기 가운데 나타났을 때 백성들은 심히 두려워하며 떨었었지요. 이처럼 하나님의 은혜가 나타나는 것은 하나님의 사랑을 나타내시는 것이며, 하나님의 영광이 나타나는 것은 하나님의 거룩하심을 드러내는 것이기 때문에 거기에는 위엄과 두려움이 나타나게 됩니다.
그러므로 주의 영광이 강력하게 임할 때 함부로 행동하면.. 예를 들어 어린아이들이 멋모르고 뛴다든지 하면 다칠 수가 있습니다. 그것은 하나님의 거룩하심을 건드리기 때문입니다. 그러므로 조심하는 것이 필요합니다.
하지만 주의 영광이 드러나는 경우는 아주 드뭅니다. 주님은 어지간해서는 주님 자신의 영광을 드러내지 않으십니다. 그분의 영광을 감추시고 그저 은혜로만 나타나시지요.
그 영광 앞에서는 속된 것이 함께 있을 수 없기 때문에 주님의 거룩하심 앞에서는 장난을 치거나 하면 큰 일이 나지요. 그러한 것들은 다 은혜의 차원에 있을 때 하는 것입니다.

지성소라는 것은 기본적으로 주님의 거룩과 영광의 세계에 들어가는 것을 말합니다. 그것은 죄성의 처리가 많이 되고 성결의 은혜를 많이 체험한 만큼 오지요.
은혜의 경험은 주님이 그 영광을 버리고 우리가 있는 낮은 영계에 오신 것이라고 한다면 영광의 임재는 우리의 영혼이 주님이 계신 높은 곳으로 올라간 것을 말합니다. 그 올라간 차원은 각자의 수준과 성숙도에 따라 다 다르지요.

쓸 말은 많지만 이만하지요. 그것은 이론이 아니기 때문에 체험하지 않으면 의문만 많아지는 분들이 있을테니까요..
자매의 말이 옳습니다. 나도 예전에는 많은 질문들이 있었으나 지금은 거의 질문이 없습니다. 이제 더 이상 호기심을 만족시키기 원치 않고 그저 주님의 이끌림을 받아 한 걸음씩 나아갈 뿐이지요.

두 번 째 질문에 대답을 하겠습니다.
모든 은혜가 처음에는 통제가 안됩니다. 방언도, 예언도, 쓰러짐도.. 다 그냥 주님께 사로잡혀 버리지요.
나의 아내도 처음에 예언이 임했을 때는 자기도 모르게 사로잡혀서 마구 말을 쏟아 부었지요. 울음이 터질 때는 문자 그대로 폭발하는 것 같아서 도저히 절제가 안되었어요. 주님께 사로잡히는 경험을 할 때도 아예 몸이 굳어서 통제할 수가 없었습니다. 그러나 아내도 시간이 흐르자 그것을 조절할 수 있게 되었지요.

주님은 인격적인 분이시기 때문에 초기의 상태가 끝나면 각자의 판단을 존중해 주십니다. 그러므로 상황에 따라서 완전히 주님께 몰두하고 사로잡히고 표현해야겠다든지, 아니면 좀 절제를 해야한다는 판단을 하고 절제를 해야겠다든지.. 그런 것들을 우리에게 맡기십니다.
그것은 주님을 제한하는 것이 아닙니다.
또한 그렇게 절제하는 것을 주님이 서운하게 느끼시면 우리는 그것을 곧 알 수 있으며 다시 주님께 순복을 하면 되지요.

나의 경우는 집회하면서 주님이 강하게 임하시면 서있는 것 자체가 힘이 듭니다. 말하기도 어렵고 그냥 드러누워서 조용히 주님을 높이고 기다리면 주님의 충만한 역사를 경험하게 될 것을 알지요.
하지만 인도자가 그렇게 자리에 누워버리면 집회가 어떻게 되겠어요?

그러니 가능하면 너무 깊은 곳에 가지 않으려고 합니다.
어제도 지성소에 속한 찬양을 몇 곡 드렸더니 주님의 임재가 너무 강한 곳까지 가서 숨이 막혀서 말이 나오지가 않더군요. 그렇게 되면 설교를 할 수가 없지요. 그래서 할 수 없이 깊은 임재의 찬양을 중단하고 다시 강한 찬양으로 약간 낮은 영계로 내려와서 몸이 조금 회복되어 간신히 말씀을 증거할 수 있었지요.

영이 충만하게 사로잡힐 때는 자신의 영은 깊은 은혜에 들어가서 좋지만 동시에 몸이 아주 무기력해져서 집회를 이끌 수가 없기 때문에 그럴 때는 조금 빠르거나 강한 톤의 찬양을 합니다. 그렇게 하면 영의 흐름이 줄어들고 육의 흐름이 많아지기 때문에 몸에 힘이 생겨서 다시 집회를 잘 인도할 수 있게 됩니다.

자매도 알겠지만 주님이 사로잡아버리시면 아무 것도 할 수가 없습니다. 주님 앞에 가면 우리의 육체는 죽은 듯이 되고 그분 앞에서 조금 벗어나면 다시 살아나서 움직이고 말할 수 있게 되지요.
그러므로 그분의 영광이 임하실 때 요한도, 다니엘도, 다 죽은 듯이 되었으며 모세에게 나타나신 주의 영광을 보고 이스라엘 백성은 두려움에 떨었던 것입니다.

신약 시대에서는 일반적으로 주님께서 은혜의 주님으로 오시고 그분의 영광을 가리시지만 항상 그런 것은 아닙니다. 예를 들어 바울의 다메섹에서의 경험도 주님의 영광이 임하신 것이지요.
영의 표현을 할 때 '아~' 하고 소리를 높여 찬양을 올렸다고 했는데, 그것은 영혼의 찬양을 표현하는 하나의 방법입니다.
아주 좋아요. 크게 입을 벌리고 '아~' 하고 소리를 높이 올릴 때 우리의 영혼은 영계의 높은 곳을 날게 됩니다. 소리는 점점 한없이 높은 소리로 올라가게 되고 우리의 심령은 끝없는 기쁨으로 사로잡히게 되지요. 그것은 아주 아름다운 찬양입니다.
나는 예전에 은혜를 입기 전에는 이사야서에서 이사야가 하나님의 영광을 보는 장면에 천사들이 "거룩하다, 거룩하다.." 하고 요동을 친다고 묘사한 것을 보고 그것이 뭐 재미가 있을까..하고 생각했었지요.
그러나 지금은 압니다. 주님의 이름을 높이고 외치고.. 그보다 영광스럽고 행복한 것이 이 우주에 다시 없다는 것을요.

지성소와 몸이 굳어지는 것이 같은 것은 아닙니다.
몸이 굳어지는 현상은 몸이 영계로 들어가는 것인데 몸이 굳어지고 영혼이 영계로 들어간다고 해서 다 깊은 영계로 가는 것은 아니에요.
지성소는 거룩과 영광과 관련이 있는데 주님의 그러한 거룩한 임재를 가깝게 경험하는 것이지요.
그것은 너무나 성결하고 아름다운 경험이어서 세상의 모든 아름다움이 빛을 잃게 되지요. 그 상태는 너무 거룩하고 행복해서 아무 것도 하고 싶지 않으며 하기도 어렵습니다.

조금 전의 성소에서는 기쁘게 찬양하고 울고, 고백하고.. 그렇게 하는 것이 즐거웠지요. 그러나 지성소에서는 아주 조그만 고백도 하기 싫어져요. 그저 숨도 못 쉬고 그분의 영광과 아름다우심 속에서 잠잠히 있고 싶으니까요. 참고로 말하자면 일반적인 집회에서는 지성소의 경험이 거의 불가능한 것을 이야기하고 싶군요.

어린아이 하나가 조금만 움직여도 방해를 받게 됩니다. 주님의 임재를 손톱만큼이라도 거스르는 것이 있으면 안되지요. 아주 작은 소음이나 주의의 흩어짐도 없이 모두가 간절하게 주님을 갈망하고 사모하고 준비된 상태에야 가능합니다. 그러므로 어제의 집회에서도 약간 지성소의 경험에 가까운 것이지 온전한 지성소는 아니지요.

우리의 영혼이 온전한 지성소의 경험을 하면 우리는 거의 죽을 것 같이 느껴집니다.

"주님.. 이제.. 제발.. 그만하세요.. 저 죽을 것 같아요..." 그렇게 고백하게 됩니다. 행복감, 기쁨, 감격을 도저히 우리가 견딜 수 없기 때문에 정말 심장이 터질 것 같이 되지요.

주님의 임하시는 행복감을 어찌 다 말로 표현할 수 있을까요.. 아주 조금씩만 경험을 해도 그 감격과 영광은 엄청난 것입니다.

잠깐 쓰려고 했는데 이야기가 길어졌군요. 오늘 밤 집회에서 쓰러짐이나 여러 영적 현상에 대하여 조금 설명을 하여야겠습니다.

나는 그저 차분하고 즐거운 집회를 하려고 했는데 주님이 의외로 강하게 임하시고 사로잡아 주시는군요. 많은 분들이 간절하게 기도하고 사모하였나 봅니다.

사랑하는 자매님.. 자매의 사랑과 섬김, 순수함, 부드러움, 아름다움, 겸손함을 참 사랑합니다. 더욱 더 아름다운 주님의 신부로서 더 자라가야 겠지요? 주의 이름으로 축복합니다. 샬롬.

[K집사] 엉엉엉.. 주님...어떻게 이번 집회를 표현해야 좋을지 모르겠어요. 아.. 너무나 놀라운 주님.. 주님의 강렬한 임재..
아직까지 이런 희열을 느껴본 적이 없었어요. 주님의 임재 하심이 너무 강렬하게 계셨어요. 영원히 찬양과 경배를 받으소서.. 아.. 모든 사람들이 이런 주님을 아주.. 아주.. 조금만이라도 경험할 수 있다면 얼마나 좋을까요.
주님은 너무나 놀랍고, 너무나 아름다운 분이신데요.
거룩.. 거룩.. 아.. 억울하다.. 표현의 한계여..
각 사람마다 임하셔서 심령을 만지시는 놀라운 주님..
오.. 주님... 당신의 찬란한 영광과 거룩한 영광의 임재하심을 감당하기 어렵습니다.
오.. 거룩하신 주여.. 당신의 그 거룩하신 발 앞에 엎드려 당신의 그 발에 입맞추게 하소서. 오.. 주님.. 당신은 영원하신 우리의 구주시요, 사랑이십니다. 주님을 찬양합니다.. 주님을 찬양합니다.. 영원히.. 영원히.. 아멘!

[C자매] 이 번 집회에서 많은 것을 보고, 느낄 수 있었어요.
주님의 임재에 사로잡혀 자신을 통째로 내어 드리는 많은 분들.. 너무나 사랑스럽고, 아름다워 견딜 수가 없어요.
어찌하면 내 안에 계신 주님을 자유로이 해드릴 수 있을까요? 저는 자아가 강해 목사님의 말씀처럼 타인의 시선이 의식이 되었어요. 자신의 행동에 제재를 가하게 되는 저를 보면서 너무나 슬프고 괴로웠어요.
그래도 주님의 임재하심의 강렬함 속에 조금씩 열려가고, 자유해지는 육을 느낄 땐 정말 평화로웠지요.

정말 소원합니다. 주님의 임재하심을 호흡하는 매 순간마다 느끼고, 체험하며, 표현할 수 있기를.. 앞으로도 계속해서 목사님의 집회에 참석할 수 있다면 얼마나 좋을까요..

주님! 이제 저를 통째로 내어 드리기를 소망하오니 몽땅 다 가지옵소서! 주님을 끝없이 사랑합니다.

[N자매] 예배가운데 강하게 임재하신 주님의 빛과 사랑과 위로..

정말 감사합니다. 더욱 주님을 사모하며 갈망하며 주께로 나아가길 원합니다. 할렐루야..

[이혜경사모] 성령님의 강력한 임재하심.. 아! 어제 너무 놀라왔어요.

성령님의 임재하심이.. 급하고 강한 바람처럼 윙윙하는 소리가 나더군요.

소리치는 사람들, 우는 사람들, 춤추는 사람들, 서로 껴안고 우는 사람들, 계속 찬양하는 사람들, 바닥에 누운 사람들.. 너무도 아름답고 행복한 밤이었습니다.

N 자매님! 목은 괜찮은 가요? 집회 중에 보니 자꾸 목이 뒤쪽으로 강하게 꺾이고.. 주님이 임하시는 것이 느껴지는데 자매가 자꾸 절제하는 것이 보여서 너무 안타깝더군요.

앞으로도 성령님이 임재하시면 몸을 자유롭게 맡기세요.

자기 의지로 절제하시면 성령님이 제한을 받으시고 다음에는 깊이 역사하시기가 힘듭니다.

어제 자매가 계속 울고 쓰러지려는 현상은 주님이 자매를 치료하시는 과정같았어요.

절제가 안되면 어떻게 하냐고 하셨죠? 처음엔 절제가 어렵지만 나중엔 자연스럽게 절제가 되니 염려 마세요. 지금은 계속 몸과 마음을 주님께 맡기고 풀어놓으세요.

이번 집회에서 여러 역사와 현상들이 많이 나타나는군요. 목사님이 그러시는데 이런 식으로 방향이 갈 줄 모르셨대요.. 그런데 목사님이 안수를 하시거나 기도 사역을 하신것도 아닌데 성령님이 일방적으로 임하시니까 그냥 자연스럽게 내버려두는 것이 좋을 것 같다고 그러시는군요.

오늘도 주님께서 어떻게 임하시고 역사하실지 기대가 되는군요.

오늘! 마지막 밤! 이 성령님의 기름 부으심이 강하게 임하시길 기도합니다. 기도로 준비하고 오십시오.

기도로 사모하고 간절한 마음으로 집회에 올 때, 그리고 '오늘 주님! 나를 꼭 만나주십시오' 하고 기도하는 마음으로 집회에 올 때는 그냥 집회에 올 때와 엄청난 차이가 납니다. 사랑하는 여러분.. 모두 오늘밤을 기대하며 이따 다시 뵈어요. 할렐루야.

[N자매] 감사해요. 사모님..

사모님의 말씀 읽으면서 주님에 대한 갈급함이 생겨요. 오늘도 지하철에서 목이 꺾이고 사무실에서도 목이 뒤로 넘어가는데 사모님 글을 읽는 순간 좀 더 강하게 몸이 움직입니다.

가슴이 위로 쑥 당겨지던 것, 머리가 뒤로 자꾸 넘어가는 것을 보면서 평소 머리로 많이 생각하고 공상하고 고민하던 것이 많았던 사람이기에 그러한 부분을 처리하시기 위해서 머리쪽에 능력이 강하게 오는 것인가 하는 생각을 했답니다. 바른영적인 지식을 소유하도록 지도해 주세요. 너무나 소중한 것들을 많이 배우고 있어요. 사랑합니다!

[S자매] 주님.. 감사합니다. 제가 뭐라고.. 우리가 뭐라고.. 잘한 건하나도 없고 다 잘못한 것밖에 없는데 이리도 사랑하시며 이리도 축복하여 주시는지요..

저는 속 썩이는 말썽장이 엉망인 딸인데도 주님께서는 한번도 미워하지 않으셨죠. 한번도탓하지 않으셨지요.

주님. 감사합니다.

무한한 사랑으로 감싸주시고 늘 함께 해주심을 감사합니다.

당신으로 인해 가슴이 벅차며 당신으로 인해 마음이 따뜻해 집니다. 아버지.. 당신을 사랑할 수 있게 해주셔서 감사합니다.

아버지께서 주신 기쁨을 사랑하는 것이 아니라 오직 주님만을 사랑하며 기뻐하게 하소서. 당신의 사람이 되고 싶습니다. 나로 주의 통로가 되게 하소서.

너무 귀한 시간 주셔서 감사합니다.

너무 귀한 분들 만나게 해주셔서 감사합니다.

모든 감사와 영광을 주님께 돌립니다.

[B전도사] 삼정교회 원주민(!)입니다. 이번 집회를 통해서 하나님의 간섭하심에 감사 드립니다. 그리고 또 정원 목사님과 신실한 형

제, 자매님들의 모습을 통해 도전 받게 하심도요.

집회에 참석하신 분들은 혹 기억하시려나요? 전 목사님 나오시기 전까지 찬양을 인도하던 삼정교회 전도사입니다.

매일 매시간 정말 은혜 충만한 시간들이었고 사모함으로 기다려진 시간들이었음을 고백합니다. 대 여섯 시간을 5-6분처럼 흘러버린, 내가 잠깐 꿈을 꾸었나 싶을 정도의 시간들이었습니다. 잠깐 찬양하고 기도하고 눈을 떠보았더니 어느새 4일이 지나있더군요..

특별히 마지막 시간은 정말 특별함이란 말로 표현해야 될 것 같습니다. 기도를 시작하자마자 마구 흘러내리는 눈물은 아무리 참으려해도 참기 힘들었습니다. 좀 정신을 추스를 때마다 목사님께서 던져주시는 한 마디 한 마디 말씀들이 또 다시 가슴을 찌르고 쪼개고.. 그 동안 머리로만 주님을 찾았던 시간들을 회개하게 하시는 주님을 만날 수 있었습니다.

이번 집회를 허락하신 하나님을 찬양합니다. 말씀과 찬양으로 인도해주신 목사님께도 감사드립니다.

[K집사] 어제 집회 중에서 목사님의 인도를 따라 성경을 큰 소리로 읽을 때, 집회 장소가 더욱더 환해지는 것을 보았습니다.

교회 주변으로부터 멀리까지 그 빛이 나가고 있는 것이 보였습니다. 어둠이 더 멀리 쫓겨가는 것이 보였습니다.

모두 함께 큰 소리로 성경을 읽을 때, 마치 수많은 병거가 움직이는 것 같은 소리가 들렸어요.

목사님께서 성경을 읽어 주셨을 때 그 말씀이 살아서 정말 사람들의 깊은 곳까지 들어가는 모습이 느껴지더군요. 하나님의 말씀은 살았고 운동력이 있다고 했는데, 정말 말씀은 살았고 움직이고 있었습니다.

이번 경험이 있기 전에는 그냥 넘겼던 부분이었는데, 정말 우리가 성경을 읽을 때 그 말씀이 살아서 우리를 이끄신다는 것을 알았습니다. 성경을 큰 소리로 읽는 것만으로도 어둠의 세력은 혼비백산하여 도망간다는 사실을 알았습니다.

주님의 말씀은 살았고 운동력이 있습니다!

그것을 알게 하신 주님을 찬양합니다. 할렐루야!

[S자매] 집회를 다녀와서 제게 변화가 있다면 그것은 말로 표현하기 힘든 어떤 자유함과 평안함이었어요. 그리고 주님을 더 깊이 알고 느끼고자 하는 갈망이 커졌구요.

그 동안 제 안에 주님을 꽁꽁 묶어두었던 것을 알고 제가 얼마나 죄송하던지요.. 주님! 죄송해요. 사랑해요!

요즘은 많은 사람들을 안아주고, 사랑한다고 말하고 싶어집니다. 이제 더 자유롭게 주님과 만나고 싶고, 더욱 깊이 주님을 아는 친밀함이 많아지길 소망해 봅니다.

카페의 많은 가족 여러분.. 진정 사랑하고, 우리 꼭 주님 안에서 영원하길 간절히 바래요. 사랑합니다. 할렐루야..

3. 주님의 강권적인 사랑하심 -N자매-

목사님과 사모님.. 제대로 인사드리지 못해서 죄송해요.
4일간의 집회를 통해 최선을 드리신 두 분에게 감사 드리고 주님께 영광을 돌립니다. 그 동안 글로 만났던 분들을 직접 뵈었을 때 역시 백문이 불여일견이라는 것을 알게 되었고 모든 분들의 사모하는 모습이 참 아름다웠어요.
사모님 감사해요!
옆에서 제 손을 잡아주시고 함께 기도해 주신 것 감사해요. 그러나 제 맘은 성령님께 사로잡혀서 마구 발작을 하던 그 순간에도 죄송스런 마음이 많았어요.
아직도 누군가에게 짐이 된다는 것이 부담스럽고 힘든 것이나 외로움이 있어도 그냥 혼자 지고 싶은 못난 마음이 있나봐요.
옆에서 기도해 주셨던 분이 누구 신지 모르겠어요. 그분에게도 감사를 드려요.

이번에 성령님의 임재를 강하게 느낀 것은 둘째 날 '누군가 널 위해 기도하네' 라는 찬양을 드릴 때였어요.
그 순간 나도 모르게 입이 크게 벌어지고 주님을 마시는 동작을 취하게 되었고 빛 가운데 거하시는 주님을 느꼈어요. 그리고 그 순간부터 시작된 몸의 흔들림이 지금도 간헐적으로 나타나요..
회사에서도 이런 모습이 나타나자 나를 보고 우리 사장님이 말씀하시기를 "미스 N, 니 왜 그라나? 어디 아프나? 가슴이 아프나? 목이 땡기나? 고혈압이나? 약 무라.. 약 묵어야 된다.." 하시더군요.

집회 중에 이틀동안 내내 누워 있으면서 마른 흐느낌만 계속 되다가 한번씩 통곡하고 하는 모습이 나타났어요.
저는 이런 경험이 처음이라 감사했고 무엇보다도 주님께서 나도 모르는 상처들을 치료하시는 것 같았어요.
내 마음은 사실 그렇게 많이 아프지 않았는데 내 속에서 그런 통곡이 나오다니.. 저 참 무디죠?
그런 상태로 있는 바람에 목사님의 말씀은 제대로 들리지 않았으나 그 분위기 속에서 달콤하고 아늑한 마음이 들었어요.
계속적인 마른 흐느낌을 통해서 마음에 난 상처가 비록 겉으로 드러나지 않으나 몸에 상처가 났을 때 아픈 것보다 덜하지 않다는 것을 알았어요.

성령님이 임재하신 순간부터 순교에 대한 마음이 들었어요.
주를 위해서 죽고 싶은, 순교하고 싶은 소원이 들었어요.
나중에 목사님께서 누워있던 저에게 오셔서 옆에서 기도해주시면서 순교란 생활 속에서 자기를 부인하고 날마다 자기 감정에서 벗어나는 것이 순교라고 말씀해 주셨어요.
더욱 더 주님의 영광으로 올라가고 싶어요.
주님의 마음을 알기 원하고 주님의 눈물을 알기 원합니다.

날마다 주님에 대한 그리움으로 나를 채워주시기 원합니다.
가장 고귀한 삶을 알게 해주신 주님께 감사와 찬양을 올려 드립니다.
아직은 여러 면에서 제 모습이 마치 큰 대궐에 불려 들어와 적응치 못하는 부자연스런 시골아가씨 같은 모습이 많아요.
조금씩 주님의 어떠하심을 경험할 때 저는 자연스러워지겠지요.
여러분과 부족하지만 진솔하게 나누고 싶었답니다.
여러분 모두에게 사랑을 전합니다.
감사해요.

[이혜경사모] N자매, 어제 무려 7시간 가까이 누워서 계속 요동치고 있었는데 괜찮은 지요? 잠시 주님께 사로잡힌 것은 많이 보았지만 그렇게 장시간 권능 속에 붙잡혀 있는 것은 드문 일 같아요.. 자매는 주님이 아주 강하게 역사하신것 같았어요. 계속적인 신음과 고통의 토해냄, 몸의 격렬한 움직임, 너무 힘들어 보였어요. 육은 힘들어 보였지만 영 안에서 자매가 기뻐하는 것이 느껴졌습니다.
다른 자매들과 집사님들은 자매를 보고 계속 울면서 자매가 부럽다고 하더군요. 주님이 저렇게 강하게 임하셔서 치료하시니 얼마나 좋으냐고 하면서요.
자매가 집에 잘 들어갔는지, 힘들어서 회사에 잘 출근했는지 걱정이 되었습니다.
자매가 누워서 격렬하게 몸을 움직이면서도 중간 중간에 '주님! 주님!' 하며 울 때 저도 눈물이 나왔습니다. 그리고 누워서 눈을 감고 있는 상태로 아름답게 찬양하며 팔을 부드럽게 움직여 율동하는 모습을 보는데 어찌나 은혜스럽고 아름다운지 정말 천사같이 느껴졌어요.

자매에게 역사하신 주님이 얼마나 감사한지요. 앞으로 주께서 역사하실 모든 일들이 너무 감사하구 궁금해집니다. 더 많이 발전해가기를 바래요. 사랑을 전해요. 자매님.

[H자매] 샬롬.. 친구 전도사를 통해 정원 목사님에 대해 귀가 따갑도록 듣고 이번 집회에서 첨으로 목사님을 뵙게 되었어요. 목사님을 알게 되어 얼마나 감사한지 모르겠어요. 저에게 있어서 참 귀한 만남을 가질 수 있는 시간이었어요.

직장에서도, 가정에서도, 교회에서도 모든 것에 의욕을 잃고 많이 힘들었는데 집회 참석 후 제 안에 새로운 기대감으로 작지 않은 동요가 일고 있음을 느끼고 제 스스로도 놀랐답니다. 아직 컴이 서툴러서 퇴근 후 사무실에서 각고의 노력 끝에 겨우 카페에 들어갈 수 있었는데 마치 연애라도 시작한 듯 얼마나 가슴이 설레었는지 몰라요.

앞으로 곤고했던 신앙생활에 새로운 단비를 흠뻑 맞을 것 같은 기대감에 참으로 감사하답니다. 집회 후의 여파가 아직도 가고 있으니까요. 다시금 제 안에 영적으로 일어서려는 작은 몸부림이 느껴져요. 정말 감사드려요! 샬롬!

4. 주님을 찬양합니다!   -이혜경사모-

삼정교회 목사님, 사모님..
온화하신 표정과 순수하신 모습이 아주 인상적이었습니다.
사모님.. 어제 격렬하게 온 성전바닥을 헤매고 다니셨는데 괜찮으신 지요? 여러 성도님들이 걱정하기에 괜찮다고 대답해주었습니다.
사모님의 어머님 권사님은 사모님의 모습을 보시고 걱정이 되시는지 '우리 사모 죽어요..' 하시면서 우시더군요.
제가 걱정하시지 말라고, 저렇게 주님이 역사하시는 것이 복이고, 얼마나 감사한 일인지 모른다고 말씀을 드렸어요.
격렬하게 몸이 움직여지기에 머리가 의자에 부딪히지 않도록 제가 사모님을 붙들고 있었습니다. 성도님들이 사모님을 다른 곳으로 옮기려 하기에 놔두라고 하였지요. 지금 움직이면 안 된다고.. 머리만 다치지 않도록 잘 잡고 있으라고 말해주었어요.

나중에 들으니 사모님은 목이 안 좋아서 수술을 해야하는 형편이었는데 집회가 끝나고 보니 수술을 하실 필요가 없게 되었다고 하시더군요. 아마 그 동안 주님께서 직접 수술해주신 모양입니다. 주님께 영광을 돌립니다. 아무튼 사모님을 붙잡으랴, J자매가 부딪치지 않도록 잡으랴, N자매 돌보랴, 정말 어제는 정신이 하나도 없었습니다.

그러면서도 정말 행복했습니다. 하나님이 여러분들에게 역사하시는 것이 너무 감사했습니다.

쓰러져 있는 S자매, K집사님, 춤추다 쓰러지신 H집사님.. 바닥에서 뒹굴고 있는 사모님, 소리지르며 외치는 S자매, 울며불며 요란했던 J자매, 온몸이 격정적으로 요동하던 N 자매.. 정말 강렬한 현장이었습니다. 불의 도가니였던 것 같아요.

아쉬움이 있다면 좀더 아이들이 떠들지 않아서 성령님께서 마음껏 역사하셨더라면, 그리고 의자가 없이 넓은 공간이었다면, 그리고 좀 더 찬양을 충만하게 드릴 수 있도록 드럼도 있었다면.. 하는 것이었지요.

하나님을 찬양합니다. 저도 많은 분들이 서로 껴안고 사랑의 고백을 하며 눈물을 흘릴 때 계속 눈물이 나더군요. '이것이 천국이다' 하는 생각이 들었습니다.

7시에 시작한 집회가 마치고 나니 2시가 넘었더군요. 아쉽게 인사를 하고 교회를 나와서 중국에서 오신 K집사님이 P전도사님과 함께 목사님을 차로 우리 집에 데려다주셨습니다. 그리고 새벽기도 시간에 맞추어 5시에 나가실 때까지 밤을 꼬박 새고 저와 목사님도 같이 넷이서 또 주님에 대한 얘기를 나누었지요.

두 분을 보내고 나서 5시쯤에 잠자리에 드는데 몸은 피곤했지만 마음이 너무 가볍고 평온했습니다. 계속 십자가와 순교자에 대한 찬양이 흘러나왔습니다. 그러면서 자고, 깨자마자 또 그 찬양이 속에서 흘러나오더군요.

카페 식구님들.. 그 동안 집회 위해서 기도해주셔서 감사드립니다. 오늘도 주님을 간절히 붙잡고 생활하시기를 바랍니다. 사랑합니다.

5. 글을 읽는 중에 임하시는 주님의 역사 -이혜경사모-

목사님께 독자님이 쓰신 메일을 하나 소개하고 싶어요.
목사님이 쓰신 책의 오자, 탈자를 일일이 바로 잡으셔서 편지를 보내주실 정도로 열심인 독자님이신데 연세가 있으셔서 컴을 잘 못하세요. 따님의 도움으로 메일도 보내시나 봐요. 집회에 관련된 글을 보내주셨는데 글의 내용이 참 은혜스러워서 보여드리고 싶습니다.

[글을 읽기만 해도 주님의 역사가..]   -N집사-

사랑하는 목사님.
저는 이번에 집이 지방에 있어서 집회에 참석하지 못했습니다.
그런데 저는 어제 홈페이지에 들어가서 집회에 참석한 회원들이 은혜를 받고 같이 나누는 글을 읽으면서 제가 마치 집회에 참석한 것 같은 은혜를 받았습니다.
저들이 나누는 사랑이 제게 흘러 들었구요.
저는 집에 인터넷이 깔리지 않아 집 가까운 pc방에서 인터넷을 하는데 글을 읽는 중에 너무 주님의 임재가 강하게 느껴져서 집에 가는데 걸음을 걸을 수조차 없어 길가에 잠시 눈을 감고 앉았는데 눈물이 나면서 집에 가서 눕고 싶은 마음밖에 없더군요. 그래서 간신히 집에 가서 누워서 계속 주님을 부르며 주님의 임재를 느꼈습니다.

수요예배 시간이 되어서 교회 가야겠다고 일어나려고 하는데 주님의 임재가 강렬하여 도저히 어지럽고 갈 수가 없어서 그대로 누워서 기도드렸습니다.

사랑하는 목사님, 영적 지도자를 만나지 못해 오랫동안 주려왔던 제게 많은 유익을 주셔서 감사합니다.

주님의 평안을 빕니다.

삼천포에서 N집사 드림

메일의 내용처럼 직접 집회에 참석하지 못했어도 사람들이 올리는 소감과 간증만 보아도 간접적으로 집회에 참석하는 효과가 있는 것 같아요. 글만 보아도 그러한 분위기, 영이 흘러나오는 것 같아요.

저도 아직껏 계속 집회에서 부르는 찬양이 뇌리에서 사라지지 않고 흘러나오고 목사님과 집회의 이야기를 계속 하기만 해도 아직도 감격이 계속 되는 것 같아요.

목사님은 이야기하다가 또 우시네요.

어떤 것을 생각하거나 묘사만 해도 그 분위기, 영이 흘러나오는 것 같아요.

그런 의미에서 더욱 더 충만한 영을 유지해서 주님의 전달자, 통로가 되어야겠지요? 모두들 감사하고, 사랑을 전합니다.

6. 부흥은 고통의 대가만큼 온다   -이혜경사모-

어제 새벽5시까지 P전도사님과 K집사님과 목사님과 저.. 이렇게 넷이서 많은 이야기들을 나누었습니다.
P전도사님은 K집사님에게 목사님을 소개하신 분입니다. 어찌나 열정이 많으신지 목사님을 만나기만 하면 영성에 대한 온갖 질문이 끝도 없으십니다. 주제가 부흥과 고통과의 관계에 대한 것이었는데 목사님은 자세하게 그 부분을 말씀하셨습니다.
목사님은 집회가 다가오면 거의 머리가 표현이 불가능할 정도로 아프고 깨어질 것 같다고 합니다. 가슴이 찢어지는 것 같기도 하고.. 그리고 그것은 집회의 풍성함을 위한 대가의 지불이라고 하십니다.
사람들은 그냥 은혜가 흘러나온다고 생각하지만 성령님의 운행하심을 위해서는 사역자가 미리 전쟁을 치러야 하며 피를 흘리고 찢기는 만큼 영의 역사가 온다고 하십니다.
예배에 은혜가 임하기 위해서는 사역자가 고통을 당해야 한다고 하십니다. 그 고통만큼 예배에 주님의 역사가 임한다고 하시네요.
그러한 고통이 싫으면 사역을 포기하는 것이 나으며 편하게 사는 것을 좋아하며 고통 당하고 찢기는 것을 싫어하면 사역에 아무런 기름부음이 없다고 말씀하셨습니다.
전도사님은 이러한 메시지에 대하여 많이 도전을 받으시고 자신이 겪으시는 여러 어려움에 대하여 위로를 받으시는 것 같았습니다.
저도, 저희 아이들도 집회가 다가오면 많이 긴장을 해야합니다. 모든 신경을 집회에 두어야 하기 때문이죠. 마귀의 공격이 있고 깨어있어야 하기 때문에 아이들도 아주 조용히 해야합니다. 여러 가지로 조심해야 하지요.
목사님이 지금 심각한 전쟁을 하고 있다는 것을 잘 알기 때문이죠. 어떨 때는 목사님께서 죽을 것 같이 고통스럽다고 말씀하실 때도 있습니다. 때로는 이러한 전쟁이 너무 힘들어서 집회가 참 부담이 될 때가 있었습니다. 목사님에 비하면 아무 것도 아니겠지만 저희들에게도 많이 부담이 되기 때문이죠.

집회가 끝나면 목사님은 다시 사랑을 고백하고 애들에게도 고맙다고 미안하다고 말씀을 많이 하십니다. 그리고는 '휴.. 살았다.. 이제 다시 집회 안 할 꺼야.' 하시지요. 하지만 막상 간곡한 요청을 받으면 또 어쩌지 못하시는 것 같아요.
옆에서 대화들을 듣고 있으면서 5시까지 눈은 조금 감겼지만 참 은혜스러웠어요.. 그래서 글을 조금 올려보았습니다.
여러분들.. 너무 사랑합니다. 감사합니다. 그리고 목사님을 위해서도 계속 기도해주세요.

[K전도사] 안녕하세요. 저는 K 전도사입니다.

첫날부터 저의 옆자리에 연세가 좀 드신 삼정교회 집사님이 앉으셨는데 그분은 어려서부터 아주 오랫동안 여러 가지 병에 시달리셨다고 하십니다. 특히 내장의 병으로 잠을 못 자는 것 때문에 아주 고통스러웠대요.

그런데 첫날 목사님께서 H자매를 나오라고 부르면서 자매가 나와서 찬양을 하는데 그 찬양을 듣는 순간 갑자기 어떤 막혔던 벽이 무너지는 것을 느꼈다고 합니다.

그분은 그렇게 오래 앉아 있을 수가 없는 분이셨어요. 그런데 이번 집회는 끝까지 계신 것은 그 찬양의 힘이었대요. 잠시만 앉아있어도 힘이 드신 분인데 7시간이나 그렇게 앉아 있었다고 정말 놀랍다고 하시더군요.

대신 감사의 말씀을 전합니다. 할렐루야.

[J권사] 처음 경험한 현장이었습니다. 성령의 역사가 일어난 현장이 경이롭기만 하군요. 밤이 새도록 집회가 끝나지 않았으면..하고 간절히 소원했지요.

짧은 시간에 많은 경험을 했습니다. 중보.. 부흥.. 그 단어만 들어도 마음이 떨리고.. 뭔가 지금 결단해야 된다는 감동.. 새로워져야 한다는 강렬한 소원이 일어나고.. 정신이 없었어요.

주님의 마음을 경험한 J자매.. 너무 사랑스럽고 또 조금 부끄러움도 느낍니다. 주님께서 '너의 눈물이 필요하다' 는 말씀을 여러 번 하셨는데 그때마다 '주님.. 눈물을 주세요..' 하고는 그냥 지나쳤는데..

이제 그 주님의 요청이 무엇을 의미하는 지 알았어요.
남편을 위한 중보기도.. 내가 드려야 할 희생이 무엇인지 모르지만 기꺼이 그것을 드리겠다고.. 주님의 명령에 순종하겠다고 말씀 드렸어요. 많은 눈물과 통증을 느꼈어요.
진심으로 주님의 고통과 눈물을 나누고 싶어요..
내가 힘도 없고 아직 잘 모르지만.. 그러나 주님 앞에 꼭 드리고 싶군요.
어제 좀 웃기는 일이 있었어요. 주님이 말씀하시길 너는 아버지 얼굴도 구별을 못하고 내 옷자락을 붙잡고 네 마음대로인 것을 아느냐고.. 지금은 우습지만 어제 이것 때문에 많이 울었어요. 눈치 없는 내가 창피해서..
그러나 나의 그런 모습을 주님은 이쁘다고 하셔서.. 마음이 너무 슬프고 죄송했어요.
그리고 주님이 임하실 때 목이 꺾여지는 이유도 알았지요.
마치 머리가 벽돌처럼 무거워지더군요. 단단히 굳은 콘크리트 덩어리 같기도 하고요. '드디어 돌 머리가 되는군. 그 알량한 잔머리 굴리는 재주도 이제 끝나는가..' 속으로 그런 생각이 떠오르구요...
할 말이 많은 거 같았는데.. 생각이 안 나네요.. 무슨 격렬한 소용돌이 속에서 빠져 나온 듯..
몸으로 주님을 마음껏 표현하는 자매들을 보며 주님께서 자주 말씀하시는 '나를 제한하지 말라' 시던 그 말씀의 뜻이 조금 깨달아지기도 해요. 무지한 나 때문에 주님은 얼마나 답답 하셨을까? 생각도 들어요.

하지만 사모함을 잃지 않고 주님을 열심히 구할 거예요.
목사님의 그 크신 수고는 주님이 기억하고 계시겠지요.
사모님의 섬김의 모습도 오래오래 잊지 못 할 거예요.
너무 많이 감사했습니다.
그리고 카페의 식구들...한 사람 한 사람 껴안을 때마다 눈물을 참기가 힘들었어요. 주 안에서 정말 사랑해야 할 형제라는 감동이 벅찼어요. 사랑합니다. 샬롬!

[K집사] 저는 어려서부터 많은 상처를 받고 자라났습니다. 저의 아버지가 제 앞에서 음독 자살을 하셨습니다. 삶이 너무 힘들었습니다. 많은 절망 속에 영혼 밑바닥까지 철저히 내려간 후 주님을 다시 찾게 되었습니다. 그 때 저는 거의 알콜 중독에 가까운 상태였습니다. 죽음 직전까지 술을 먹고 난 후 얼마나 창피하던지.. 그런 저에게 주님은 놀랍게 역사 하셨습니다. 주님은 지나간 과거의 제 모든 곳에서 함께 하고 계셨습니다. 고통 당하는 모든 순간에 저 보다 더 아파하시며 그분이 울고 계셨습니다. 그리고 용서할 수 없었던 사람들을 주님은 주님의 사랑으로 용서할 수 있도록 인도 하셨습니다.

그분이 제 안에 있는 모든 상처를 하나 하나 치료해 가셨습니다. 이번 집회는 저에게는 총정리였습니다. 이제껏 경험했던 주님에 대해 총정리가 되었습니다. 집회 시간 시간마다 주님은 모든 것을 정리해 주셨습니다.

한 가지 한 가지 의문을 가졌었고 의심했던 모든 것들을 풀어서 확신을 시켜 주셨습니다.

주님은 완전한 사랑이십니다. 우리 자신이 아무리 부족하다 할지라도 그분은 우리를 사랑하십니다. 그분은 우리를 너무나.. 너무나.. 간절하게 사랑하고 계십니다.

그분은 우리들 모두에게 그것을 알게 하고 싶으신 것입니다.

주님 안에는 무엇과도 바꿀 수 없는 보화가 있습니다. 주님은 우리들 모두에게 그것을 너무나도 주시고 싶어하시는 분 입니다. 그런 주님을 알게 하신 주님을 찬양합니다.

오직 주님만이 영원히 경배와 찬양을 받으시기를.. 할렐루야!

[H집사] 목사님 감사합니다. 받은 은혜 잘 간직하여 주님의 통로가 되길 간절히 소원해봅니다. 저는 주님께 사로잡힌 상태에서 딸아이가 어떻게 받아들일까 조금 염려스러웠는데 주님께 사로잡히다 보니까 나중에는 아무 생각이 나질 않았어요.

근데 정말이지 주님께서 하신 일은 놀랍고 아름다와요. 딸아이가 하는 말이 엄마가 너무 아름다웠고 자랑스러웠다는 말을 했어요. 엄마의 모습이 이상하지 않았냐고 하니까 이상하지 않고 너무 아름다웠대요.

엄마가 춤을 막 추고 있는 앞에 예수님이 서 계신 것을 봤대요. 하나님께서는 우리 엄마를 너무나 사랑하신다는 것이 막 느껴지더래요. 저는 이 얘기를 듣고 얼마나 기쁘던지..

워낙 표현이 부족해서 제 마음을 다 보이지 못해서 너무 속상해요. 하지만 이 홈을 통해서 이나마 표현하게 해주신 하나님께 진심으로 감사 드립니다.

저는 개척교회를 가게 되었어요. 고양시에 있는 작은 교회에요. 거기는 어려운 사람들이 많이 사는 곳이에요. 알콜 중독자, 부인 없이 혼자 사는 사람, 남편이 있어도 생활이 되지 않는 사람들, 치매를 겪는 할머니 그리고 교회를 핍박하는 사람들..
저는 며칠 째 그 지역으로 나가서 전도를 하고 있어요.
나갈 때마다 하나님께서는 새로운 영혼들을 만나게 해주시죠. 저는 주님의 기름 부음의 통로가 되어 그 교회가 부흥하기를 바랍니다. 주님의 증인이 되고 싶어요. 목사님, 사모님 너무 감사드립니다. 또 뵐 수 있었으면 너무 좋겠어요. 그리움을 전합니다.

[정원목사] 사랑하는 H집사님.. 작은 교회에서 섬기게 된 것 너무 감사합니다. 어려운 교회에 가게 되었다고 하셨지요.
그러한 곳에 주님의 축복이 참 많이 임하십니다.
주님이 이 땅에 오시면 제일 먼저 빈민굴, 창기촌에 오시리라고 저는 믿어요..
사랑하는 집사님.. 그 곳을 섬기기 위해서 집사님의 땀과 피가 필요한 것을 잘 아시겠지요?
우리가 살면서 주를 위해서 죽는 것 외에 무슨 또 다른 낙이 있겠어요.. 복음 전도.. 힘드시겠지요..
사탄의 진을 무너뜨려야 열매가 많고 주를 앙모하는 역사가 일어나니 기도의 핵무기를 사용해서 권능의 폭탄을 터뜨려 그 지역에 압도하는 성령님의 물결이 흘러 넘치게 하십시다. 같이 기도해요.. 주님 앞에 설 때에 편안하고 안이하게 살았던 이들은 정말 부끄러울 것이고 주를 위해 일상의 안전과 편안을 다 버린 사람은 정말 행복한 영원이 되겠지요..
집사님의 열망대로 주님의 기름부으심의 통로가 되고 부흥의 도구가 꼭 되세요..
저도 그렇게 되기를 간절한 마음으로 소원합니다.
집사님과 그 교회.. 주님의 이름으로 축복합니다.
감사하고 사랑합니다. 샬롬.

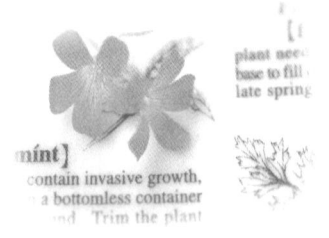

7. 오직 주님을 구하십시오

사랑하는 홈의 식구 여러분. 평안하신지요..
예수 그리스도 안에서 사랑과 안부를 전합니다.
아직 몸이 조금 힘들어서 글을 읽기만 하고 쓰기가 힘들었습니다.
그저 여러분들의 글들을 울면서 읽었지요. 그저 눈물이 홍수처럼 흘러내리는 것을 느꼈습니다.

이번 집회를 하는 중에 셋째 날에는 주님의 거룩하심이 임하셨지요..
주님의 거룩하심이 너무 가까이 오셔서.. 그래서 저는 입이 붙어버려서 말씀을 전하기가 힘들었어요.
마지막 날에는 권능의 주님이 바람처럼 폭격하듯이 임하셨지요.. 그 폭격에 맞은 이들은 다 아수라장이 되었고 그 자리에 고꾸라지고 사로잡히고 묶여져서 주님의 포로가 되는 아름다운 순간들이 되었습니다. 비명 소리와 통곡과 몸부림과 찬양, 기도의 아수라장.. 그것은 거룩한 아수라장이었습니다.

새벽 2시가 넘어 7시간 가까이 진행된 집회를 끝까지 버티고 있었던 사랑하는 분들.. 감사의 마음을 어찌 다 표현할 지요..
7시간이 몇 분처럼 느껴졌다는 분.. 집회가 밤이 새도록 끝이 나지 않기를 바라셨다는 J권사님의 말씀.. 정말 감사할 뿐입니다.
아직도 행복과 기쁨의 여운이 남아있어서 눈물을 주체하기 힘들지만 지금 저는 회개와 근신을 하고 있는 중입니다.
많은 분들에게 사랑과 존경의 고백을 들으면서 저는 주님을 생각했습니다.
그분은 고독과 슬픔 속에서 생명의 말씀을 전하셨지요.
그분의 말씀은 교리가 아니고 그분의 살과 피였습니다.
그것은 설교가 아니었습니다.
그분의 생명이고 땀이며 고통이며 진액이었습니다.

그리고 그 사랑의 사역을 하신 후에 그분은 그 대가로 미움과 시기, 질투, 저주, 버림받음, 재앙을 겪으시고 죽으셨습니다.
그분의 십자가에서의 죽으심은 그분의 마지막 설교였으며 그분의 마지막 절규는 사랑의 고백이었습니다.
저는 사역의 결과로 영광을 받고 영적인 목사라는 칭찬을 받으며 저를 접대하고 싶어하는 분들이 줄을 서는 입장이 되었습니다.
왜 그분은 모든 저주를 받으시고 그분의 종인 나는 모든 영광을 받아야 할까요? 나는 줄곧 가슴이 아파서 울었습니다.
그리고 어떠한 비난보다 그러한 사랑과 존경의 고백들이 더 고통스럽다는 것을 알았습니다.

주님의 영광을 빼앗은 죄인.. 주님께 너무나 부끄럽고 죄송한 심정으로 이번 주는 근신을 하며 홈에 들어오지 않으려고 했는데 식구님들이 걱정을 하실 것 같아 잠시 글을 올립니다.

K 집사님이 집회를 마친 그날 새벽 우리 집에 오셔서 여러 가지 대화를 했는데 떠나시면서 하신 말씀이 기억에 남고 너무 즐거웠습니다.
저를 만나고 변화를 받으면서 자기가 다니는 교회와 담임 목사님이 너무 좋아졌고 그 말씀에 너무나 은혜가 된다는 말씀이었습니다.
나는 그 이야기에 너무나 감사했습니다.

저는 몹시 행복했습니다. 저는 아무도 나를 기억해주지 않기를 바랍니다. 오직 주님을 기억하기를 원합니다.
어제 아침에 S자매와 통화를 했어요.. 그런데 자매가 말하기를 부탁이 있다고.. 아빠라고 너무 부르고 싶다고.. 그래서 그러라고 했더니..
'아빠.. 아빠..' 하면서 계속 울더군요..
나도 눈물이 나왔지요..
하지만 우리들의 그러한 애정들이 오직 주님의 희생과 피로 인한 것이라는 것을 잘 알고 있겠지요..?
우리는 우리의 애정 속에 항상 주님을 의식해야 합니다.
우리가 주님을 사랑하고 그분을 위하여 죽기를 원할 때 우리는 그렇게 서로 보고 싶어하고 계속적으로 사랑할 수 있다는 것,
우리의 애정 속에 조금이라도 인간적인 요소나 욕심, 자아가 개입될 때 그 사랑은 무너질 수 있다는 것을 잘 알고 있겠지요? 모든 아름다운 것들은 오직 주님 안에서만 가능하다는 것을 말입니다.

주님께서 우리에게 사랑을 베푸시고 은혜를 주실 때 우리는 손톱만큼이라도 그것이 우리가 잘나서라는 의식을 가져서는 안 됩니다.
우리는 자신의 신앙이 좋은 것으로 여겨서는 안되며 다른 이들의 신앙

을 판단해서도 안되며 오직 그분 앞에서 엎드러져야 합니다.
사랑하는 K 자매님..
작은 개척 교회에서 섬기게 되었다고 해서 너무 감사하고 행복했습니다. 주님의 마음은 낮고 천한 곳에 있다는 것을 꼭 기억하십시오.
목사님께 힘이 되어 주십시오. 주님은 그것을 너무나 기뻐하십니다.
많은 분들이 큰 교회에서 많은 교제와 누림을 갖기를 원하고 그것도 또한 귀한 일이겠지만 고독하고 어려운 교회에서 수고하시는 분들의 눈물을 주님은 꼭 기억하십니다.

집회 때에 부흥에 대해서, 중보와 고통에 대하여 좀 더 나누고 싶었는데.. 상황이 너무 아수라장이 되어서 전하려고 했던 것을 다 전하지 못했습니다. 하지만 좀 더 세밀한 부분들을 책을 통해서 또 앞으로 집회 기회가 있으면 좀 더 나누고 싶습니다.
조금 쉬고 나서 부흥의 원리, 요소들에 대하여 책을 쓰려고 준비하고 있어요. 어떻게 하면 이 땅에 하나님의 권능이 놀랍게 지속적으로 임할 수 있는지.. 그 원리에 대해서 정리하고 싶군요.
여러분.. 너무나 감사합니다.
부디 주님으로 가득 채우십시오.
아무 것도 다른 것에 마음을 쓰지 마시고
오직 주님을 부르고 찾으세요.
다음에 뵙게 될 때까지 부디 평안하십시오.
샬롬.

[S자매] 목사님.. 뭐라고 말씀을 드려야 할지 모르겠습니다. 계속 마음이 찢어질 것 같이 아파서.. 주님은 그렇게 홀로 그 아픔과 찢김을 당하셨군요. 그래서 너무 주님께 죄송했어요.
너무 가슴이 아파요.. 그냥 눈물이 계속 흐르고.. 죄송한 마음만 가득할 뿐입니다.
목사님.. 주님의 사랑으로 사랑합니다. 목사님의 마음을 아주 조금이겠지만 느낄 수 있을 것 같아요.
주님, 오직 주님만을 보기 원합니다. 오직 주님만을 사모하기 바랍니다.. 오직 당신만으로 채워질 것을 기대합니다.
나는 없고 주님만 계시길.. 모든 것이 나의 욕심과 만족이 아니길.. 오직 주님만을 향한 것이길 기도합니다.

[정원목사] 맞아요. 그렇습니다. 그것이 그분의 길이었지요.
그토록 고독하고 고통스럽게 죽으셨습니다.
그분의 희생이 온 세상의 구원과 회복이 되었듯이 우리의 피도 이 땅에서 사탄의 진을 멸하고 부흥의 역사를 가져오게 합니다. 우리도 그런 주님의 도구가 되었으면 좋겠군요. 아멘..

8. 역설의 기쁨에 대하여

오직 주께만.. -J자매-

목사님.. 아까 6시쯤 목사님의 글을 읽었어요.
마음이 참 아팠어요. 목사님의 마음을 전 알 수 있으니까요.
하지만, 목사님 너무 괴로워 마세요.
우리가 육체를 가지고 있는 이상 또 우리의 감정과 생각이 있는 이상 어쩌면, 주님께 100% 영광을 돌린다는 것은 가능하지 않을지도 모른다는 생각이 들었어요.
너무나도 갈급해 있던 영혼들.. 주님의 놀라운 역사였지만.. 목사님을 통해 역사하신 주님 자신을 볼 줄 아는 영혼들은 그리 많지 않을 거예요.
우리는 모두들, 아직 많이 어리잖아요.. 우리의 영이 점점 자라날수록 오직 주님께만 영광을 돌릴 수 있을 거예요.
주님께서도 이런 우리들의 기질을 알고 계신 것 같아요..
그래서 사랑이신 주님께서는 저희들의 어리석음을
조금은 용납하는 부분도 있지 않을까 싶어요..
저도 처음엔 목사님을 많이 의지했던 것이 기억나요.
오직 주님께만 영광을 돌리겠다고 말은 했지만 목사님을 바라보고 있는 저를 주님께서는 지적해 주셨어요.
하지만 조금씩 주님만을 바라볼 수 있도록 이끄신 것 같아요..
아직도 온전하다고는 할 수 없지만 주님께서 그렇게 이끌어 나가실 거예요.
목사님의 마음을 주님께서는 받으셨겠지요.
목사님의 마음이 그러시다면, 주님께서도 그리 크게 나무라시지는 않을 것 같아요..
많은 분들이 목사님의 글을 통해 목사님이 아닌 오직 주님께 영광을 돌려야 한다는 것을 알았을 테니까요.
오, 주님.. 오직 주께만.. 오직 주께만..
이 모든 영광을 돌려드립니다..
주님께만 저의 모든 것을 다 바치기를.. 간절히 기도해요.. 사랑해요.. 영원토록..
아멘.

사랑하는 J자매..

참 지혜로운 말을 하는군요. 아주 위로가 됩니다.

맞아요. 우리는 우리 마음대로 환경과 육을 초월할 수 없고 영적으로 성장된 만큼만 주님이 허락하시는 만큼만 주님을 사랑하고 바라볼 수 있습니다.

우리는 주님의 은혜로 어떤 도구가 될 수 있지요. 사랑의 도구로, 치유의 도구로, 부흥의 도구로.. 그러나 그것은 한 순간에 지나지 않은 것입니다.

사람들은 대체로 사역자가 무대에 서있는 순간만을 봅니다. 주님께 사로잡힌 영광스러운 모습만을 보겠지요. 마치 10대들이 무대에 있는 스타를 보고 환상에 빠져서 그들에게 사로잡히는 것처럼 말입니다.

그러니 잠깐 반짝 무대에서 멋진 모습을 보여주고 실제의 삶 속에서는 엉망으로 살 수도 있는 것입니다.

그러므로 잠깐의 집회가 아닌 세포 하나 하나까지 온전히 주님의 사랑에 함몰되어 모든 순간의 삶 속에서 주님을 드러내는 것이 정말 중요한 것입니다.

내가 살아가는 모든 이야기들을 수시로 카페에 쓰는 것을 아내는 가끔 부담스러워 하기도 합니다.

하지만 내가 카페에 일상의 사소한 이야기들을 숨기지 않고 쓰며 나의 사소한 연약함, 바보 같은 부분, 실수, 어린 아이 같은 성향을 그대로 표현하는 것은 나에 대한 허황된 환상을 사람들이 가지지 않게 하기 위해서입니다.

자매가 은혜를 받은 후에 남편된 형제를 주님의 눈으로 보게 되었다는 말에 마음이 참 좋았지요.

우리는 쉽게 사람들을 판단하고 우리 자신의 신앙이 좋으며 우리가 특별히 선택받은 의로운 사람이라고 생각하는 함정에 빠질 수 있습니다. 그러나 그것은 바로 지옥입니다.

우리가 마음 속으로만 그렇게 판단하고 겉으로 그것을 드러내지 않는다고 하더라도 우리의 중심을 보시는 주님은 아파하시고 슬퍼하실 것입니다.

우리가 주님의 눈으로 사람들을 보게 될 때 거기에는 사랑에 따르는 고통이 있지만 동시에 황홀한 기쁨이 있습니다.

참 이상한 일이지요. 어떤 사람들은 정복하고 다스리는 데서 기쁨을 얻지만 어떤 사람들은 오히려 주님을 위한 학대받음과 굴복됨, 비천함, 쓰레기 더미에서 황홀과 천국을 느끼게 되니 말입니다.

굴복되고 낮아지고 무릎꿇고 고개를 숙이는 데서 이상한 행복감을 경험하게 되니 말입니다.

묘하지요? 그것은 역설의 기쁨인 것 같습니다.

스데반이 돌에 맞으면서 얼굴이 천사처럼 빛나고 칼다싱이 복음을 전하다 몸이 찢겨 죽으면서도 기쁨으로 웃다가 죽고 바울과 실라가 감옥에서 도저히 기쁨을 절제할 수가 없어서 찬송을 드렸으며 썬다싱은 썩은 시체의 악취로 가득한 고문의 장소에서 천국의 기쁨 속에 잠겼으며 잔느 귀용은 지하 감옥에서 10년간 있으면서 그 열악한 환경에서 주님께 대한 애절한 사랑의 고백들을 남겼지요..

그 감옥에서는 오직 식사할 때만 한 자루의 촛불을 켤 수 있는 어두운 곳이었지요. 그러나 그녀에게는 그곳이 궁궐이었고 천국이었습니다. 주님이 바로 옆에 계셨기 때문에..

고난의 축복, 역설의 행복, 낮아짐의 행복.. 그것은 얼마나 놀라운지.. 아마 그렇게 티끌처럼 낮아지라고 주님께서는 멀쩡한 사람들을 집회 중에 데굴데굴 구르게 하시는 것은 아닐까요?
예쁜 옷을 입고 의자 위에서 우아하고 세련된 모습으로 앉아있으면 멋져 보이지만 땅에 엎어져 구르고 울고 비명을 지르고 난리를 치고 엉망이 되는데 무슨 체면이 있겠어요? 그런 낮아짐을 위해서 주님은 우리를 고꾸라지게 하시는 것이 아닐까요?
그렇게 우리를 고꾸라뜨리시고 낮추시며 역설의 기쁨을 알게 하신 주님을 찬양합니다.
주님께서 우리의 만남을, 식구님들과의 만남을 주신 것이 얼마나 감사한지!
오늘도 주님께 대한, 식구님들에 대한 그리움으로 살아갑니다.
주님께 영광을 돌리며 자매의 가정에도 주님의 빛이 가득하기를 기원합니다. 그리움과 사랑 안에서.. 샬롬.

    육체를 초월한 기쁨을 사모하며.. -J자매-

사랑하는 목사님..
목사님의 마음과 정성이 담긴 글..
너무너무 감사드려요..
목사님..

목사님이 말씀하신 칼다싱.. 썬다싱..
그러한 분들의 삶이 얼마나 부럽고 사모가 되는지요..
육체의 고통을 초월한
영광의 넘치는 기쁨!
어느 누가 이런 기쁨을 누릴 수 있을까요?

오직 모든 세포 하나 하나가
주님으로만 정복된 사람만이 누릴 수 있는
최고의 행복이겠지요!
저도 이분과 같은 삶이 되기를 간절히 원하며, 기도해요..
주님.. 아시지요..
제가 얼마나 부족하고 연약하며 악함이 가득 한지를요..
오직 제게는 주님뿐입니다..
제가 기댈 분은 오직 주님뿐이에요..
주님 절 이끌어주세요..
주님.. 사랑해요.
목사님.. 사랑해요.
할렐루야..

5장 개봉동 세계 영성원 집회

일시 : 2001. 12. 6
장소 : 개봉동 세계 영성원

개봉동에 있는 세계 영성원은 10여 년 전부터 국내외적으로 알려져 있는 강사들을 모시고 영성집회를 열고 있는 곳입니다. 이곳에는 매주 목요일마다 영성 집회를 하고 있습니다.
저는 책을 통하여 초청을 받고 몇 번 강사로 갔다가 최근에는 시간 여유가 없어서 거의 가지 않았는데 오랜만에 이 곳에서 집회를 하게 되었습니다. 소식을 들은 카페의 회원들도 많이 참석했지요.
비록 하루의 집회였지만 성령님의 임재와 운행하심 속에서 아름다운 주의 은총과 풍성함을 맛보게 된 행복한 모임이었습니다.

1. 집회 리포트   -H자매-

안녕하세요. 사랑의 영성모임 리포터 H입니다.
어제 목사님의 집회가 광명시 세계 영성원에서 있었지요.
멀리 계셔서 못 오신 분들.. 시험기간이라 못 오신 분들 그밖에 여러 이유로 인하여 목사님의 집회에 참석하지 못하신 분들을 위해 어제 있었던 일들을 간단히 정리하여 보고할까 해요.
어제 오전 10시 30분에 찬양집을 들고 전철역으로 나오다가 우연히도 K집사님과 집회에 참석하려고 인천에서 오신 분들을 만났습니다.
K집사님의 이야기에 따르면 인천 분들이 얼마나 열심히 사모하고 기도하셨는지 모른다고..

어떤 분은 전날 밤새 내내 사단의 강한 공격이 있어서 목사님을 위해 중보기도하느라 거의 한 잠도 못 주무시고 기도하셨다고 하고 또 어떤 분은 새벽같이 일어나서 집회를 위해서 기도하셨다고 해요.
이번 집회준비 때는 목사님이 아프지 않으셔서 이상하셨다고 하시는데 아마 중보의 용사님들께서 목사님의 방패가 되어 주셨나봅니다.
정말 감사드립니다.
K집사님과 짐을 나눠들고 열심히 수다를 떨면서 모임 장소에 도착했습니다. 사모님과 여러 전도사님들이 보였습니다.

교회가 최근에 이전을 해서 새로 만든 예배실이라 그런지 인테리어도 산뜻하고 참 정갈한 느낌이 들었고 따뜻한 분위기가 좋았습니다.
목사님이 나오시기 전에 찬양 리더 하시는 분께서 찬양을 시작하셨습니다. 어느 새 예배실은 꽉 들어차고 주님을 경배하는 시간을 가졌습니다. 찬양 후에 시간이 되어 목사님 입장.. 언제나 그렇듯이 유머와 장난으로 시작을 하시더니 찬양을 시작하셨습니다.
찬양이 시작되자 다시 여기 저기 쓰러지고 눈물 범벅이 되는 분위기가 되었지요.. 찬양을 마치신 후에 메시지로 들어갔습니다.

메시지의 내용은 은사가 아닌 내면의 주님에 대한 말씀.. 그리고 육체의 느낌이 아닌 내면의 감동과 양심을 따른 순종에 대한 것이었습니다. 메시지를 통해서 제 마음속의 많은 부분들이 비추어졌습니다.
항상 듣지만 또 새로운 메시지.. 뒤통수를 맞아서 눈이 빠질 것 같은 느낌이었습니다.
메시지 후에 다시 찬양을 할 때 제 마음에 부모님께 대한 저의 태도가 떠올랐습니다. 그리고 부모님을 대하는 마음이 곧 주님을 대하는 마음과 같다는 것.. 내가 부모님께 무례하게 대하고 부모님을 멸시하는 것.. 그것이 바로 주님을 십자가에 못박은 것이었음을 알았습니다.
그리고 그럼에도 불구하고 사랑해주시고 어떻게든 저를 위해서 뭐라도 해 주고싶어하시는 부모님의 사랑.. 그럼에도 불구하고 사랑하시고 목숨까지 주시는 주님의 사랑.. 그 사랑이 저를 통곡하게 했습니다.

나는 그렇게 못되게 굴었는데 그래도 전혀 미워하지 않으시고 그저 어떻게 하면 더 사랑해 줄 수 있을까.. 어떻게 하면 더 축복해 줄 수 있을까.. 하면서 기다리시는 주님.. 그 분의 마음으로 인하여 통곡이 일어났습니다. 그리고 부모님을 사랑하고 섬기는 것이 주님을 실제로 섬기는 것이며 기쁘시게 하는 것임을 알았습니다. 부모님을 뵐 때 주님 뵙듯 해야 함을 알았습니다.

오전 집회가 끝나고 점심식사 시간이 되었지요. 반가운 분들의 얼굴이 보였습니다. 같이 식사를 하며 이야기를 나누며 교제하다가 찬양소리에 벌떡 일어났습니다.
다시 오후 집회가 시작되고 목사님이 나오셔서 '나의 만족과 유익을 위해'를 부르시며 시작한 오후의 찬양.. J집사님은 다시 날 듯이 춤을 추기 시작하고 여기 저기서 통곡 소리, 쓰러져 울고, 구르는 사람들..
온종일 찬양만 하고 있으면 참 좋을 거 같았지만 시간 제한이 있어서 아깝게도 찬양을 멈추고 메시지를 들었습니다.

오후에는 주님 안에서 안식하는 것에 관한 메시지였지요.
아주 쉬운 것 같은 데 왜 그리 잘 소화를 못시키는지.. 알다가도 모를 안식에 대한 말씀.. 내 안의 죄책감과 자기 의가 얼마나 주님을 방해하고 있는지 또 다시 느끼는 순간이었습니다.
다시 찬양을 몇 곡 부르고 두 사람씩 축복하는 시간.. 또 둘러서서 서로 축복하며 포옹하는 시간을 가졌습니다.
참 아름다운 시간이었지요. 이렇게 시간이 정지되면 얼마나 좋을까.. 하는 마음뿐이었습니다.
눈물과 웃음과 기쁨 속에 집회는 끝이 나고 집회 후에는 헤어지기가 아쉬운 약 20여명의 식구들이 근처에 사시는 K집사님 댁에 가서 비빔밥을 대접받고 또 잠시 교제를 나누는 시간을 가졌습니다.
또 집사님의 남편 O집사님.. 너무 좋은 인상에 순수한 웃음이 아직도 기억납니다. 두 분의 섬김과 사랑에 감사드립니다.
광명에 살고 계시는 집사님들께서 들려주시는 목사님을 만나게 된 이야기, 여러 가지 간증들이 얼마나 아름답던지.. 주님의 사랑 이야기는 언제 들어도 즐거웠습니다.
이상으로 간단하게 모임의 보고를 마칩니다. 샬롬.

[P형제] 어제 집회에 갔다 왔습니다. 집회에서 사람들이 왜 울고.. 왜 날 뛰고.. 쓰러지는지.. 기분이 묘합니다. 근데 저도 조금씩 불가항력적으로 속에서 뭔가 울컥 치밀더군요.
집회 중에 공간에서 압박하는 주님의 영의 임재가 느껴지더군요. 울컥울컥 거리는데 이걸.. 참.. 표현하기가 힘들어요.
목사님의 메시지가 참 재미있어요. 사랑의 메시지..
안식의 메시지.. 주님의 영을 부르는 방법..
공간에 주님의 영으로 채우는 방법..
가장 중요한 것은 주님을 먹고 마시고 누리고 노는 방법..
너무 재미있었습니다. 거기서 보신 분들 다들 반가웠습니다.
자매들이 우는 모습을 보고 얼마나 은혜를 많이 받았는지.
성경말씀이 떠오르더군요. 얼마나 용서받은 것이 많기에 그리도 기뻐 울까.. 하구요.. 모두들 감사합니다.
모두들 주님 안에서 평안하세요.

[이혜경사모] 형제님.. 많이 반가웠습니다. 우리 식구들, 형제를 보고 다들 너무 반가워했지요? 새로운 식구들을 만날 때의 반가움은 말로 표현할 수 없지요. 같이 주를 사랑하고 추구하는 이들의 일체감은 대단한 것이니까요.

우리 목사님 설교, 처음 들었지요? 목사님은 설교시간에 어떤 틀이나, 형식이 없어요. 찬양도 미리 정해놓지 않고 그때그때 따라서 하구요. 설교도 원고 없이 그때그때 해요. 항상 설교의 핵심은 〈사랑〉, 〈안식〉 이구요.

예배의 끝나는 무렵에는 모든 사람들을 포옹하고 축복 기도하는 시간을 항상 가지지요. 그래서 항상 집회가 끝나면 눈이 부은 사람을 많이 만나볼 수 있어요. 주님의 사랑에 감동해서, 옆의 형제, 자매가 사랑스러워서, 주님을 사랑하지 못함이 죄송해서.. 그래서 통곡과 울음이 많지요.

주의 영의 역사에 제한이 없이 자신을 맡기다보니 늘 춤추는 사람들, 쓰러지는 사람들이 많구요.

그래도 어제는 거의 잠잠한 편이었어요. 예전에는 어제보다 훨씬 더 심했답니다. 반갑고.. 감사합니다.

[K집사] 어제 집회 목사님은 내면의 주님을 강조하셨죠. 오전에 찬양을 드리고.. 목사님이 올라 오셔서 찬양을 하고 메시지를 전하시고.. 잠시 후에 목사님이 기도를 인도하셨어요.

그렇게 기도를 드리고 목사님의 메시지는 계속 되어지고 있는데.. 주님의 임재 앞에 계속 몸엔 힘이 가해지고.. 심장의 압박은 계속되고..

주님은 집회에 모인 사람들을 위해 중보하게 하셨어요.
그 곳에 모인 분들의 마음을 느끼며 가슴에는 더 압박감이 밀려오고.. 뭐라 말할 수 없는 감동, 희열..
목사님의 메시지는 계속 마음을 찔렀어요.
목사님을 둘러싼 주님의 영광의 광채가 보여서 처음에는 형광등의 빛이 반사되는 거려니 생각했었는데.. 그건 형광등 빛의 반사가 아닌 주님의 영광의 빛인 것 같아요.
그 빛이 목사님을 둘러싸고 계셨어요. 목사님을 통하여 그렇게 주님은 일을 하고 계셨어요. 목사님의 메시지를 통하여 주님은 일을 하고 계셨어요.
그렇게 시간은 흘러 어느덧 점심 시간이 되었고 우리는 재잘거리며 마치 소풍 나온 아이들처럼 모두들 사랑에 취해 점심 시간을 보냈어요.
오후 찬양이 울려 퍼지고 다시 목사님의 시간.. 여전히 주님의 영광의 빛은 목사님을 둘러싸고 계셨고 주님은 목사님을 통하여 일하고 계셨어요.
주님의 마음을 향해 집중하면서 말씀을 들었지요. 목사님의 주님의 대한, 영의 원리에 대한 말씀들.. 주님을 높여 드리고 주님을 찬양할 때... J자매가 춤을 추기 시작했지요. 너무나 우아하고 아름답게, 그리고 경건하게.. 그렇게 기쁨으로 가득한 황홀한 미소를 지으면서 나비가 나풀거리는 것 같은 춤을 추는 거예요.
자매는 너무나 행복한, 너무나 황홀에 겨운 춤으로 주님께 경배하는 자세가 되어 주님을 경배하는데 저는 옆에서 자매를 잠시 붙잡아 주었더니 그 영이 같이 왔는지 함께 경배의 자세가 되어 경배의 춤을 추게 되었답니다.

역시 목사님이 말씀하신 대로 은혜 받는 사람 옆에 있으면 동일한 은혜가 임한다는 사실이 입증되더군요.

목사님의 주님에 대한, 주님의 영광에 대한 이야기 나올 때마다 가슴은 요동치게 되었지요. 그 후 서로 축복하고 대언하는 시간이 되어 두 사람씩 짝 지어 축복해 주었지요.

우와.. 상대를 주님의 마음으로 축복한다는 것.. 그건 너무 행복하고 즐거운 것 같아요.

주님의 마음이 느껴지니.. 모든 사람이 사랑스럽게 보이고.. 모두들 붙잡고 엉엉 울어 버렸지요.

집회가 끝나고 K집사님 댁에서의 사랑의 교제를 나누고 집에 돌아왔습니다.

집에 돌아와서 목사님의 테잎을 듣고 자야지 하는 마음이 들어서 테잎을 듣다가 그만 엉엉 울어버리고 말았어요. 주님의 마음.. 그 마음이 느껴지면서.. 우리를 향해 애통해 하시던 주님의 마음이었다는 것을 알게 됐어요.

우리를 향해 마음 아파하시는 주님..

주님은 우리를 얼마나 사랑하시는지..

주님의 아픔엔 언제나 우리를 향한 간절한 사랑이 깃들어 있어요. 주님.. 감사해요. 주님과 함께 하길 원해요.

주님의 고통을 함께 하기를 원해요.

주님의 눈물에 함께 울 수 있기를 원해요.

주님 사랑해요.. 영원토록.. 아멘.

[L전도사] 어제 너무 행복했습니다. 오랜만에 낯익은 홈의 식구들을 보니까 너무 좋았어요!

두 번째 만나는데도 왜 그리 반가운지.. 나중에 포옹하면서 '사랑해요'를 고백하는데 또 왜 그리 눈물이 나는지..

어제 주님을 아주 가까이서 만났습니다. 제 귀를 잡으시고 말씀하시는 거예요. '얘, 사랑해, 사랑해, 사랑해.' 너무 놀라서 뒤집어 지는 줄 알았어요. 감사합니다. 목사님! 사모님! 사랑합니다. 여러분 모두 사랑해요!

[A집사] 책을 읽고 얼마나 뵙고 싶었는지.. 목요집회가 있다는 소식을 듣고 얼마나 설레며 사모했는지 새벽에 꿈속에서 목사님과 사모님을 뵙지 않았겠어요.

그런데 실제로 목사님을 뵙는 순간 예수님을 만난 기분이었어요. 가냘픈 체격과 다가가기 편안한 아저씨처럼..

깊은 내면에서 흘러나오는 생수는 저의 갈급한 목마름을 시원케 해주며 한없이 흘러내리는 눈물을 주체할 수 없었답니다. 목사님! 아버지의 사랑 그 자체이며 아버지의 마음을 보여주셔서 정말 감사드립니다.

저도 주님께서 내 안에 온전히 사시길 소원하며 주님만이 내 안에서 나타나길 날마다 기대합니다. 목사님께서 가진 내면의 것을 나누고 싶어 글을 띄워 봅니다.

또 다음 집회에서 뵙겠습니다. 건강하길 기도합니다. 샬롬.

2. 하나님의 임재가 모든 것의 중심이다

카페 식구 여러분. 모두 평안하신지요.
여러분의 기도와 후원 덕분에 집회를 잘 마칠 수 있게 되어서 참 감사를 드립니다.
저는 그 동안 집회를 맡게 되면 그 때마다 참 많이 아팠거든요. 머리는 집채만한 바위가 짓누르는 것 같고 심장은 터지는 것 같고.. 온 몸이 부서지는 것 같은 느낌.. 눈은 뱅뱅 돌고.. 거의 그런 상태에서 잘 먹지도 못하지요. 그래서 과연 내가 집회 장소까지 무사히 걸어갈 수 있을까.. 하는 생각을 항상 합니다.

그런데 그렇게 기다시피 해서 간신히 모임에 가면 입을 열 힘도 없는데 찬양을 시작하는 순간부터 사람들이 울고 불고를 시작하면 참 기분이 이상하고 놀라곤 합니다.
사영모 모임 첫 번째와 두 번째 때에도 길에서 버스를 기다리는데 도저히 어지러워서 있을 수가 없어서 길에 주저앉아서 헤맸었지요..
전에 세계 영성원에서 집회를 할 때도 그 전날 머리가 어찌나 졸도할 정도로 아픈지 밤을 꼬박 샜었지요. 하여튼 평소에는 전혀 멀쩡한 머리가 집회가 있는 그 전날 밤에 마치 톱으로 머리 전체가 썰어지는 듯한 고통이 오는데 정말 미칠 것 같았지요.

그래서 대체로 모임 하루 전날에는 모임을 취소하고 싶은 마음이 항상 굴뚝같아요. 실제로 그래서 취소한 적도 있었지요.
최근에 어쩌다보니 집회를 많이 하게 되어서 이젠 죽었다.. 싶었는데 세계 영성원 집회 전날에는 이상하게 하나도 안 아픈 거예요. 그래서 참 이상했지요.

아내도 내가 멀쩡하니까 이상했나봐요. '당신이 멀쩡한 거 보니까 이번 모임에는 주님의 역사가 별로 없겠네.' 하더군요. 모임에서의 역사는 치열한 전쟁과 고통의 결과라는 것을 아내도 잘 알고 있으니까요.

그런데 집회에 와 보니 여러분들이 금식까지 하시며 기도해주시고 또 인천 분들도 밤새, 새벽에 깨어서 기도하시고 그렇게 도우셨군요.
무려 16명이 저를 위해서, 집회를 위해서 금식하고 기도하셨다고 하는군요. 너무 감사할 뿐입니다. 그 과정에서 그분들이 마귀들과 싸우느라고 밤새 아프고 아주 힘들어서 고생하셨다고 들었는데 참 감사하면서 너무 죄송하군요.
다시 한번 기도해주신 모든 분들께 감사와 사랑의 말씀을 드립니다.

인천에서 서로 한 마음으로 교제하시는 분들이 있다고 들었습니다.
지금 15명 정도가 같이 가정에서 교제하시는데 빨리 30명 정도 되어서 저를 초대하는 것이 꿈이라고 하시는군요. 저는 숫자가 많다고 가고 적다고 안가고.. 하는 것은 아닙니다. 다만 체력이 좀 약해서 잘 못 다닐 뿐이지요. 상황이 가능하다면 저도 교제하게 되기를 기대합니다.

아침에 K전도사님이 차로 데리러 오셔서 편하게 집회 장소로 갔지요. 예정보다 이른 시각에 도착했는데 개봉역으로 이사간 후 처음 방문한 세계 영성원이 참 아기자기하게 잘 꾸며져 있는 것 같았습니다.
같이 참여하신 카페의 식구님들이 다들 장소가 집회하기에 좋고 마음에 든다고 하시는군요.

다들 반가운 얼굴들을 많이 보았습니다. 항상 그리운 카페의 식구님들, 보기만 해도 즐거워지는 많은 분들을 보았지요. 호주에서 딸과 같이 오신 사모님, 인천팀들.. 형제, 자매님들.. 대충 기억나는 분들을 꼽아보니 아는 분들이 5-60명 정도 오신 것 같았습니다. 자체의 목요집회 멤버들과 합쳐서 아마 130분 정도 되는 것 같았습니다.

시간이 되어 찬양을 하고 메시지를 전했지요.
오전에는 주님의 임재의 중심성에 대한 메시지를 나누었습니다.
주님은 하나의 개념이 아니라 우리의 실제적인 양식이시며 그러므로 주님의 임재를 먹고 경험하는 것이 인생의 중심이며 목적임을 전하였지요. 이것이 오전의 주 메시지였습니다.
신앙의 초기에 아직 영혼이 눈을 뜨기 전까지는 주님 자신을 구하지 않고 단순히 주님이 주시는 선물을 받고 만족하며 육적인 필요를 충족시키고 외적인 은사를 얻습니다. 그 이상을 구하지 않지요. 그러나 점점 영혼이 깨어나고 눈이 열릴수록 주님이 주시는 것으로는 만족하지 못하며 주님의 성분, 주님 자체를 먹으며 그 임재를 알고 누리는 것에 전심을 기울이게 됩니다.

그 임재에 모든 생명이 있으며 열매가 있으며 풍성함이 있습니다.
주님은 우리의 방법이십니다. 그는 우리의 풍성함이십니다. 그의 임재가 없을 때 사람은 돈과 편안함을 추구하게 되며 임재가 없을 때 사람의 사랑, 인정, 성공, 명예 등을 추구하게 됩니다. 임재를 모르는 이들은 허무한 것들을 구하게 됩니다.

성경은 세상에 항상 두 종류의 음식이 있음을 보여줍니다. 그 한 종류의 음식은 물질이고 세상이며 비본질적인 것이고 한 종류는 주님이고 영이고 근원이며 본질적인 양식입니다.
마태복음 4장에 '사람이 떡으로만 사는 것이 아니며 하나님의 말씀으로 산다' 는 말씀이 나오지요. 여기서 떡은 외적인 필요이며 말씀은 주의 임재와 생명을 가리키는 것입니다.
요한복음 4장에서 '이 물을 마시는 자는 목마르지만 생수는 영원한 것' 이라는 가르침이 나오지요. 여기서도 '이 물' 은 바깥의 필요를 가리키며 '생수' 는 주님의 임재와 실제를 가리키고 있는 것입니다.

만물을 충만케 하시는 분이 주님이시며 임재만이 모든 공허를 채워줍니다. 전도서 1장에 나오는 헛되고 헛됨은 주님의 곁에 있으나 그분의 실상을 알지 못하는 이들의 비참함을 보여주는 것입니다. 그것은 결국 주의 임재를 모르는 것입니다.
에서의 붉은 죽은 세상의 떡을 의미하며 주의 임재를 모르는 이들이 구하는 것입니다. 야곱이 얻은 장자권도 결국 하나님의 실상이며 임재인 것입니다.
열 정탐군이 가나안을 거절한 것은 결국 하나님 자신, 그분의 임재를 거절한 것입니다. 여호수아와 갈렙 두 사람은 결국 본질 되시는 하나님의 영광과 임재를 추구한 것입니다. 그렇게 주님의 실상을 구하는 자들만이 가나안의 영광에 이를 수 있습니다.

주의 임재는 사랑이며 생명이며 존재이며 의미이며 모든 것이며 그리스도인은 하나님의 임재를 추구할 때만 생명의 방향을 얻는다는 부분을 전하였습니다.
사람의 영혼이 병든 것도 임재의 부족이며 돈을 의지하고 사람의 인정이나 사랑을 얻기 원하는 것도 임재의 부족이며 영혼의 병임을 나누었습니다. 외로움도 그리움도 허전함도 불안도 오직 임재로만 치유됨을 나누었습니다.

태초에 하나님은 하늘과 땅을 창조하셨고
빛과 어두움을 창조하셨는데
하늘은 빛과 땅은 어두움과
하늘은 생기와 영혼,
땅은 육체와 대응하는 것이며
하늘과 빛은 생명과 임재를 의미하고
땅과 육체는 비본질을 의미하는데
임재를 버리고 이러한 비본질을 추구하는 것이 타락이며
뱀이 흙을 먹는다는 것은
뱀은 배를 땅에 붙이고 다니는 자로서
땅을 추구하는 이는 임재를 얻지 못하며
땅 자신에 갇혀버린다는 것을 나누었습니다.

그리고 주의 임재를 경험하고 누리게된 후의 여러 가지 변화와 특성들도 나누었습니다. 이와 같이 주님의 임재와 실제적인 현현을 구하는 것이 신앙의 근본임을 주로 전했습니다. 이것이 오전의 메시지였습니다.

시간이 쫓겨서 충분히 말씀을 전하지 못했는데 점심시간이 되었지요. 할 수 없이 집회를 마치고 반가운 분들과 인사를 나누고 국수를 맛있게 먹은 후 찬양이 시작되어 다들 집회 장소에 들어가고 저는 혼자 기도실에 남았습니다.

엎드려서 주님께 오후에는 무엇을 이야기해야 하느냐고 물었습니다.
모임 장소에 있는 모든 영혼이 한 뭉텅이로 모여져서 한 사람의 형상이 되는 것을 느꼈는데 그의 머리가 빡빡하고 이마의 검은 기운이 있는 것이 느껴졌습니다. 주님께서 그 빡빡하고 검은 기운을 처리하라고 하시는 것처럼 느껴졌습니다.

그들이 아직도 너무 긴장하고 있으니 안식과 은혜와 회복과 치유에 대하여 다시 이야기하라는 감동을 주셨습니다.
다시 오후 집회가 시작되었습니다. 찬양을 드릴 때 주님의 풍성한 임재가 있었고 기쁨이 있었습니다.
집회를 할 때에 너무 쓰러지고 난리들이 많아서 좀 정신이 없는 면도 있기에 조금 절제하려고 노력했는데 그래도 여전히 많이 울고 웃었습니다.

K집사님이 울면서 주님을 향한 자신의 심령을 표현하고 나비자매도 환희가 가득한 표정으로 사로잡혀 춤을 추고.. 이들을 통해서 주님의 영이

좌중으로 퍼지는 느낌이었습니다. 나중에 메시지를 전할 때는 조금 조용히 시키기도 했지요.

오후에는 은사의 경험과 영혼의 경험의 차이점을 많이 나누었습니다. 영혼의 기능이 아직 열리지 않았을 때는 은사밖에 오지 못합니다. 사람들은 여러 은사들을 경험하면 그것을 아주 대단하게 여기며 자신을 신령한 존재로 여기곤 하지만 그러나 은사란 육체에 임하는 영의 역사로서 그것은 깊은 것이 아닙니다. 그것은 일시적이고 외부적인 것이며 생명적인 것이 아닙니다.

우리는 은사의 다양한 경험을 통과해야 합니다. 은사를 초월해서 바로 영혼의 단계로 가지는 못합니다. 다만 영혼의 경험과 은사 경험의 차이점을 알아야 하며 은사의 한계를 인식하고 진정한 방향을 구하고 영혼의 깨어남을 구해야 합니다.

시간에 쫓겨서 충분히 다루지 못하고 충분하게 잘 전달을 하지는 못한 것 같았습니다. 중요한 것은 경험이며 다만 하나의 방향을 전달했다면 그것으로 어느 정도 만족해야 하지 않나 싶기도 합니다.

시간이 많이 지나서 같이 서로 짝을 지어 축복하고 격려하며 기도하는 시간을 가졌는데 항상 느끼는 것이지만 이 시간에는 주님의 은혜와 빛이 참으로 아름답게 임하는 것을 볼 수 있습니다. 모두가 포옹하고 울며 얼굴 가득한 행복한 미소는 진정 천국의 향취를 느끼게 하는 시간이지요. 모두가 일어나서 하나됨의 찬양을 하면서 서로의 형제 자매됨을 기뻐하고 축복하면서 모임을 마쳤습니다. 눈물이 없는 마른 얼굴을 찾아보기 힘들었지요. 끝난 시간은 여섯 시가 넘은 것 같았습니다.

모임이 끝나자 자연스럽게 많은 분들이 제게 와서 포옹을 나누었습니다. 처음 보시는 분들도 많이 울고 웃어서 친근해져서인지 쉽게 품에 안기곤 했습니다. 그러다 보니 여집사님들이 저를 붙들고 많이 우셔서 그만 양복이 엉망이 되어버렸습니다. 입술의 립스틱이 어깨에 다 묻어버렸지요. 다음에는 많이 우실 분들은 화장을 하지말고 오시라고 광고를 해야겠습니다. 립스틱은 세탁이 잘 안 된다고 하는군요. 아무튼 그래도 즐겁고 행복했습니다. 주님의 은혜는 항상 우리 영혼을 행복하고 들뜨게 합니다.

집회가 끝났어도 한동안 모임의 감동과 여운은 사라지지 않는 것 같았습니다. 카페의 식구들은 집회가 끝난 후에도 여전히 서로 포옹하고 웃고 난리를 치고 있었습니다. 다들 집에 갈 생각을 하지 않고 여러 이야기들에 바빴지요.
K집사님은 집회 내내 제 몸에서 빛나는 후광을 보았다고 흥분해서 이야기를 하기도 했습니다. 하지만 우리가 누구든지 주님의 이름과 영광을 이야기할 때는 항상 주님의 영광의 빛이 오는 것입니다. 보이든 말든 그것은 사실입니다. 주님은 바로 빛이시니까요. 그러므로 그분을 높이고 찬양하는 곳에서는 항상 보이지 않아도 영광의 빛으로 가득하게 됩니다.

모임을 끝내고 나니 시장했습니다. K집사님이 마침 근처로 이사오셨는데 제가 간다고 약속을 하고 방문을 못했었지요. 그래서 늦은 분들은 집으로 아쉬운 작별을 하고 집으로 가시고 조금 여유가 있는 분들은 식사를 하러 K집사님의 아파트로 향했습니다.

20여명이 집사님의 댁에서 같이 저녁을 나누며 교제를 하였습니다.
목사님들도 여러 분 같이 오셔서 교제를 나누었습니다. 서로 처음 보시는 분들도 있어서 같이 인사를 하고 간증을 나누었지요.
K집사님의 댁에는 제가 여러 번 갔었습니다. 십 여명이 모여서 같이 찬양과 기도를 드렸었지요.
집사님은 제가 처음 그 집에 갔을 때의 이야기를 하시면서 감회가 새로우신 것 같았습니다.

제가 처음 그 집에 갔을 때 마지막 밤늦게 까지 남아서 교제하던 분들이 모두 12명이었는데 주님과 영성에 대한 사랑의 이야기들을 시간가는 줄 모르고 나누었던 이야기를 하면서 주님과 제자들의 모임이 이랬을 것 같다고 하시면서 주님이 집에 왔다 가셨다고 남편 O집사님과 함께 여러 번 말씀하셨습니다. 사실 우리 모두는 다 주님을 모시고 있지요. 그러므로 우리가 교제를 나누고 주님을 나눌 때 주님이 우리와 같이 와 계시는 것입니다.

다른 집사님들도 같이 여러 간증들을 나누었습니다. 우리의 만남과 모임을 통하여 주님이 어떻게 임하셨고 말씀하셨는지.. 등에 대하여 눈물과 함께 아름다운 고백들을 나누고 하였습니다.
여러 간증들 가운데 저에 대한 찬사가 나타나게 되면 아무래도 죄송하고 위축되고 두려워지는 것은 사실입니다. 그래서 숨어버리고 나타나고 싶지 않은 마음이 불쑥 불쑥 올라오기도 하지요. 하지만 그래도 주님에 대한 간증과 사랑의 고백은 듣고 또 듣고 싶어집니다. 나도 같이 눈물이 나고 그것은 아주 행복한 이야기니까요.

사람들은 강하고 똑똑하고 유능한 사역자보다 조금 부족하고 부담이 안 되는 사역자에게서 힘을 얻는 것 같습니다. 또한 많은 사람들이 너무 지쳐있고 약하기 때문에 주님의 은혜와 사랑에 대한 메시지에 쉽게 마음의 문을 열게 되는 것 같습니다.

잠시의 교제.. 정말 시간은 살같이 흘렀습니다. 주님을 사랑하고 추구하는 이들의 만남은 언제나 천국입니다. 우리들의 교제, 감사의 표현, 고백, 웃음.. 아마 천국에서의 우리의 만남이 영원토록 그러하겠지요.

잠시 찬양과 기도를 드리고 우리는 헤어졌습니다.
K집사님 부부는 언제든지 항상 오는 것을 환영한다고 기회가 되는대로 다시 들려달라고 하셨습니다. 갑자기 들이닥쳐서 경황도 없으셨을 텐데 음식과 여러 가지로 섬겨주신 사랑에 다시 한 번 감사드립니다. 집으로 돌아오는 길에도 K전도사님이 차로 데려다 주셔서 편안하게 집으로 왔습니다. 너무 하루종일 섬김만 받아서 너무너무 미안한 마음뿐입니다.

생각하면 참 신기합니다.
여기 계신 분들.. 카페 식구들.. 안지도 얼마 되지 않았는데.. 왜 그리 서로 보고 싶어하고 만나면 기뻐하고 소리지르고 행복해하고.. 울고..
그 이유가 무엇일까요?
집회에서 처음 보시는 분들.. 그들이 같이 포옹하고 울고..
그 이유는 무엇일까요?

그것은 오직 주님, 오직 예수 때문입니다.
그분의 사랑이 우리를 용서하시고

우리를 받아주셨기 때문입니다.
그렇기 때문에 그분의 사랑에 함몰된 자들..
같은 목표와 감격을 가진 우리들은
그렇게 사랑하고 그리워하고
만남을 사모하게 된 것 같습니다.
너무나 감사드립니다.
여러분을 사랑합니다.
같이 있으면 너무 행복합니다.

내일.. 작은 모임이 있습니다.
내일 저에게 주어진 시간은 두 시간 뿐이라 금방 끝날 것 같군요.
참 웃기지요? 두 시간이면 찬양만 하기에도 모자란 시간인데요.
저는 보통 일곱 시간 집회에 찬양만 다섯 시간은 하기 때문에 찬양을 한
두 시간 정도 한 것으로는 양이 차지가 않거든요.
아무튼 내일도 모임이 끝나면 같이 간단하게 교제를 나누게 되겠지요.
이상으로 간단하게 모임 보고를 마칩니다.

찬양과 존귀를 받기에 합당하신 우리의 주님께
모든 영광과 찬양과 감사를 올려드리며
함께 해주신 모든 분들께도
기도해주신 모든 분들께도
감사드립니다.
주님을 찬양하십시다.
할렐루야!

6장 평촌 예비사모 모임과 가정 모임

일시 : 2001년 12월 8일 (토) 오전 10시 30분 - 12시 30분
장소 : 평촌 이레교회

사모의 비전을 가지고 있는 예비 사모들의 모임이 있다고 초청을 받았습니다. 지방 멀리에서 밤차로 올라와 밤을 새워 기도로 시간을 보내고 토요일 늦게 다시 돌아가는 것입니다.
비록 십 여명의 소수였지만 그들의 열정이 기특하여 격려하고 싶은 마음이 들어서 가기로 했습니다.
두 시간의 강의를 마친 후에는 같이 동참했던 이들과 집으로 와서 교제하는 시간을 가졌습니다.

1. 어제 모임 이야기들

할렐루야.. 가족 여러분들.. 오늘 주일을 잘 행복하게 보내셨는지요..
어제의 모임 이야기를 조금 해보겠습니다.
어제 아침 K전도사님이 차로 데리러 오셨지요. 같이 차를 타고 연신내 역에서 무려 30분 이상 일찍 도착해서 추위에 떨고 있는 H자매와 합류해서 평촌 이레 교회로 향했습니다.
가면서 어떠한 메시지를 나누어야 하는지 속으로 묵상했습니다.
주님의 마음과 고독과 영혼의 길에 대한 이야기를 나누어야 한다는 감동이 있었습니다.
아직 그들이 그러한 메시지를 먹을 수 있는 상태는 거의 아니겠지만 앞으로 다시 그들을 만날 기회는 거의 없을 것 같고.. 그래서 그러한 방향성을 제시해야 한다는 부담을 느끼게 되었습니다.

메시지의 원리는 청중의 영의 상태와 수준을 인식하고 그들의 필요에 맞는 것을 주는 것입니다. 그러나 예외적으로 주님께서 듣는 이들의 상태와 상관없는 메시지를 주시기도 합니다. 그런 경우에는 다소 힘들고 고통스럽게 되지요.
예민한 사역자는 성도들의 영적 수준과 상태를 쉽게 느낍니다. 그리고 청중의 내적인 반응을 섬세하게 느낍니다. 그들의 속에 어떠한 의문이 올라오는지 어떤 내면의 느낌이 있는지 압니다.
그래서 그들이 마음속으로, 영으로 질문하는 것, 알고 싶어하는 것에 대해서 설명합니다. 그러므로 그러한 것은 미리 준비할 수 있는 것이 아닙니다.
그렇게 내적인 심령의 감동을 따라 메시지를 전하면 듣는 이들은 자신의 마음이 그대로 노출된 것 같은 느낌을 받게 됩니다.

메시지를 받는 이들의 심령이 준비되어 있으면 그들은 메시지를 끌어당깁니다. 굶주린 이들이 음식을 먹듯이 허겁지겁 빨아들이게 되지요. 그렇게 끌어당기는 힘이 강하면 사역자는 자기 안에서 메시지와 영의 기운이 아프게 빨려나가는 것을 느낍니다. 그것은 힘들기도 하지만 동시에 시원하고 행복한 느낌이지요. 듣는 자의 열망에 따라 주님께서 더 깊고 풍성한 양식을 끝없이 공급하기도 하십니다.

그러나 듣는 이들이 받아들이고 흡수하는 영이 없으면 사역자는 금방 지치게 됩니다. 곧 무기력해지게 되고 기름부음이 끊어지게 되지요. 그 상태에서는 말씀을 전하는 것이 아주 어렵습니다.
사역자들이 성도의 상태를 분별하지 못하고 자신이 하고 싶은 이야기만 하면 영의 흐름이 없어서 그 공간이 영적으로 경직되며 그러면 지루하고 따분한 집회가 됩니다. 아무리 깊고 좋은 메시지라도 영의 흐름이 없으면 사람을 바꾸지 못합니다. 그것은 사람의 심령까지 전달되지 못하니까요.
집회 장소에 도착하니 인천에서, 안산에서, 여기 저기 멀리에서 여러 집사님들, 사모님들도 와 있었습니다. 은혜를 사모하는 그들의 열정이 놀랍기만 합니다. 시간이 되어 잠시의 찬양과 기도, 메시지를 전했습니다. 10여명의 자매들이 지방에서 지난밤에 올라와 2시간 정도밖에 자지 못하고 모임을 가지고 있었습니다. 그들의 열정이 대견하고 한편으로는 안쓰러웠습니다.
모두 귀하고 아름답고 사랑스러운 자매들이었습니다. 그들을 보면서 그들이 앞으로 겪을 어려움과 고통들을 생각하며 마음이 아팠습니다.

사람의 영혼에는 그들의 미래가 녹음되어 있습니다. 물론 젊은 나이에 영혼의 눈이 빨리 뜨여지게 되면 당하지 않아도 되는 고통을 그리 많이 겪지 않게 되겠지요. 2주면 통과할 수 있는 광야를 40년이 걸려도 통과하지 못하고 다 죽은 것은 하나님의 인도하심과 가르치심의 의도를 알지 못했기 때문입니다.
그분의 계획과 인도하심의 방향을 알게 되면 불필요하게 10년 20년 고생할 필요가 없겠지요. 그러므로 영혼의 관점, 하나님의 관점에서 볼 수 있는 시각이 너무나 필요합니다.
젊은 시절에 중요한 것은 나아갈 목표와 방향을 발견하는 것입니다. 특히 사역을 하려고 하는, 사모가 되려고 하는 젊은이들이라면 더욱 중요하겠지요. 그것은 사역 자체보다 자신의 영혼이 깨어나고 주님을 알아가는 것이 목표가 되어야 한다는 것입니다.

영성이 발전하고 주님께 사로잡혀 있으면 자연스럽게 사역과 모든 것이 주님의 통제 속에서 진행됩니다. 다만 아쉽게도 오늘날 많은 사역자들이 주님 자신을 구하는 것보다 사역과 일 자체에 몰두합니다.
그것은 진정한 방향이 아니기 때문에 그들은 많은 어려움을 겪게 되지요. 아무튼 젊은 시절에는 인생의 방향, 신앙의 방향을 제대로 잡는 것이 무엇보다 더 중요합니다.

하고 싶은 말들은 많았지만 그것을 짧은 시간에 많이 나누는 것은 불가능하겠지요. 나에게 주어진 시간은 두 시간뿐이어서 찬양과 기도만 하기에도 부족했습니다.
잘 메시지가 들어가는 지는 모르겠지만 조금씩 전했습니다. 찬양과 기도를 드릴 때는 열심히 울기도 하면서 시간은 금방 지나갔습니다.
간단하게 메시지를 마친 후 여러 자매들이 와서 은혜 받았다고 감사를 표했습니다. 부디 주님께서 그들을 깊이 만져주시기를 기대합니다.

L집사님과 약속이 되어서 K전도사님의 차를 타고 집으로 왔습니다. 전도사님은 말하기를 목사님을 모시고 대낮에 이렇게 모임을 끝내고 집으로 가게 되니 참 신기하다고 하셨습니다. 나도 웃으며 오늘은 빨리 끝나서 다행이라고 했지요. 그런데 결과는 그렇게 되지 않았습니다. 월요중보기도팀이 지방에 어떤 분을 위해서 기도해주러 갔다가 올라오는 중이었는데 우리 집으로 오기로 했습니다. 결국 일찍 헤어지는 것은 취소되고 모임과 교제는 연장되었지요.
그들이 도착하기 전에 몇 분들과 같이 교제하면서 간단한 권면의 말씀을 주었습니다. 이들은 요즘에 영적으로 예민해지면서 기쁨이 있는 반면에 조금 지치고 힘든 면도 있는 것 같았습니다. 그들의 심령 안에 날카롭고 고통스러운 부분이 있는 것이 느껴졌습니다. 그래서 그러한 부분들을 대화를 하면서 없애기로 했습니다.

영적인 민감성이란 바로 그런 것입니다. 영이 예민해지게 될 때 주님의 임재를 쉽게 누리고 기쁨을 얻지만 동시에 고통도 많이 경험하게 됩니다.

둔감한 사람은 주님의 임재를 누리는 기쁨을 잘 모르지만 대신에 고통도 덜 경험합니다. 주님께서 우리의 영혼을 그분 앞으로 인도하시는 과정에서 둔감한 영혼들은 그저 별 느낌이 없습니다. 그러나 영적으로 예민한 이들은 많은 아픔을 느끼게 됩니다.

주님의 은총의 기운도 잘 느끼지만 동시에 세상의 사악한 기운도 잘 느끼게 되고 사람들의 마음 안에서 흐르는 악한 기운도 잘 느끼게 되기 때문에 자신의 영을 보호하고 방어하려면 항상 기도 속에서 살아야 하는 것입니다.

여러 말로 위로하며 권면을 하는데 대화 속에서 점차 그들의 심령 속에서 느껴지던 날카로운 칼과 같은 통증이 사라져 가는 것을 느꼈습니다. 우리는 모두 행복해졌습니다.

조금 지나서 월요기도팀들이 도착했습니다. 그래서 다 같이 떠들며 교제를 나누게 되었습니다. 요란하고 활기가 넘치는 카페의 멤버들답게 금방 집이 웃음소리와 활기, 장난, 요란함으로 난리가 났습니다.

기도에 대한 이야기들, 영적인 전쟁들.. 즐겁고 힘들었던 여러 이야기들이 오고 갔습니다.

우리들은 즐거운 이야기로 꽃을 피웠습니다. 주님의 살아 계심과 풍성하신 사랑이 감사했습니다. 시간이 이미 6시 정도 되어 다들 일어섰습니다.

일어서는 게 아쉬워서 내가 찬양을 꼭 한 곡만 한다고 기타를 잡았는데 그게 화근이 되었습니다. 찬양을 시작하면 난리가 나는 것은 피할 수 없는 일인데 그만 깜빡 해버렸습니다.

찬양을 한 곡 시작하자마자 H자매가 울기 시작했습니다. P집사님은 또 강한 영의 흐름을 느끼고 침대 위에 뻗어서 굳어져 버렸습니다.

K집사님은 저절로 몸을 움직이며 율동을 시작하시더니 L집사님을 껴안고 같이 울다가 급기야는 바닥에 뻗어서 계속 울기 시작했습니다.

상황이 그렇게 되어서 할 수 없이 기도와 찬양이 계속되었습니다.

강한 찬양.. 부드러운 찬양.. 그리고 아주 고요한 경배의 찬양.. 우리 모두는 모든 것을 다 잊고 주님의 향취에 빠져 들어가게 되었습니다.

그렇게 시간이 흘러갔습니다. 우리는 모두 시간을 잊어버리고 있었습니다. 찬양을 시작하고 주님을 바라보다 보면 다른 세계의 공간으로 들어가 버리기 때문입니다.

어느덧 시간이 꽤 되었습니다. 기도와 찬양을 마친 후 시간이 늦어서 식사를 시켜서 같이 하게 되었습니다. 식사를 하면서 또 다시 질문들이 쏟아졌습니다. 다시 이야기가 시작되었습니다.

주님에 대한, 영성에 대한 여러 이야기들.. 이야기를 같이 나누다가 시간이 늦은 분들은 한 분 두 분 일어섰습니다. 결국 12시쯤 되어서 모두 다 헤어지게 되었습니다.

K전도사님의 이야기가 생각이 났습니다. '목사님.. 우리가 만나면 헤어지는 게 항상 밤이었는데 이렇게 대낮에 모든 게 끝나니까 이상하네요..' 낮에 모든 게 끝났다고? 정말 끝이 난 것은 밤 12시가 한참 넘은 시간이었습니다.

그들이 간 후에 이제는 아내가 옆에 앉아서 2시가 넘도록 질문을 퍼부었습니다. 요즘은 아내도 기도와 영성에 대하여 별의별 질문들을 많이 합니다. 그녀에게 잠을 좀 자자고 사정해서 우리들의 이야기는 끝이 났습니다.

하루종일 집회를 하고 찬양을 하고 주님과 영성에 대해서 이야기하며 카페의 식구들과 함께 나누었던 주님의 은총에 대한 이야기들..
그 순간은 바로 행복이며 천국이었습니다. 함께 했었던 분들도 어제는 정말 천국이었다는 메일을 보내왔습니다.
주님을 같이 누리고 맛보며 추구하는 우리의 교제, 삶,
그것은 바로 천국입니다.
그리고 언젠가 우리가 모두 천국에서 만나게 될 때
우리는 그 영광스러운 기쁨을 영원토록 함께 누리게 될 것입니다.

여러분.. 감사합니다, 사랑합니다.
부디 이 놀라우신 주님을 간절히 사모하고 붙잡고
그 안에서 즐겁고 행복하십시오.
할렐루야.

2. 메시지 정리

H자매가 메시지를 정리했군요. 수고했어요. 그런데 부분적인 내용들이라 전체의 방향에 대해서 다시 조금 정리를 하겠습니다.

1. 이번에 중점적으로 언급하려고 했던 것은 주님의 마음, 주님의 고독에 대한 부분이었지요. 그래서 처음에 그 부분으로부터 시작했어요. 그분의 눈물과 슬픔을, 마음을 나눌 사람을 찾는다고.. 그러나 대부분의 사람들은 영이 충분히 자라지 않아서 그것을 받을 만한 수준에 있지 않다는 것을 나누었지요.

2. 사람들은 그냥 주님을 사랑하면 된다고 생각하지만 그것은 자기 마음대로 가능한 것이 아닙니다. 그것은 영의 기능이 눈을 뜨지 않으면 안 되는 것이지요. 영혼이 눈을 뜨고 그 기능이 자라게 될 때 자연스럽게 주님의 영을 느끼고 갈망하며 추구하게 됩니다.
영혼이 자라지 않으면 은사적이고 기능적인 능력은 많이 받고 체험할 수 있어도 주의 마음을 알지 못하며 아무리 능력이 많고 외적인 역사를 일으켜도 자기 중심의 동기에서 벗어날 수 없습니다. 그러므로 삶과 인격이 변화되지 않고 참 자유와 행복을 맛보지 못합니다.

3. 그래서 영혼의 눈이 어떻게 뜨여지며 주님은 어떻게 우리의 영혼을 인도해 가시는가? 하는 것을 전하는 과정에서 애굽과 광야와 가나안의 3단계의 경험을 이야기한 것입니다. 즉 애굽에서 가나안까지의 여정은 단순히 이스라엘의 역사 이야기가 아니라 우리의 영혼이 발전해 가는 과정을 말하고 있는 것입니다.

4. 애굽의 영적 상태는 아직 영혼이 깨어나지 않은 초보적이고 본능적인 상태의 단계이며 광야는 영혼의 감각이 깨어나기 위한 본격적인 훈련을 받는 단계입니다. 가나안은 영혼의 감각과 기능이 어느 정도 깨어나 주님과 실제적인 교류와 연합이 이루어지는 때라고 할 수 있습니다.

5. 그래서 영적으로 애굽에 있는 이들에게는 주로 일방적으로 주어지는 선물인 은사와 능력이 많이 임합니다. 능력과 권세나 표적이 많이 나타나게 되지요. 현실적인 어려움에서 문제 해결을 받고 살아 계신 주님의 능력을 체험하곤 합니다. 그러나 내적인 깨달음은 거의 없으며 그저 본능적인 만족을 구하는 수준입니다. 이 때 이들에게 주님은 아버지로 오십니다.

광야에서는 즐겁거나 달콤한 체험보다는 메마르고 답답하며 자기 한계와 절망에 부딪치는 경험이 많습니다. 여기에서는 주님이 주인으로서 오시며 자아와 겉 사람이 훈련으로 인하여 부서지고 감정이나 삶의 목표나 이성, 의지 등이 나 중심에서 주님께 사로잡히는 과정의 훈련을 받게 됩니다.

야곱의 사랑 이야기는 광야의 훈련에 대한 대표적인 메시지라고 할 수 있습니다. 아직 그의 감정이 십자가에 못 박히지 않았기 때문에 그는 잘못된 선택을 하고 라헬을 사랑하게 되지요. 그리고 이로 말미암아 많은 고통을 통과하고 훈련을 받으며 그 중심의 애정이 처리 받게 되는데 그것이 광야의 경험인 것입니다.

6. 가나안에서 주님은 신랑으로서 오시며 오직 신부의 사랑을 요구하십니다. 이곳에서는 주님과의 연합이 가장 중요합니다.
애굽에서 주님은 성도들에게 아무 것도 요구하지 않습니다. 그것은 그들이 아직 영적으로 어린 아기와 같기 때문입니다.
광야에서 주님은 순종을 요구하시지요. 우리의 주인이 되기 위해서입니다. 그러나 가나안에서 주님은 우리의 신랑이 되기 원하시며 우리에게 순결과 사랑을 요구하십니다. 자아와 세상을 사랑하지 말고 오직 우리의 사랑이 그분만을 향하도록 원하시는 것이지요.

7. 어린 아기에게는 순결을 요구하지 않습니다. 그것은 아기는 아무 것도 모르며 더러워도 예쁘기 때문입니다. 이 때는 어리기 때문에 엄마가 직접 씻어주게 되지요. 이 때는 일방적인 은혜와 선물이 임하는 시기입니다.

8. 가나안의 의식은 주님 중심의 시각이며 영혼의 눈과 기능으로 사는 수준이기 때문에 세상과 우주와 모든 것을 보는 시각이 초월적이고 자유롭습니다. 이 때는 자신이 보고 듣고 사랑하는 것이 아니라 자기 안에 있는 주님이 나타나셔서 사랑하고 운행하시며 우리는 다만 주님을 붙잡고 조용히 안식하는 상태라고 할 수 있는 것입니다.

9. 마지막으로는 현실적인 적용을 위해서 주님이 일방적으로 주시는 은혜에 대한 것을 나누었습니다. 그렇게 은혜를 통해서 영적 발전은 시작되는 것이니까요.

이제 전체의 흐름과 방향이 이해가 되지요? 부분적인 각론으로 여러 이야기를 했지만 전체의 흐름은 주님의 마음을 받기 위해서 우리가 자라야 하고 그 영의 발전은 이러한 과정과 경로를 거친다..는 이야기였습니다.

마지막으로 하고 싶은 메시지는 이것이었어요..
사람들에게 성공했다고 평가받고 인정받는 사역을 할 것인가?
아니면 주님의 마음을 구하는 것을 일생의 목표로 추구할 것인가?
사람들은 이 두 가지가 같은 것이 아니냐고 생각하지요.
그러나 그럴 수도 있지만 그렇지 않을 수도 있어요.
오래 전에 유명한 사역자의 설교를 들은 적이 있어요. 그분의 메시지는 주로 이런 것이었어요.
1. 꿈을 가져라. 2. 믿으라. 3. 기도하라.
무슨 말인지 이해가 가지요? 헌신과 주님의 생명을 얻는 것이 주가 아니고 자기의 개인적인 비전을 이루기 위해 기도가 필요하고 주님이 필요하다는 것입니다.
이것은 기독교의 본질과 거리가 멀어요. 그러나 이런 이야기들을 사람들은 좋아합니다. 힘을 얻는다고 해요. 그게 바로 세상이에요.

숫자에는 힘이 있어요. 그래서 많은 사람이 좇으면 힘을 얻지요. 그래서 사람들은 유행을 따르는 것입니다.

그러나 영계에서는 숫자가 의미가 없습니다. 생명이 없으면 공룡처럼 커도 죽은 거죠. 큰 비전, 큰 이상.. 그것은 멋있어 보이지만 잘못하면 공룡의 시체와 같이 생명이 없는 허상이 되기가 쉬워요.
위대한 것, 성공하는 것, 위대한 사람이 되는 것.. 그러한 비전은 사람의 허영심을 높여주는 것입니다.
우리는 오직 주님.. 주님의 사람.. 그분의 소유가 되어야 합니다. 그러한 목표를 가져야 합니다. 우리를 어떻게 쓰시든.. 그것은 주님의 자유입니다. 드러나든 감추어 있든 그것은 중요한 것이 아닙니다.
우리는 사람들이 주목하는 사람이 되려고 하지말고 오직 주님을 소유하고 소유되기 원하는.. 그런 목표를 가져야 해요. 그것이 바른 사역자입니다. 저는 바로 그 방향을 전하고 싶었어요. 그러나 얼마나 도움이 되었을지 모르겠군요.

오늘날 많은 이들이 주를 믿으면서도 주님의 실상을 모르고 바깥 어두운 곳에서 살고 있습니다. 그러나 깨어서 주를 갈망하고 사모하는 백성들에게 주님은 그분 자신을 보여주시고 계시하실 것입니다. 그분을 알아갈수록 그것은 바로 천국이며 이 세상에서 아무 것도 더 이상 필요하지 않으며 온전한 행복과 만족인 것을 알게 됩니다.
부디 그 주님의 깊은 마음, 이 세상에 감추어져 있는 그 영광의 세계로 들어가게 되시기를 바랍니다.
감사하고.. 사랑합니다.
어느덧 밤이 깊었군요. 모두들 주님과 함께 안녕히 주무세요.
샬롬.

7장 수원 온누리 교회 집회

일시 : 2001년 12월 13일 목요일 11시 - 5시
장소 : 수원 온누리 교회

수원 온누리 교회는 주님을 사모하며 영적인 발전과 성장을 갈망하는 아름다운 교회입니다. 매주 목요일마다 오전부터 오후까지 교파를 초월하여 영성 모임을 가지고 있지요. 저는 이 목요 모임에 초대를 받았습니다.

오전에 모임을 시작할 때 약간 힘들기는 했지만 시종 아름답고 행복한 모임이었습니다. 3-4백 명 정도가 모일 수 있는 공간이었던 것 같은데 2층까지 입추의 여지가 없이 꽉 들어차서 같이 울고 웃으며 주님의 은총을 나눌 수 있었습니다.

주님을 찬양하고 나누고 누리면서 기뻐하는 것.. 그것은 바로 천국 입니다. 이 날도 아버지의 사랑에 대해서 나누면서 몹시 행복한 시간을 보냈습니다. 메시지와 함께 이 날의 이야기들을 정리해봅니다.

1. 주님의 마음을 느끼는 것

조금 시간이 지나긴 했지만 지난주에 있었던 수원 모임에 대한 보고를 조금 올리고 싶은 마음이 들었습니다. 그곳에 오신 여러분들을 축복하고 주님의 하실 일에 대한 열망을 같이 나누기 위해서입니다.
모임의 광고를 이 카페에만 올렸을 뿐인데 많은 분들이 찾아오셔서 참 놀랐습니다. 초청한 교회 사모님의 말씀으로는 집회에 대한 문의 전화, 장소를 찾는 전화 때문에 교회 업무가 마비되었다고 하시더군요..

경북에서 올라오신 S목사님은 이번에도 어김없이 차를 몰고 올라오셨는데 집회 시간에 늦지 않으려고 차를 엄청 빨리 모시는 바람에 같이 모시고 온 K목사님은 죽는 줄 알았다고 하시더군요.. 트레일러를 세대나 추월했다고 하시고.. 앞으로 S목사님의 차에 타실 분들은 구원의 확신이 꼭 있어야 할 것 같습니다.
제주도에서 비행기타고 오신 L집사님.. 참 놀라웠습니다. 정말 열정이 대단하시군요.

그런데 장소가 찾기가 쉽지 않아 다들 고생을 많이 했다고 하는군요. 몇 시간을 방황한 끝에 간신히 도착하신 분도 계셨고 K집사님은 오전이 다 지나가도록 장소를 못 찾아 급기야는 경찰차를 타고 도착하셨습니다.

참 놀랍습니다. 그 열정들은 다 어디서 나는 것일까요.
주님께 대한 사모함.. 서로에 대한 그리움들.. 만나서 확인하고 싶은 주님의 사랑, 천국에 대한 열망들로 인한 것이었겠지요. 참 다들 귀하고 반갑고 아름다운 얼굴들이었습니다.

집회 시간이 되자 교회는 사모하는 성도들로 가득 찼습니다. 300명 정도 들어갈 것 같은 공간이었는데 좌석의 맨 앞자리까지 다 찼고 성가대석에도 앉았습니다. 2층에도 많은 분들이 올라가셨습니다. 교회가 꽉 차는 것을 보는 것은 참으로 기쁜 일입니다. 극장이나 야구장에는 사람들이 꽉 차는 것을 많이 볼 수 있는데 교회에는 사람들을 채우는 것이 쉽지 않기 때문입니다.

제가 어렸을 때는 교회마다 부흥회를 많이 했었습니다. 부흥회를 할 때는 꼭 잔치 같았지요.. 내 교회, 네 교회 할 것 없이 가까운 지역에 사는 은혜를 사모하는 이들은 모두 모였습니다.
교호의 구석구석에 꽉 들어차 부흥사 목사님의 한 마디 말에 웃음이 터지기도 하고.. 참 즐거웠습니다. 그러나 지금은 그러한 열기들도, 즐거움들도 많이 없어졌지요. 하지만 주님의 임재와 풍성함이 앞으로 더 많이 임하실 것이고 그러면 그 이상의 아름다움과 행복을 찾을 수 있을 것이라고 믿습니다.

이곳은 영성을 많이 추구하는 교회입니다. 제가 참석한 집회는 목요일마다 드리는 기도 모임이었습니다. 이 교회 성도들의 집회가 아니고 영성훈련을 받기 원하는 성도들이 초교파적으로 모인 모임입니다. 저는 이 모임에 강사로 초청을 받은 것이지요.

근래에 영성에 대한 가르침과 집회가 많이 있습니다. 그러나 영성의 실제가 흐르는 경우는 그리 많지 않다는 느낌이 듭니다. 영성에 대한 개념을 가지고 있을 뿐인 경우가 많습니다.

영성이 실제라면 거기에는 영의 흐름이 있습니다. 예배 가운데 흐르는 영의 움직임.. 거기에는 주의 영의 임하심이 있습니다. 그것은 자유와 해방과 능력과 기쁨을 가져다줍니다.

그러므로 영성을 나누고 이야기할 때 예배와 찬양은 아주 중요한 것입니다. 찬양과 기도를 통하여 영이 흐르고 운행되기 때문입니다. 그 시간에 주의 만지심을 경험하게 되며 거기에서 자유와 해방이 나타나게 됩니다.

그러므로 영의 충만을 가르치고 훈련하는 곳에서는 집회 중에 특별히 많은 기도와 찬양이 드려져야 합니다. 그 찬양과 경배에서 나타나는 주의 임재와 영의 흐름에 민감해야 합니다. 인도자는 기도와 찬양을 통하여 바깥뜰에서부터 성소로, 그리고 지성소로 나아가 주님의 깊은 임재 안으로 모든 사람들이 들어갈 수 있도록 이끌어야 합니다. 그것이 영성 집회의 중요한 요소입니다.

이 교회를 담임하시는 L목사님은 아주 겸손하시고 따뜻하고 온유하신 분입니다. 목회자 특유의 권위적인 자세가 전혀 없이 어린아이처럼 천진난만하고 자연스러운 분위기를 가지고 있었습니다. 아주 편안하게 저와 우리 일행을 대해주셔서 우리는 처음 만나고도 마치 10년 지기처럼 친근해졌습니다.

사모님도 소탈하셔서서 만나자마자 많은 이야기들을 편안하게 나눌 수 있었습니다.
사역자의 분위기를 따라가는지 교회의 전체 분위기도 편안했습니다.
다만 전체적으로 모인 이들의 열정이 충만하지 않고 영의 흐름이 부족한 면이 있었습니다.
그래서인지 오전 모임은 쉽지 않았습니다. 참석자들이 아직 조금 경직된 면이 있었고 영의 흐름도 충분하지 않아서 오전에는 메시지를 따로 전하지 않았습니다. 기도하다 찬양하다 잠깐 메시지를 나누고 그런 형식으로 오전을 보냈습니다.

청중의 영이 충분히 준비되지 않았을 때는 메시지보다는 기도와 찬양을 많이 드려서 영을 풍성하게 해야 합니다. 그렇게 사람들의 입을 벌리게 할 때 막힌 것이 풀어지며 자유롭게 영이 움직이게 됩니다. 그래서 사람들이 영적인 메시지나 은혜를 흡수하기 쉬운 상태가 되는 것입니다.

청중들의 영이 준비되어 있지 않은 상태에서 억지로 많은 메시지를 전하면 전하는 자도 지치고 듣는 자도 영이 피곤해집니다. 보통의 집회에서는 사역자들이 많은 메시지를 전하지만 그것을 소화할 수 있는 이들은 많지 않습니다. 전하는 이의 상태가 좋지 않은 경우도 많이 있지만 그보다 더 중요한 것은 청중의 영이 열리지 않았기 때문입니다. 그러므로 인도자는 청중의 영적 상태를 분별하고 해방시킬 수 있어야 합니다.
흔히 드려지는 보통의 예배에서 사역자들은 메시지를 3-40분 정도 전합니다. 그런 설교에 사람들은 익숙해져 있지요. 그러나 우리의 영은 아주 충만한 은혜의 상태가 아니라면 그렇게 한 사람이 오랜 시간 일방적으로 메시지를 전할 때 그것을 잘 소화하기 어렵습니다.

그러므로 간단하게 짧게 메시지를 전하고 다시 통성기도나 뜨거운 찬양을 드리고 다시 심령에 감동이 오는 메시지를 짧게 5-10분 정도 전하고 그에 맞는 찬양과 기도를 하고, 다시 5-10분 전하고 찬양과 기도를 하고.. 이런 식으로 반복하면 사역자나 청중의 영이 지치지 않고 충분히 말씀을 전하고 소화할 수 있게 됩니다.

나는 그런 식으로 짧게 메시지를 나누고 기도와 찬양을 반복하며 오전 시간을 보냈습니다. 그럭저럭 은혜의 시간을 보내기는 했지만 오전 시간이 그리 만족스럽지 않아서 밥을 먹고 싶지 않았습니다. 반가운 얼굴들을 대했지만 이야기를 나눌 경황이 없었고 그저 혼자서 조용히 기도할 공간이 있었으면 하는 바람뿐이었습니다.

여러분들이 곁에 와서 기도 받기를 원하고 여러 상담을 요구하고 인사를 했지만 마음에 여유가 없었습니다. 조금 더 기도하고 준비해서 오후 모임은 잘 이끌고 싶다.. 그런 마음뿐이었지요.

보통 오전 오후 집회를 할 때 중간의 쉬는 시간에 저에게 찾아오시는 분들이 많지만 그 때는 제가 아주 민감할 때이며 집회를 위한 기름부음을 위하여 입을 벌리는 것조차 조심스러워한다는 것을 아시는 분들은 별로 없는 것 같았습니다.

식사를 간단하게 하고 다들 오후 집회를 하러 올라간 후 간신히 혼자 있는 시간이 되어 강대상 아래에서 무릎을 꿇었습니다.

모임이 잘 안 풀려서 주님께 어떻게 해야하느냐고 묻고 있는데 기도를 시작하자 주님의 은혜가 임하면서 심장에 다시 꿀물이 흐르기 시작했습니다. 그래서 다행이다 생각하며 주님의 메시지를 계속 받고 있는데 거기를 청소를 해야한다고 집사님들이 오시는 바람에 할 수 없이 쫓겨나게 되었습니다.

이제는 갈 곳도 없어서 할 수 없이 집회 장소로 올라갔습니다. 조금 더 기도하고 싶었지만 그렇게 할 수가 없어서 다소 아쉬웠습니다. 강사는 집회를 할 때 그 무엇보다도 혼자 주님과 같이 있을 수 있는 공간이 필요합니다. 집회의 전과 후에 특히 그것이 필요하지요.

아무튼 조금 아쉬운 상태에서 오후 집회가 시작되었는데 그래도 오전보다 영의 묶임이 많이 풀려있어서 오후는 비교적 부드럽게 인도할 수 있었습니다.

집회가 시작되어 찬양을 드리는 가운데 주님의 풍성하신 임재가 있었습니다. 청중들의 전체적인 영적 상태는 비교적 순수하고 주의 은혜를 사모하기는 했지만 깊은 경배의 찬양을 드리는 것은 무리였습니다.

경배곡들을 잘 모르기도 했지만 조금 잔잔하고 깊이 있는 곡을 찬양하면 청중의 영은 바로 약화되고 침체되었습니다. 많이 알려진 강한 곡을 드리면 바로 영이 회복되었습니다.

이것은 청중의 영적 상태가 강한 기름부음이 필요한 상태이며 부드럽고 깊은 단계에 가는 것은 아직 어렵다는 것을 보여주는 것입니다.

강력한 찬양을 통하여 강한 능력의 흐름이 나타나자 K집사님이 다시 성령께 사로잡혀 춤을 추기 시작했습니다. J자매도 강렬한 빛을 느끼고 몸이 저절로 움직여지는데 절제하려고 노력했다고 합니다.

그러나 주님의 역사하심과 성령의 운행이 있을 때는 특별한 문제가 없는 한은 별로 절제할 필요가 없습니다. 그것은 그러한 영적 표현을 통하여 그 공간에 주님의 역사를 확산시키기 때문입니다. 물론 집회의 분위기가 그러한 것을 원치 않는 곳이라면 덕을 위하여 절제하는 것이 좋을 것입니다.

영의 충만한 확산에 대해서 사람들이 흔히 생각하는 오해가 있습니다. 어떤 이들에게 주님의 충만하심이 임하면 그 사람은 충만하니까 충만하지 않은 다른 사람들을 기도해주고 기름을 부어서 공평하게 해야 한다고 생각하는 것입니다. 그러나 그것은 옳은 것 같지만 주님의 일하시는 방법이 아닙니다.

주님은 이미 충만하게 임하시는 이에게 안수하고 기름을 더 붓기를 원하십니다. 그리고 그 사람을 더 충만하게 해서 그를 통하여 기름부음이 전달되도록 하십니다. 그것은 '있는 자는 더 넘칠 것이며 없는 자는 있는 것도 빼앗길 것'이라는 말씀과 같은 것입니다.

그러므로 기름부음이 있는 이들은 그것을 절제하지 말고 확산시켜야 합니다. 또한 그러한 몸의 기름부음이 부족한 이들은 이에 대하여 불평하지 말고 주님이 자기에게 임하시지 못하는 주님을 제한하는 요소가 자신에게 있는지 자신을 돌아볼 필요가 있습니다. 또한 자신에게 주님의 임재가 부족하다면 그러한 기름부음이 있는 자들을 통해 간접적인 기름부음을 받아야 합니다.

한 지체의 충만함을 통하여 다른 지체가 도움을 얻는 것은 나쁜 일이 아닙니다.

어떤 이들은 남의 도움이 없이 자기가 직접 주님과 교류하겠다고 합니다. 그러한 태도가 나쁘다고 할 수는 없지만 조금 더 영적으로 민감하고 주님의 은혜 가운데 있는 사람이 있다면 주님이 그 사람을 사용하시므로 그의 도움을 받는 것도 좋은 것입니다.

오후에 어떤 메시지를 전했는지는 잘 기억이 나지 않습니다.
메시지를 따로 준비하지 않았고 당시에 주님이 주시는 느낌과 감동으로 전하기 때문에 조금만 지나면 잘 기억하지 못하는 편입니다. 메시지를 미리 준비해도 그 날이 되면 다 바뀌는 경우가 많고 청중들의 상태에 맞지 않는 것을 전하면 심령에 고통이 오기 때문에 어차피 미리 준비해도 소용이 없게 됩니다.

책을 쓸 때는 자기 혼자서 생각하고 글을 쓰는 것이고 다른 영들의 방해가 없기 때문에 비교적 어려움이 없이 내용이 떠오르지만 모임에 나가면 성도들의 마음속에 반대하는 영이나 혼란스러운 영들이 있는 경우가 많기 때문에 메시지가 막히게 되고 제대로 전할 수가 없게 됩니다.

이 부분을 전해야지.. 하고 가다가도 막상 성도들의 영에 어떤 무거움이나 짐이 있으면 그 문제에 대한 해결이나 답이 메시지로 떠오르게 됩니다. 사역자의 영이 성도들의 영을 느끼기 때문입니다.
그렇게 메시지를 전하면 듣는 입장에서는 자신의 문제에 대한 답을 얻기 때문에 은혜를 얻었다고 좋아합니다. 그리고 사역자가 자신의 상태나 문제에 대해서 잘 알고 있다고 신기하게 생각합니다.
그러나 사역자의 입장에서는 전하고 싶은 메시지를 전하지 못하고 사람들의 영을 터치하다가 집회가 끝나버릴 수 있기 때문에 아쉬운 면이 있습니다.

물론 원고를 다 마련해놓고 그냥 읽으면 자신이 전하려고 하는 메시지를 다 전할 수 있습니다. 그러나 그러한 기계적인 방식의 전달은 성도들의 머리에 들어가서 하나의 지식이 될 뿐 심령에 들어가지 않기 때문에 영적 유익을 주지 못합니다.

메시지가 다 기억이 나지는 않지만 주로 전달했던 것은 우리를 향하신 주님의 고독과 사랑에 대한 메시지였던 것 같습니다.

주님은 그분을 위하여 우리가 너무 필요하다고 하셨습니다. 우리도 그분 없이 살 수 없지만 주님도 우리 없이 살 수 없다고 하십니다. 그것은 주님이 우리를 낳으셨고 우리를 위하여 죽으셨기 때문입니다.

엄마가 아기를 낳은 후에 사정으로 인하여 그 아기와 떨어져야한다면 그것은 그녀에게 말로 표현하기 힘든 고통을 줄 것입니다. 세상의 그 무엇을 주더라도 자기의 태에서 낳은 그 아기를 보고싶은 마음을 달래주지 못할 것입니다. 나는 그러한 고통을 겪고 있는 어머니를 보기도 했습니다.

그러나 주님의 마음은 아기를 잃은 엄마의 마음보다 몇 억 배나 더 아프고 고통스러운 것이었습니다. 그분에게 우리는 너무나 여리고 약한 어린 아기와 같은 존재입니다.

그러므로 우리가 그분 앞으로 나아갈 때 그분은 너무나 행복하게 느끼십니다. 비록 우리가 이기적인 요구를 하며 부족하고 한심스러운 모습일지라도 주님은 우리가 그분을 향한다는 사실로 인하여 기뻐하시며 축복하시는 것입니다. 나는 우리를 향하신 주님의 마음을 같이 나누었습니다. 그리고 옆에 있는 분들과 같이 껴안고 주님의 마음과 눈으로 서로 축복하고 기도하도록 인도했습니다.

나는 집회를 인도할 때 이와 같이 주님의 마음을 느끼기 위한 짝 기도를 자주 시킵니다. 그리고 대부분의 경우 그것은 우리 모두에게 놀라운 은총의 시간이 됩니다.

그 방법은 아주 쉽습니다. 먼저 두 사람이 서로 짝을 짓습니다. 한 팀이 되는 것입니다. 그리고 한 사람은 주님의 역할을 합니다. 그리고 다른 사람은 성도의 역할을 합니다.

주님의 역할을 하는 사람은 주님의 마음으로 이 성도를 볼 수 있게 해달라고 조용히 기다리며 기도합니다. 그리고 성도의 역할을 하는 사람은 옆에 있는 사람을 주님처럼 느끼게 해달라고 기도하며 기다립니다.

그렇게 조용히 기다리고 있으면 놀라운 일이 생깁니다. 주님의 역할을 하는 사람은 이상하게도 갑자기 옆에 있는 성도가 너무나 아름답고 사랑스럽게 느껴지게 됩니다. 그래서 그들을 붙들고 축복과 사랑의 언어를 표현하게 됩니다. 예언의 은사가 있는 이들은 이 때 대언을 하기도 합니다.

성도의 역할을 하는 사람은 옆에 있는 사람이 자신을 안아주거나 축복을 할 때 정말로 주님이 자신을 안아주시고 말씀하시는 것 같은 느낌과 감동에 사로잡히게 됩니다. 그렇게 되기 때문에 이 시간은 눈물과 감동의 시간이 되는 것입니다. 그렇게 얼마 동안 기도한 후에는 다시 역할을 바꾸어서 기도합니다.

모든 이들은 짝을 지어서 기도하기 시작했습니다. 주님의 마음으로 옆에 있는 사람들을 보게 해달라고 구하기 시작했습니다. 그리고 시간이 지나면서 우리는 모두 조금씩 주의 마음을 느끼기 시작했습니다.
영이 예민한 이들은 주님의 마음을 대언하기 시작했습니다. 많은 분들이 서로 기도하고 축복하며 통곡을 하기 시작했습니다. 그것은 눈물이 아니고 절규에 가까웠습니다.

교회의 앞에서부터 맨 뒤에 이르기까지 '으아~' 하고 외치고 우는 소리가 가득하게 되었습니다.
그것은 참으로 아름다운 절규였습니다. 그것은 참으로 아름다운 난장판이었습니다. 맨 앞자리에 앉은 L집사님도 큰 소리로 비명을 지르다시피 하면서 울었습니다.
나도 찬양을 드리며 많은 눈물을 흘렸습니다. 닦아도 닦아도 그치지 않고 눈물이 뺨 위로 흘러내렸습니다.

집회를 인도하면서 나는 눈물이나 웃음에 대하여 어떤 의식을 가지고 있지 않습니다. 눈물이 나면 울고 웃음이 나오면 웃습니다.
굳이 울려고 하는 마음은 없습니다. 그러나 또한 눈물이 솟구치면 그것을 굳이 참으려고 애쓰지는 않습니다. 성도들이 우는 것을 별로 막으려고 하지 않습니다. 또한 울게 하려고 시도하지도 않습니다.
주님의 역사하심에 대하여 어떤 틀을 가질 필요는 없으며 그것은 주님을 방해하는 것이 될 것입니다. 물론 통곡이 너무 심할 경우에 집회를 인도하기가 어려우면 조금 제지하기는 합니다.

많은 이들의 통곡.. 나는 그것이 단순히 어떤 카타르시스라기 보다는 영혼의 표현인 것을 느꼈습니다.
우리 안에 감추어져 있었던 영혼의 소리.. 겉 사람의 횡포와 움직임 속에서 억압되어 있었던 우리의 영혼이 주님의 마음, 아버지의 사랑의 메시지 속에서 깨어 나와 아버지의 품으로, 주님의 품으로 돌아가는 감격의 절규인 것으로 느껴졌습니다.

어느덧 시간이 많이 흘러서 마지막으로 주님과의 결혼식을 주례하는 것으로 예배를 마쳤습니다. 우리 모든 성도들은 주님의 신부이므로 주님과 결혼식을 하는 장면을 잠시 연출해보았습니다. 잠시였지만.. 그것은 아름다운 장면이었습니다. 주님을 신랑으로 고백하는 것.. 그리고 "여러분은 주님을 신랑으로 모시고 기쁠 때나 슬플 때나 아플 때나 즐거울 때나.." 이런 식의 멘트를 던지고 모든 이들이 얼굴 가득한 눈물과 함께 "예!" 하고 외침으로 응답하는 것.. 그것은 언제나 감격적인 장면입니다.

2시에 시작한 예배가 여섯 시가 지나서 끝이 났습니다. 집회의 끝나는 시간을 제대로 맞춘 적이 없는데.. 그것은 정말 어려운 일입니다. 집회에 함께 하는 눈물과 아수라장의 상황을 시간에 맞추어 정리한다는 것은 쉽지 않습니다.
초청하신 목사님이 같이 식사하시기를 원하셨지만 동행한 카페 회원들의 극성 때문에 그것은 불가능했습니다. 아직 헤어지기가 싫은 그들 때문에 결국 S목사님의 주도로 다같이 우리 집에서 다시 모이기로 했습니다.

K전도사님이 집까지 태워주셔서 편하게 왔습니다. 호주에서 오신 사모님이 우리 일행에 합류해서 차가 집으로 도착하는 순간까지 계속 질문을 퍼부어 댔습니다. 사모님은 여러 은사들을 많이 경험하신 분이고 그래서인지 궁금하신 것이 엄청 많으셨습니다.
다시 우리 집에 도착해 교제와 기도와 찬양을 나누었습니다.
예천에서 오신 S목사님, K목사님, 동행하신 여전도사님, H사모님, 그리고 여러 집사님, 자매들 등.. 즐거운 질문과 대답, 간증, 나눔이 이어졌습니다. 여러 사람들이 초면의 만남이었지만 그러나 주님을 사모하는 만남은 언제나 아름답고 자연스럽고 달콤한 것이었습니다.

시간이 많이 늦어서 헤어지게 되었습니다. 밖에 나가서 아쉽게 손을 흔들며 그들과 헤어진 후에도 가슴에 밀려오는 뿌듯한 행복감이 있었습니다. 그것은 진정 주님을 사랑하고 추구하는 이들이 함께 있을 때 맛볼 수 있는 참 기쁨과 행복이었습니다.
그들을 보낸 후 나는 몹시 탈진해서 곧바로 잠에 떨어졌습니다. 그리고 3일간 거의 그 상태로 보냈지요.

이제 다시 2일 후에는 집회가 있습니다. 지금 한참 영적 전쟁을 치르는 중이지요. 요즘은 마귀 공격이 참 많습니다.
어젯밤 꿈에도 온갖 악령들이 공격했지요. 눈이 없는 놈, 한 쪽 팔이 없는 놈들, 한 쪽 다리가 없는 놈들.. 온갖 모양의 수백 수천의 귀신들이 공격합니다. 꿈에서 깨어보면 그것이 꿈이 아니고 실제입니다. 귀신들이 옆에서 돌아다니고 있지요.
요즘에는 이런 식으로 처리합니다. 전에는 마구 소리를 지르고 했는데 지금은 조용히 심장에 집중하고.. 그러면 빛이 나오는 것을 봅니다. 그러면 그 빛에 맞은 악령들은 수류탄이 터지듯이 폭발하고.. 그렇게 없어져갑니다. 하지만 한참 이 놈들을 없애다보면 나도 많이 아프게 되지요.. 전쟁은 언제나 피곤한 일입니다.
자세한 이야기를 쓸 수는 없지만 이러한 싸움은 장난이 아닙니다.

오래 전 목회 초기에는 귀신을 쫓아내고 그 후유증과 공격으로 한 살이었던 아들 주원이의 다리가 부러진 적도 있었습니다. 갑자기 조금 전에 쫓아낸 귀신의 웃는 모습이 나타나더니 그 순간 이불 위에서 살짝 미끄러진 아들의 다리가 부러진 것입니다.
영적 전쟁은 장난이 아니고 실제입니다. 그렇게 전쟁을 하고 대가를 지불하면서 한가지씩 원리를 배우게 되는 것이지요. 주님의 왕국이 이 땅에 임하기 위해서는 악령들의 세력을 깨뜨리고 무너뜨리는 실제적인 영적인 용사들이 많아져야 합니다.

감사합니다. 이것으로 간단하게 모임의 보고를 마치겠습니다.
주님의 풍성하심, 그 영광의 역사하심이
우리의 삶에 우리의 교회에 우리의 모임 가운에
더 충만하고 풍성하게 임하시기를 기도합니다.
사랑하는 여러분, 안녕히 계십시오.
항상 언제나 주님을 붙잡고 사모하십시오.
할렐루야.

[J자매] 할렐루야.. 집회에 임하신 주님을 찬양합니다!

영광 받으시기에 합당하신 주님.. 제 심장이 미치도록 주님을 갈망하며 저의 온 몸과 마음과 정성을 다해 주님을 찬양합니다. 심장이 터져 버릴 것 같습니다.. 주님.. 감사해요..

목사님 집회가 어제 수원에서 있었습니다. 날도 춥고 아이가 어려서 가족들이 우려를 표했지만 집회에서 온 몸과 마음을 다해서 경배와 찬양을 올려드리고 싶은 마음이 간절해서 아이를 맡기고 2시간 30분 정도 걸려서 모임 장소에 도착했습니다. 가는 동안 내내 집회를 위해서 기도하였지요. 집회 장소에 마음을 집중해 기도하니 그곳에 주님께서 함께 하시는 것이 보입니다.. 천군 천사가 많이 모여 주님을 높여드리고 있었습니다.. 빛으로 가득한 모습들이 보였습니다..

제 마음은 참 기뻤습니다.. 도착하여 반가운 분들과 인사를 나누고 오후집회가 시작되었습니다..

목사님께서 나오셔서 농담을 던지시며 예배가 시작되었는데.. 그 공간을 주님이 에워싸십니다.. 목사님은 부드럽게 웃음을 던지시는데.. 주님의 임재하심은 더욱더.. 강해집니다..

항상 그렇듯이 목사님은 모든 이들의 긴장을 풀어주시기 위해 집회장소에 계신 분들에게 웃음을 선사해 주시는 것 같습니다. 긴장은 주님의 역사를 방해하니까요..

찬양은 계속 되었고 저는 그 임재에 사로잡혀서 눈을 감고 있었습니다. 기도와 찬양과 사랑의 고백을 드리면서 우리의 몸과 마음을 뜨겁게 감싸 안으시는 주님을 느꼈습니다.

우리의 부족한 믿음과 사랑의 고백에도 기뻐하시며 은혜를 부어주시는 주님의 사랑에 감사할 뿐입니다.

목사님께서 서로 축복하며 주님의 마음으로 대언해 주는 시간을 주셨지요.. 아.. 이때.. 얼마나 많은 분들이.. 울며.. 감격하며 주님께 사랑의 고백을 드렸는지 모릅니다..

그 공간에 역사하시며.. 모든 분들의 입과 마음을 통해 말씀하시는.. 주님의 사랑스런 위로와 격려의 말씀을 듣고..

많은 분들이.. 간절히 주님을 사모하며.. 울부짖는 시간들을 갖게 되었습니다..

저도 옆에 앉은 H자매에게 대언을 받았는데 그것은 제가 그 전날에 기도하면서 주님께 받은 말씀과 똑같았습니다. 얼마나 감격스러웠는지요. 저도 옆에 앉은 (이 집회를 위해서 제주도에서 올라오신 L집사님) 분께 대언을 했는데 몸을 떨고 큰 소리로 울면서 사랑을 고백하시는 것을 보고 참 감동을 느꼈습니다. 주님의 마음을 느끼고 감격하고.. 눈물의 아수라장이 된 행복한 시간이었습니다. 주님이 저희들에게 부어 주시는 사랑과 기쁨이.. 저희들 가슴에 넘쳐났습니다..

다시 찬양은 시작되었고 우리는 주님의 임재하심에 사로잡히고.. 그 공간이 온통.. 주님의 찬란한 빛으로 가득 휩싸였습니다.. 바울이 주님의 빛 가운데서 엎어져.. 사흘동안 시력을 잃었듯이.. 그 영광과 빛 가운데.. 제 시력이 뿌옇게 되는 것을 느꼈습니다.. (참고로, 제 시력은 1.5, 1.2입니다..)

목사님이 "빛으로 오신 주님"을 찬양하시는데 계속 자제를 하고 있었지만 그 찬양이 나오는 순간 또 심장이 터져 버릴 것 같았습니다.. 춤을 추고 싶었는데 공간이 너무 좁아서 자제를 하고.. 자리에 앉아서 다리를 계속 동동거렸지요..
찬양은 끝이 나고 목사님의 메시지가 시작되었지요. 옆에 앉은 H자매가 한 말씀도 놓치지 않으려고 열심히 기록을 하고 있었지요. 그 열심에 고마움과 사랑을 전합니다. 집회에 오시지 못하신 분들에게 도움이 될 거예요. 메시지는 H자매가 나중에 전할 것입니다.
이렇게 해서 주님이 함께 하신 천국 집회는 끝이 났습니다..
집회에 임하신 주님.. 당신께 모든 영광과 감사를 올려드립니다.. 홀로 영광 받으소서.. 수고하신 분들, 사랑하는 모든 분들께 또한 감사를 드립니다.

[K집사] 어제도 목사님의 눈물 속에서 주님을 향한 사랑을 보았어요.
그리고.. 함께 가자.. 말씀하시는 주님.. 십자가의 길..순교자의 삶.. 그 행복한 길로..
집회 속에서 사람들의 열린 심령 속으로 주님의 빛이 스미는 것을 느꼈어요. 주님의 빛은 마치 스펀지가 물을 빨아들이 듯이 모인 사람들의 심령 안으로.. 임하시는 것 같아요.
빛 가운데 임하시는 주님.. 모인 분들의 마음에 잔잔히.. 부드럽게.. 운행하시는 주님.. 강렬하진 않지만 뜨겁지는 않지만.. 사람들의 마음을 녹이시는 따뜻하고 부드러운 사랑..
마치 봄날에 눈이 녹는 것 같았어요. 이것이 천국의 모습일 거라 느껴지네요.
목사님의 메시지는 늘..내면의 주님.. 주님 안에서 안식하는 것.. 주님의 고독하신 마음.. 주님의 사랑.. 그런 것이지요.

그런데 자꾸 들어도 늘 새롭게 들리고..
왜 그리 늘 들어도 아직도 모르는 것뿐인지..
주님.. 주님.. 주님.. 주님을 더 알기 원합니다.
주님께 더 가까이 나아가길 원합니다. 우리의 심령을 만지시고 새롭게 하시는 주님.. 감사합니다.. 감사합니다.
영원토록 주님 안에만 잠기게 하옵소서. 아멘..

[L집사] 감사합니다.. 집회 내내 임하시는 주님의 손길로 숨이 막히는 줄 알았습니다. 계속 말씀하시는 주님으로 인해 어떻게 할 수가 없었습니다.

주님은 결국 저의 대답을 받아내셨습니다. 가야 할 길에 대한 저의 대답을.. '주님, 알았어요, 가겠습니다. 그 길이 너무나도 어렵고 힘든 길이지만 가겠습니다. 저는 할 수가 없어요, 주님이 하세요.' 울고 또 울고, 울고 또 울고.. 많이 울었습니다. 나중에 얼굴을 만지니까 소금 가루가 만져지더군요. 감사합니다. 모든 분들께 감사합니다. 보고 싶습니다.

[K전도사] 너무나 반갑고 행복했어요. 집회 전에 목사님께 인사드리니 목사님 저의 손을 잡아주셨지요. 집회가 시작되고 나서 저는 이제 흐르는 눈물을 주체할 수가 없어서 손수건으로 눈에 대고 엉엉 울었어요. 지난번 집회 때도 많이 울었지만 그때는 처음 만나는 모르는 분들뿐이어서 어색했지요 이번에는 제가 용감하게 저의 소개를 하면서 아는 척을 했어요.

집회가 시작되자마자 저는 주님의 사랑과 성령님의 임재가 계속해서 들리는 음성 '사랑하는 딸아 내가 너를 너무나 사랑한다' 는 주님의 음성에 울기만 했습니다.

집에 와서도 계속 울면서 주님 감사합니다. 사랑합니다. 고백을 했습니다. 오늘 아침에도 십자가의 고통을 참으시고 사랑했다는 주님의 사랑에 엉엉 울었습니다.

저는 지금 너무나 행복합니다. 다음 집회를 또 기대하면서 모두들 만나기를 바랍니다. 주안에서 평안하세요.

[L집사] 사랑하는 여러분들께... 샬롬! 카페 모든 식구 분들께 인사를 드립니다.

하늘에 먹구름이 가득하여도 그 구름 위에는 찬란한 태양빛이 빛나고 있지요. 금방 비라도 올 것처럼 하늘이 어둡고 침침한데 비행기 타고 그 구름을 뚫고 올라가 보면 정말 딴 세상이 펼쳐져 있습니다.

이번에 집회에 참석하는 날도 그런 하늘을 보았습니다.

목사님께 처음 괴로운 상담을 드렸던 메일의 답 메일을 받고, 그리고 며칠 후 책을 선물 받게되고, 드디어 목사님 목소리도 직접 들을 수 있는 테이프도 얻게 되어서 '야, 이제 목사님 만나 뵙는 일만 남았다.' 생각했는데 드디어 정말 꿈에 그리던 목사님을 실제 만나 뵙고 귀에 익은 음성으로 말씀을 듣고 찬양도 듣고, 떠듬떠듬 따라 부르고 너무 좋아서 이거 실제상황 맞나 생각도 했었지요..

올라갈 때는 참 갈등이 많았었지요. '갈까? 말까? 여기가 제주도인데 어떻게 가냐? 환경이 그러니 이해해야지! 집회에 못 가도 책을 열심히 보고, 기도 열심히 하고, 카페의 글도 열심히 읽으면 되지.. 테이프도 있는데.. 너무 욕심부리지마! 지금 너 머리 깎은 모습도 좀 시원찮아! 참 별 생각이 다 들더군요.
이럴 때 방법을 알지요. 주님께 그냥 맡기면 된다는 것.
'주님 아무생각 않겠습니다. 지금부터 주님이 인도해 주세요. 그리고 되도록 생각을 안 하는 노력을 하면서 수원 집회 장소까지 갔답니다. 잡념에서 헤매느라 첫 비행기를 놓치고, 오후에야 도착이 되었지요.
우선, 언제가 어느 분의 말씀처럼 목사님은 정말 사진과 실물이 많이 차이가 있으셨습니다. 하도 목사님이 자칭 못 생기셨다고 하셔서 그 동안 속아 왔음을 알았지요.
사모님은 키가 작으시고 아담한 분으로 생각을 했었는데 생각과는 달리 키가 크시고 너무 아름다우시더군요.
그리고 진짜 놀랐던 것은 카페 식구분들 모두 어쩜 그렇게도 하나같이 아름다우시던지요.
처음 뵙는 모습들이었지만 꼭 한번씩은 만났던 분들처럼 낯설지가 않았답니다.
카페에서 서로들 아름답고 이쁘고.. 하시던 말들이 그저 인사치레가 아니었음을 알게 되었습니다. 집회에서 주님께 사로잡혀서 춤을 추시는 K집사님의 환상적인 모습도 실제로 보고... 그 얼굴표정이 너무도 기쁘고, 무어라 설명이 어려운.. 밝고 기쁨이 넘치는 가운데 자연스런 경배의 모습을 보았지요.
제가 집회 장소에 도착한 것은 점심시간이 거의 끝나갈 무렵이었습니다. 교회 안에 들어가 보니 책상 위에 놓여진 성경책들만 보아도 많은 사람이 왔음을 알겠더군요. 앞쪽 줄은 당연히 자리가 없고, 중간쯤도 그렇고, 뒤쪽 줄에 더러 빈자리가 보여서 뒤에서 서너 번 째 쯤에 자리를 잡았습니다.

카페식구들은 볼 수가 없었지요. 가슴이 쿵쾅거리기 시작합니다. 내가 오긴 왔구나! 조금 있으면 목사님을 직접 볼 수 도 있고, 그 말씀도 직접 듣고, 카페 식구들도 실제로 보겠구나!

마음을 진정시키느라 조용히 머리를 숙이고 기도도 해보고, 성경책도 열어서 읽어보고, 그러면서도 연신 두리번거리게되고.. 이제 거의 자리들이 찼습니다.

그런데.. 앗.. 저분은 사모님!.. 키가 크시다.. 날씬하셔서 그런가.. 어, 이쪽으로 오신다.. 어떻게 해야 하나.. 아! 찾았다! 그리웠던 카페식구들이 저 맨 앞쪽에 자리잡고 있다.

사모님이 내 옆으로 스쳐 지나가신다.

이때쯤 제 생각엔 조용히 이 뒷자리에 앉아서 은혜만 간절히 사모하며 보내고 인사는 끝나고 해야지... 하고 생각하고 있었습니다. 아마 많은 분들이 저와 같은 생각을 하고 그 날 다녀가지 않으셨을까 하는 생각이 되는군요. 그런데 도저히 그냥 앉아 있을 수가 없더군요.

사모님께 가서 인사를 드렸습니다. 무지하게 반가워 해주십니다. 인사를 마치자마자 제 손을 잡고 식구 분들이 있는 자리로 논스톱으로 끌고 가서 인사를 시켜 주시네요.

그 환한 환영의 모습들! 정신이 없어서 일일이 눈동자 마주쳐 가며 인사는 못했지만 한결같은 모습과 표정들은 하나로 느껴져 왔습니다.

앞줄에 자리가 없는데 K 전도사님은 뚝딱!(?) 하시더니 자리 하나를 마련해 주시고 앉게 해주시더군요.
그냥 뒷줄에 앉는 게 쑥스럽지 않고 편할 것 같은데..
하지만 제 생각대로였다면 정말 슬펐을 겁니다. 인사하는 쑥스러움보다 그리움의 마음이 더 컸었답니다.
조금 어색하고 쑥스럽긴 하지만 마음이 무척 평안합니다.
몇 번씩 만났던 얼굴들처럼 금방 익숙한 얼굴들이 됩니다.
목사님께서 서로를 위한 축복기도시간을 갖게 하셨을 때 J자매님이 그 대언을 해주시는데.. 가슴이 울렁울렁 거리고, 눈물이 나기 시작하더니, 가슴의 메어짐이 느껴지기 시작합니다. 나도 모르게 소리를 내어 울고 있었습니다.
젊은 남자가 그렇게 큰 소리로 창피함도 모르고 엉엉 울었습니다. 창피함 느낄 여유도 없이요..
제 안에서 외로우셨다는 주님!
이제 외롭지 않으리라는 주님!
나를 사랑하신다는 주님.. 많은 희망과 축복의 말씀들..
주님 왜 나를 사랑하세요. 저는 죄인이잖아요.
이런 저를 사랑하신다니.. 저조차 싫은 저를 이렇게 표현해 주시고 사랑해 주심을..
주님 이제는 압니다. 주님 사랑하심을 알겠습니다.
아, 주님 감사합니다. 주님 저도 주님을 사랑하고, 주님을 알고 싶습니다. 주님 올바로 믿고 싶습니다.
 주님 올바로 만나고 싶습니다.
지금도 그 순간만 생각하면 눈물이 납니다.

어제 저녁에 애들을 태우고 어디 다녀오는데 목사님 테이프를 듣는데 눈물을 주체할 수가 없습니다.
나중에 소리내어 울고 말았지요.
지금 이 순간도 마찬가지랍니다. 주님께 참 죄송하거든요.
이런 나를 사랑하신다니.. 너무 감사하구요..
이 시간 다시 울음이 납니다.
아버지! 주님! 예수님! 나의 주님!
드디어 헤어짐의 시간이 되었지요.
시외버스를 타고 청주로 향해 가는데.. 눈발이 날리기 시작하였습니다. 제주에선 이런 풍경보기가 참 쉽지 않았는데 모처럼 눈 내리는 풍경을 참 여유롭고 편안하게 보면서 가게 되었답니다.
이번에 참석할 수 있도록 주님께서 세심하게 배려해주신 것에 대하여 감사할 뿐입니다. 만나 뵌 모든 분들께 감사와 사랑을 전합니다. 샬롬..

[이혜경사모] 집사님, 용기 내어 인사하시기 너무 잘했어요. 집사님을 소개했을 때 저희의 환호성을 들으셨지요? 생각지도 않았는데 만나고 싶은 분을 만났을 때의 감격이란, 정말!
짝 기도 시간에 우시는 모습을 보고 마음이 찡했어요. 감동적이었습니다. '아버지!'.. 하고 말하시며 울 때 그것은 절규와 같았는데, 아빠의 사랑을 담뿍 받아 기뻐하는 아들의 소리로 들렸습니다. 너무도 아름다운 울음소리였습니다. 주님이 얼마나 L집사님을 사랑하시는지.. 그 감격에 겨워 우시는데.. 저도 눈시울이 뜨거웠습니다.

그 먼길, 주님에 대한 사랑과 저희 카페식구들에 대한 사랑으로 오셨지요? 그 사랑에 만족하고 가셨을 집사님 생각을 하니, 너무 기쁩니다.

약속이 있으셔서 저희 집에는 못 오셨지만, 다음에 또 뵐 기회가 있겠지요. 감사합니다. 주 안에서 부디 평안하세요. 할렐루야.

2. 오전 메시지 정리

제가 전하는 메시지는 보통의 일반적인 집회처럼 성경을 읽고 이것을 해설하는 설교식으로 하는 것은 아닙니다. 일반적인 예배라기 보다는 영성 집회의 성격을 띠고 있기 때문에 형식에 얽매이지 않고 자연스럽게 영적 원리를 가르치고 설명하는 편입니다. 그래서 따로 메시지의 시간을 가지는 것보다 기도와 찬양을 드리면서 중간 중간에 짧은 메시지를 전달하는 식으로 합니다.

따로 메시지를 준비하는 것이 아니고 당시 청중들의 영적 상태나 분위기에 맞게 즉흥적으로 전하는 것이기 때문에 정교하지 않은 면도 있습니다.

메시지의 내용을 집회에 참석한 H자매가 요약해서 정리하였는데 그 중의 일부를 다시 다듬었습니다.

1.
사람은 영혼과 육체를 가지고 있어서 육체를 통하여 이 땅과 교류하며 영혼을 통해서 영계와 교통을 하고 있습니다.

육체를 통하여 접촉하는 물질계는 모두가 다 동일하지만 그러나 영계와의 교통은 각자의 영적 발전 수준에 따라 많은 차이가 있습니다. 각 사람의 영혼이 좀 더 발전하고 영적으로 상승할수록 더 충만한 영계의 빛과 은총을 경험하게 됩니다. 그것은 사람이 낮은 골짜기에 있을 때에는 햇볕을 잘 받을 수 없지만 높은 곳으로 올라갈수록 햇볕을 많이 받을 수 있는 것과 같습니다.

그와 같이 사람은 본인은 인식하지 못하지만 각자의 영적 발전 상태에 의해서 각자에게 맞는 영계에서 영적인 에너지와 메시지를 항상 받고 있습니다.

사람은 사후에 천국과 지옥에 가지만 살아있을 때에도 천국과 지옥 중 어느 한 곳에 속하여 그 영향을 받고 있습니다. 그러므로 구원은 사후에 받는 것이 아니라 살아있을 때 이미 천국에 속한 백성이 되어 천국의 영향을 받으면서 살아가는 것입니다.

주님도 말씀하시기를 주님의 말씀을 듣고 주님을 보내신 분을 믿는 자들은 이미 생명을 얻었고 사망에서 생명으로 옮겼다고 과거형으로 말씀하시고 있습니다. 주님을 믿음으로 인하여 지금 살아있는 순간에 이미 천국의 은총 가운데 들어가 있으며 천국의 영향을 받고 있는 것입니다. (요5:24)

사람들은 흔히 자기가 하는 생각이나 감정이 자기 스스로에서 나오는 것으로 알지만 그것은 영계에서 오는 것을 본인이 수신하는 것입니다. 지옥의 영들도 사람들에게 생각과 감정과 욕망을 일으키며 천국에서도 빛과 진리의 감동을 계속하여 공급합니다.

육체의 본능으로만 살고 영혼이 별로 발전하지 않아서 낮은 영역에 속하여 있는 이들은 천국의 충만한 빛을 경험하지 못하며 낮은 어두움의 영역에서 오는 지옥의 욕망과 감동에 자주 휩쓸립니다.
그러나 기도와 찬양과 헌신과 예배를 통하여 주님께 자신을 드리며 영적으로 발전해 가는 성도들은 점점 더 아름답고 높은 영계에 속하게 되어 천국의 실제적인 기쁨과 영광을 이 땅에 살면서도 누리게 됩니다. 그러므로 그렇게 영적으로 발전한 성도들은 환경에 어려움이 있고 고통이 있어도 천국에서 오는 신령한 기쁨과 행복 가운데 살아가게 되는 것입니다.

생각과 감정은 각자의 영적 발전 상태에 따라 수신을 하는 것이기 때문에 똑같은 환경이나 상황에 있어도 각자가 느끼고 생각하는 것은 엄청나게 다릅니다. 지옥의 낮은 영역에 있는 이들은 사소한 일에도 불평과 원망이 끊이지 않으며 천계의 높은 영역에 거하고 있는 이들은 환란과 어려움 속에서도 순복을 배우며 감사와 찬양을 주님께 드리게 됩니다. 그러므로 돌에 맞아죽던 스데반의 얼굴은 천사처럼 아름답게 빛났던 것입니다.

그러므로 성도들의 삶의 중요한 목표는 환경의 변화나 문제의 해결이나 자기를 괴롭히는 다른 사람이 변화되는.. 그와 같은 외적인 목표가 되어서는 안 되며 각 사람의 영혼이 변화 발전되어서 더 높고 아름답고 충만한 빛의 세계로 올라가야 하는 것입니다.
자신의 영혼이 더 아름답고 순결한 상태가 되어서 천국의 더 깊고 높은 것을 누릴 수 있어야 합니다. 각자 영혼의 발전과 상승.. 이것이 성도의 중요한 목표가 되어야 하는 것입니다.
영혼이 높은 곳에 이르러 천국의 깊은 영역을 경험하고 더 높은 차원의 생각과 감동을 수신할수록 우리는 더 순수하고 아름다운 사랑을 할 수 있으며 더 깊은 지혜와 통찰력을 받게 됩니다.
그것은 살아서 천국의 기쁨을 경험하는 것이며 이 세상에 숨겨진 영광의 삶을 사는 것입니다.

사람들은 악한 영들로부터 괴롭힘을 받을 때 그들을 대적하고 공격해서 그 악한 영을 쫓아내기 위하여 애를 씁니다. 그것은 물론 의미 있고 중요한 사역입니다. 그러나 악한 영들을 단순히 대적하고 공격해서 쫓아내는 것 자체에만 몰두한다면 그것은 본질적인 사역이라고 할 수 없습니다. 그렇게만 한다면 악한 영들에게서 일시적으로 벗어날 수 있을지 모르나 조금 후에 다시 공격을 받게 됩니다.
악한 영들이 주는 어두운 상념들, 두려움이나 불안이나 음란이나 탐심이나.. 그러한 것들을 받아들임으로서 고통을 겪는 것은 물론 악령들이 악한 존재이기 때문이지만 또한 영혼이 그렇게 낮은 영역에 머물러 있는 본인에게도 책임이 있는 것입니다. 그러므로 자신의 영혼이 그 낮은 영역에서 벗어나서 높은 곳으로 오르게 되면 낮은 영역에 거하고 있는 악령들은 계속하여 그를 괴롭힐 수 없을 것입니다.

이처럼 높은 영역으로 올라가지 않고 단순히 그 영역에 머물러 있으면서 전쟁을 계속하는 것은 수평적인 사역이라고 할 수 있습니다. 영격의 변화 없이 그저 영적인 무기를 얻거나 기능을 배워서 승리하려는 것입니다.
그러나 그 승리는 온전하지 않습니다. 그 낮은 영역에 머물러 있는 한 악령들을 내쫓고 내쫓고 또 내쫓고 대적해도 악령들의 숫자는 줄어들지 않습니다. 그러므로 그 영역을 벗어나 높은 곳으로 가야 합니다. 이 것은 수직적인 사역이며 근원적인 사역입니다.

악한 영들에게 공격을 받는 것은 많은 경우 악한 영이 우리에게 들어온 것이 아니라 우리 영이 어두운 곳으로 떨어진 것입니다. 그러므로 그 어두운 곳에서 악한 영들을 상대하지 말고 빛의 영역으로 높이 올라가야 합니다.

악한 영들이 공격하는 곳에서 조금 높이 올라가면 그들은 우리를 잡지 못할 때 화살을 쏘게 될 것입니다. 그러나 아주 높은 곳으로 올라가면 화살도 닿지 못하는 곳이 있습니다. 우리는 그러한 곳으로 갈 수 있을 때까지 영적 상승을 계속해야 합니다.

주님의 말씀에도 귀신을 쫓아낸 후에 그 집이 수리되었기 때문에 악한 영들이 일곱이 더 들어와서 상황이 귀신을 쫓아내기 전보다 더 나빠졌다는 가르침이 있습니다. 이 말씀도 무조건 싸우고 쫓아내는 것은 진정하고 근원적인 승리가 아닌 것을 말씀하시는 것입니다.

근원적인 승리를 위하여 우리는 영격의 성숙을 이루어야 합니다. 어두움과 악이 근접할 수 없는 아름답고 풍성한 영의 상태로 올라가야 합니다. 빛의 세계로 올라가야 합니다.

주를 간절히 사모하고 갈망하여 주의 이름을 부르고 그 영광의 빛을 바라보므로 우리는 현재 우리가 처해있는 곳보다 더 놀라운 세계로 올라갈 수 있습니다.

그 영광의 빛으로 가까이 나아가야 합니다. 그 때 악한 영들은 우리에게 가까이 올 수 없으며 우리는 전에 알지 못하던 새 영역을 경험하게 될 것입니다.

2.
주님이 우리에게 임하실 때 은혜로 임하실 때가 있고 영광으로 임하실 때가 있습니다. 은혜의 임하심은 주님께서 낮은 영역에 떨어져 있는 우리에게 찾아오시는 것이며 영광의 임하심은 주님께서 우리의 영혼을 아버지 보좌 앞으로 이끌어 가시는 것입니다.
은혜의 경험은 우리의 상태와 상관없이 주님께서 낮아지셔서 우리에게 오시는 것이지만 영광의 경험은 우리 영혼이 성장한 만큼만 맛볼 수 있는 것입니다.
주님의 영광은 태양 빛보다도 억만 배도 더 강하기 때문에 그 영광을 가리지 않으시면 우리는 살아남을 수 없으며 지극히 작은 일부를 보여주셔도 우리는 힘을 잃고 무기력해지게 됩니다. 그러므로 요한도 다니엘도 그 영광의 임재 속에서 힘없이 엎드러지게 되었던 것입니다.
그렇기 때문에 주님은 준비된 사람에게 아주 제한된 분량의 영광만을 보여주시며 대부분의 경우 은혜로 임하십니다. 그러므로 우리는 은혜의 임하심을 맛보고도 만족하고 감사할 수 있지만 할 수 있는 대로 우리 영혼이 성숙하여 주님의 깊은 영광에 이르도록 구하고 사모하여야 합니다.

3.
오늘날 주를 모르고 영적 세계도 모르는 사람들에게는 예수나 부처나 다른 성인들이 서로 비슷하게 보일지 모릅니다. 물질계에서는 사람의 영이 보이지 않고 육체만 보이므로 비슷하게 보일지 모릅니다.
그러나 영계에서는 전혀 다릅니다.
우리가 '예수..' 하고 부르는 순간에 즉시로 하늘 문이 열리고 빛이 쏟아집니다. 그것은 물질계에서는 보이지 않지만 분명한 사실입니다. 예수의 이름은 구원의 이름이며 능력의 이름이며 모든 은총의 이름입니다. 영적으로 깨어나고 민감해질수록 예수 이름을 통해서 오는 영계의 빛과 권능과 은총을 직접적으로 느끼고 경험하게 됩니다.

사람들은 자신이 너무 악하고 더러우며 부족하다고 좌절과 낙심을 많이 합니다. 그러나 자신의 연약함에 마음을 집중하는 것, 그 자체도 어두움에 속한 것입니다. 우리가 악하고 더럽고 못된 것은 사실이지만 그 사실에 지나치게 집중할 필요는 없습니다. 그러한 인식과 집중을 통해서는 구원과 자유함을 얻을 수 없습니다.
우리는 자신의 연약함보다 오직 예수에게 우리의 마음을 집중시켜야 합니다. 자신의 연약함도 우월함도 아무 것도 아닙니다. 그러한 집중은 우리에게 빛을 주지 못합니다. 그러므로 우리는 천국의 문을 열고 모든 재앙과 저주를 깨뜨리는 예수의 이름.. 예수의 빛.. 예수의 영광.. 예수의 충만을 항상 사모하여 추구해야 합니다.
예수의 이름과 능력은 구원의 문과 천국의 문을 엽니다. 주의 이름을 부를 때 영광의 문이 열립니다. 이것처럼 놀라운 복음은 없습니다.

4.
사람들은 자신의 영적 성장이 중단 없이 계속되기를 기대합니다. 영적인 충만함과 기쁨이 계속 유지되기를 원합니다. 그러나 그것은 가능하지 않습니다. 우리의 영혼은 은혜를 입고 높은 영계를 향하여 올라가다가도 어느 정도 올라가면 다시 떨어지게 되어있으며 또 어느 정도 떨어지면 다시 올라가게 되어있습니다. 영혼의 원리와 법칙이 그렇게 되어 있습니다. 영혼의 운동 법칙도 파도와 같아서 밀물과 썰물이 반복되는 것입니다. 자연계의 모든 것이 그렇습니다. 한쪽 방향으로만 계속 가는 것은 없습니다.

우리 영혼도 주님의 충만한 임재가 계속된다면 그 엑스터시를 감당할 수 없기 때문에 밀물과 썰물이 반복되면서 성장하게 됩니다. 즉 강렬한 뜨거움, 그 후에 어느 정도 식으며 다시 둔감해지고 심지어 타락에 가깝게 되다가 다시 새롭게 회복되기 시작하고.. 그런 식으로 밀물과 썰물을 반복하는 것입니다.

그러므로 충만함의 정점에 이르면 영혼은 떨어지기 시작합니다. 그리고 또 비록 넘어지고 실족했다고 하더라도 어느 정도 선에 이르면 다시 회개와 회복이 시작됩니다. 그렇기 때문에 영적으로 상승 곡선을 그리고 있을 때 자만해서는 안 되며 지금의 영적 상태가 좋지 않다고 해서 너무 낙심해서는 안 됩니다.

자연은 항상 봄과 여름과 가을과 겨울을 반복합니다.
봄에는 기쁨이 있고 신선한 활력이 있습니다. 여름에는 뜨겁게 작열하는 태양 볕이 있습니다. 이는 환란과 수고를 의미합니다. 가을에는 여름의 환란을 통과한 만큼의 추수가 있습니다. 겨울에는 모든 것의 얼어붙음, 고독, 버림받음, 무기력함이 있습니다.
그리고 시간이 흐르고 그 겨울을 지나면 다시 영혼의 봄이 옵니다. 그래서 신선한 기름부음이 회복되고 열정이 회복됩니다. 우리 영혼도 자연과 같이 이러한 과정을 거치게 됩니다. 그렇게 대자연의 1년이 지나가듯이 우리 영혼은 한 궤도를 운행하게 됩니다. 그렇게 우리 영혼도 한

살의 나이를 더 먹게 되며 성장해 가게 되는 것입니다.

그러므로 잠시의 체험과 환희에 너무 기뻐하지 마십시오. 잠시의 무기력과 실패에 너무 낙심하지 마십시오.

우리의 방향이 주님이라면, 우리 삶의 목적과 방향이 주님을 아는 것이며 주님의 인도하심을 구하고 있다면 그것으로 충분합니다. 우리는 주님의 손안에 있고 인도하심 속에 있으며 자연의 흐름과 법칙의 과정을 통하여 계속 자라가고 있는 것입니다.

5.

흔히 사람들은 주님의 음성을 듣는다고 말을 합니다. 그러나 그것은 성경에 기록된 수준의 말씀을 듣는 것은 아닙니다. 주님이 우리에게 임하시고 말씀하시는 것은 맞지만, 각자 자신의 영적 발전 수준과 의식 수준에 따라서 주의 음성을 듣게 되는 것입니다.

하지만 그것이 나쁜 것은 아닙니다. 다만 우리가 좀 더 성장할수록 우리는 좀 더 깊고 의미 있는 주님의 음성을 듣게 되며 좀 더 성장할 때 주님은 자신의 마음을 우리에게 보여주실 것입니다.

넓은 의미에서 말하자면 불신자를 포함해서 모든 사람은 하나님의 음성을 듣습니다. 불신자에게는 양심을 통해서 말씀하시는데 양심도 넓은 범위에서는 하나님의 음성이기 때문입니다.

그러나 양심은 그 사람이 가지고 있는 지식의 수준에 따라 영향을 받기 때문에 완전한 것이 아닙니다. 예를 들어서 죄인 것을 죄가 아닌 줄로 알고 있다면 그 사람의 양심은 찔림을 받지 않을 것입니다. 그와 같이 양심은 지식 수준의 영향을 받습니다. 그러므로 양심으로 듣는 하나님의 음성은 온전한 것이 아닙니다. 그래도 기본적으로 하나님의 감동을 받을 수 있는 길은 열려있다는 것입니다.
그러므로 우리는 좀 더 깊은 주님의 음성을 듣고 주님과 친교를 나눌 수 있도록 영적으로 성장해가야 합니다. 주님이 그 분의 깊은 마음을 보여주실 수 있는 대상이 되어야 합니다.

영적으로 성장해야하지만 그러나 깊고 성숙한 사람이 되어야만 부모를 기쁘게 하는 것은 아닙니다. 어린아이들도 부모의 음성을 들으며 부모에게 반응할 줄 압니다. 5개월 된 아가도 부모에게 반응을 보일 수 있습니다. 그리고 그것은 부모를 기쁘게 합니다. 대소변도 못 가리는 아이의 반응에도 부모는 기뻐합니다.
우리를 향하신 주님의 마음도 그와 같습니다. 그러므로 우리가 부족하고 어리고 연약해도 우리의 고백을 받아주시며 우리의 유치한 사랑도 기뻐하십니다.

베드로는 주님을 따라다닐 때 영적으로 성숙한 상태가 아니었습니다. 그는 열정은 있었지만 그 영적 수준은 어린아이와 같았습니다. 그러나 베드로의 고백과 사랑을 주님은 기뻐하셨습니다. 그는 주님께 모두가 다 주를 버릴지라도 자신은 그렇지 않을 것이라고 큰 소리를 쳤습니다. 그러나 그것은 허풍에 지나지 않았습니다. 그가 진정 주를 위해서 자신을 버리고 주를 위해서 어떠한 시련이라도 기쁘게 받을 수 있게 된 것은 오랜 시간이 지난 후였습니다.
하지만 아직 성숙하지 못한 베드로가 "주님.. 저를 믿지 마세요. 저는 믿을만한 사람이 못됩니다." 라고 말하면 더 웃기는 것입니다.

"주님.. 저는 죽어도 당신만을 사랑하고 좇을 것입니다." 그렇게 말하는 것이 자연스러울 것입니다. 비록 나중에 주를 부인하게 될지라도 말입니다.

우리의 고백도 그와 비슷한 것입니다. 우리는 주님을 목숨을 다해 사랑하고 모든 것을 버리겠다고 말하지만 실제의 삶에서는 그러한 고백을 까맣게 잊어버리고 살 때가 많이 있습니다.

그러나 그렇다고 해서 너무 좌절할 필요는 없습니다. 주님은 우리의 어림과 연약함과 부족함을 다 아시면서도 우리를 사랑하시기 때문입니다. 그렇기 때문에 젖먹이와 어린아이의 고백을 기뻐하시는 주님께 우리는 주를 사랑한다고, 간절하게 사랑한다고 고백해야 합니다. 설사 나중에 그것이 거짓말이 되더라도 그렇게 해야 합니다. 그것은 주님을 기쁘게 합니다.

주님을 사랑하며 주님은 우리의 삶에 가장 중요한 분이라고 고백하는 것은 주님을 기쁘게 하지만 또한 우리의 영혼을 고양시킵니다. 우리가 사랑을 고백할수록 우리의 영혼은 충만해지며 풍성해집니다.
우리는 주님을 우리의 신랑으로, 연인으로 느끼고 고백해야 합니다.
조금 전에 부른 찬양.. [주를 구하리라] 에 이런 가사가 나오지요.
주를 구하리라.
주만이 내게 만족주시니
주님의 얼굴 향해..
이것은 번역을 한 것인데 원문에는 주님의 얼굴에 키스를 한다는 내용입니다.
키스의 특징.. 이것은 연인이나 부부만 할 수 있는 것입니다. 또한 아무리 바람둥이라고 하더라도 동시에 두 사람과 할 수 없습니다. 그처럼 주님과 깊은 사랑에 빠진 사람은 동시에 세상을 사랑할 수 없습니다. 주님을 진정으로 사랑하며 깊은 교제 속에 들어가는 것.. 그것이 깊은 삶이며 죄와 더러움에서 벗어나 진정한 천국을 누리는 삶입니다.

이렇게 우리는 연인이 주를 구하듯이 "나의 유일한 소원은 당신입니다."라고 구해야 합니다.

우리는 어린 아기에서부터 시작하여 주님의 깊은 사랑과 연합을 이루는 성장한 사람이 될 때까지 성장해가야 합니다. 아가도 주님의 음성을 들을 수 있으며 사랑을 고백할 수 있습니다. 그러나 우리가 좀 더 자라고 주님을 깊이 알고 사랑하게 될수록 우리는 고백과 사랑과 교제는 깊고 아름다운 것이 될 것입니다. 자라갈수록 우리의 기도도, 찬양도 고백도 소원도 모든 것이 달라지게 될 것입니다.

6.
예배 중에 은혜를 받고 감격하는 사람은 많지만 예배가 끝난 후에 구체적인 실제의 삶에서 주님을 붙잡는 사람은 많지 않습니다.

예배를 드리고 가르침을 받을 때 우리는 하나의 공식을 배우는 것입니다. 그렇게 배운 공식을 실제적으로 적용해서 문제를 푸는 것이 현실 속에서의 삶입니다.

만약 우리가 공식을 많이 알고 있다고 해도 실제의 문제를 풀지 못한다면 그 지식은 소용이 없는 것입니다. 그러므로 우리는 날마다의 삶 속에 우리가 경험하고 배운 영적 실제와 그 원리들을 적용해야 합니다. 우리는 예배를 드릴 때 뿐 아니라 모든 삶의 순간에서 주님을 붙들고 그 임재 아래서 살아가야 하는 것입니다.

7.

영의 세계도 음양, 즉 내적인 측면과 외적인 측면으로 이루어져있다고 할 수 있습니다. 음의 측면은 내적인 측면이며 내면의 빛과 내적인 생명 등의 내면적 요소를 의미합니다.

양의 측면은 바깥의 측면이며 활동력, 운동력, 권능적인 요소를 말합니다. 기질적으로 내면적인 사람들은 내면의 아름다움을 가지고 있으나 외적인 능력이 약하여 잘 눌리고 영적 침체를 많이 경험하며 의식이 어둡고 소극적입니다. 연약하여 상처를 잘 받고 현실의 삶에 적응하기가 어려운 면이 있습니다.

양적인 사람, 외적인 기질의 사람들은 활동력과 운동력이 많으며 열정적이지만 분별이 둔하고 거칠고 공격적인 면이 있어서 사람에게 상처를 주기 쉽습니다.

어느 한쪽에 치우는 것은 모두 잘못된 것이며 성숙을 위해서 우리는 균형을 배워야 합니다. 내면으로도 충만하고 외적으로도 강건할 때 우리는 충만한 주님의 도구가 될 수 있을 것입니다.

8.

지금 이 공간에는 사모함이 있고 열정이 있으나 영의 흐름, 영적 운동력이 부족합니다. 그것은 이 공간에서 영적인 표현이 부족했기 때문입니다. 그러므로 이 공간에 우리가 가지고 있는 주님의 은총과 풍성함을 우리가 표현함으로써 채워야 합니다.

우리 안에 있는 영적인 흐름, 움직임들을 우리가 표현하고 움직이고 춤추고.. 할 때에 우리 안에 있는 흐름이 흘러나와서 이 공간을 충만하게 채우게 됩니다. 그러므로 집회 중에서 기도와 찬양을 드릴 때 조용히 깊은 기도를 드릴 때도 있지만 지금은 가급적이면 몸을 부드럽게 움직이고 손을 움직이는 것이 좋습니다. 그것은 그 사람의 영을 활동적으로 만들기도 할 뿐 아니라 그 공간에 기름부음이 충만하게 임하게 합니다. 그렇게 되면 그 공간에서 기도하고 예배드릴 때에 쉽게 은혜를 받고 주의 영을 경험하게 됩니다.

9.
우리가 주님을 구할 때 주님은 아주 실제적으로 임하십니다. 주님이 임하실 때 우리의 신체에 구체적인 기름부음이 임하게 됩니다.
그 영의 흐름을 쉽게 경험할 수 있는 일반적인 통로는 양 손, 양 발, 머리의 뒤통수.. 이렇게 다섯 곳을 통해서 흐르는 경우가 많습니다.
그 중에서 가장 보편적으로 사용되는 곳이 손입니다.
손은 영의 흐름에 가장 민감합니다. 그러므로 우리는 손을 통한 주님의 임재의 흐름, 영의 흐름에 민감해야 합니다.
주님의 임하심을 구하며 손을 들고 기다리면 손이 묵직해지는 걸 느낄 수 있습니다. 이것은 능력이 임하는 시작입니다.
주님께서 우리의 손에 임하실 때, 그 손은 주님의 능력이 흘러가고 전달되는 통로가 됩니다. 악한 영을 대적할 때 손을 사용하고 신유사역을 할 때도 손을 사용하는 것이 일반적입니다. 축복을 할 때도 손을 들어서 사용합니다. 손에 능력을 많이 받으면 좀 더 강력한 능력과 은총이 흘러갈 수 있는 도구가 될 수 있습니다.

우리는 은사를 한 가지씩 따로 따로 받는 걸로 생각하는데
아기를 낳을 때 먼저 손을 낳고, 그 다음에 발을 낳고, 코를 낳고, 손가락

을 낳고.. 하지 않고 한번에 아기를 낳습니다. 그와 같이 은사가 하나씩 따로 오는 것이 아닙니다.

우리가 주님을 구하고 주님이 우리에게 임하실 때 우리 안에 은사의 모든 것이 되시는 주님이 오십니다. 그렇게 우리 안에 임하신 주님이 흘러나올 때 그것이 영의 흐름이며 은사가 되는 것입니다. 각 사람의 발전된 부분을 통해서 그 영의 흐름이 나타나게 됩니다.

손이 발전된 사람은 손을 통해서 그 기운이 나오므로 신유가 되는 것이며 입을 통해 흘러나오면 예언이 됩니다. 눈을 통해 그 영적 기운이 나오면 투시와 같이 육의 눈으로 보이지 않는 것을 보게 됩니다.

쉽게 말하자면 우리 안에 영혼이 있고 주의 영이 거하시는데 영적으로 많이 활동하고 발전된 사람은 그 영의 기능이 나타나는 것입니다. 그것이 은사적인 것이라고 할 수 있습니다.

은사가 많이 나타나는 사람은 주로 활동적인 사람입니다. 활동적으로 소리를 내고 손을 움직이고 몸을 움직일 때 그 영의 흐름이 활성화됩니다.

뇌가 발달해서 생각은 많지만 활동이 적은 기질의 사람은 그 영의 흐름이 나타나는 것이 어렵습니다. 그러므로 자기의 기질을 극복해야 합니다. 다윗이 무식하게 춤을 추고 하나님을 경배한 것처럼 단순하게 주님을 바라보고 높이고 표현하는 것을 훈련해야 합니다.

은사와 영적 성숙은 다른 것입니다. 그것은 기질과 관련된 경향이 많이 있습니다. 은사가 많이 나타난다고 해서 영적으로 성숙된 사람이라고 할 수는 없습니다. 그러나 지나치게 은사에 심취할 필요는 없다고 하더라도 성도들은 기본적으로 영의 흐름을 알고 경험해야 합니다. 기초를 알아야 깊은 곳으로 나아갈 수 있습니다.
또한 사역자들은 영의 흐름을 느낄 수 있어야 사람들의 심령 상태와 속마음을 알 수 있으며 그에 맞는 메시지를 전할 수가 있습니다.
은사를 부정하거나 무시하면 영이 열리지 않습니다. 그것은 기초적인 것이므로 경험하고 표현하고 사용하면서 영이 발전해가야 합니다.

주님은 각 사람의 영이 발전된 만큼, 발달된 부위에 임하시는데 가장 일반적이고 쉬운 통로가 손입니다.
지금 이 시간 손을 들고 주님의 임하심을 기다리십시오. 주님께서 여러분의 손을 만지시고 능력을 부으시도록 기다리십시오. 느낌이 묵직하든 뜨겁든.. 그 자체에 그리 신경을 쓰지 말고 '주님.. 이 손을 통하여 일하시고 주님의 능력을 부어주십시오. 저의 손이 주님의 통로가 되기를 원합니다' 그렇게 기도하시면서 기다리십시오.
(잠시 손을 들고 기다리는 기도를 드림)

10.
사람들은 본능적으로 고통을 싫어하며 자기를 괴롭히는 문제에서 벗어나기를 원합니다. 그것은 본능이며 육체에서 나온 의식입니다.
고통에서 벗어나고 문제에서 벗어나는 것.. 그 근원은 죽음에 대한 두려움입니다. 누구나 이 죽고 사는 문제를 아주 중요하게 여깁니다. 그러나 사실 살고 죽는 것은 그다지 중요한 문제가 아닙니다.
설사 우리가 빨리 죽는다고 해도 그것은 대단한 일이 아닙니다. 우리가 빨리 죽는 것은 아이가 학교에 갔다가 조금 빨리 조퇴를 하고 집에 일찍

가는 것 같은.. 그런 정도의 일일뿐입니다.
우리가 정말 두려워해야 하는 것은 그러한 현실적인 어려움이나 문제와 고통이 아니라 낮은 의식, 낮은 차원의 삶입니다. 동물적이고 본능적인 차원의 삶입니다. 그것을 우리는 두려워해야 합니다. 우리의 의식이 돼지와 같은 동물의 의식 수준이 되어서 그저 잘 먹고 육체가 잘 되는 것에 만족한다면 그것은 정말 불쌍한 삶입니다.

우리가 고통을 받고 묶여 있다면 그것은 환경의 문제가 아니라 의식의 문제입니다. 우리가 갇힌 곳은 환경이 아니라 영계입니다. 영혼이 발전하지 못하여 낮은 차원의 욕망과 의식을 가지고 있는 이들이 낮은 영계, 낮은 감옥에 갇혀있는 것입니다.
그것은 미움의 영계, 분노의 영계.. 등등의 감옥입니다. 우리는 그 어두움의 영계에서 벗어나야 합니다.
그것은 우리 환경이 바뀌어서 우리가 그곳을 나가게 되는 것이 아니라 우리의 영성이 발전함으로 의식이 바뀌어져야 하는 것입니다. 영혼이 바뀌면 의식의 수준이 바뀌어서 동일한 환경에 있어도 전혀 다른 마음과 감동으로 살게 됩니다. 더 이상 낮은 어둠의 감옥에 갇혀있지 않는 것입니다.

그러므로 우리는 환경의 구원, 문제의 구원보다 영의 구원, 영의 변화, 의식 수준의 변화를 구해야 합니다. 그것이 진정한 자유입니다.
환경을 보지 마십시오. 환경이 좋다고 너무 좋아하지 말며 환경이 나쁘다고 너무 낙망하지 마십시오. 그것들은 그림자와 같은 것이며 실상이 아닙니다. 우리 영혼이 변화되고 발전하는 유일한 길은 오직 예수입니다. 오직 예수를 구하고 바라고 사모하고 원해야 합니다. 오직 주를 붙잡을 때 우리 영혼은 상승하고 발전합니다.

오직 예수의 빛.. 예수의 보혈.. 예수의 충만함.. 이것을 사모하십시오. 예수의 영광과 임재가 여러분들을 가득 채우도록 하십시오. 세상과 나는 간 곳 없고 오직 주의 영광만 보이도록 하십시오.

어떤 쥐 부부가 있었습니다. 이들은 고양이에게 많은 시달림을 받고 그에게 더 이상 괴롭힘을 받지 않도록 셰퍼트를 낳기로 결심을 했습니다. 그러나 그들이 아무리 기도를 하고 노력을 해도 그들은 개를 낳지 못하고 또 쥐를 낳았습니다. 아무리 애를 쓰고 고생해도 여전히 쥐를 낳는 것입니다. 왜 그럴까요? 그들은 쥐이기 때문입니다. 쥐는 쥐를 낳을 수밖에 없습니다.

우리도 그와 같습니다. 우리의 겉 사람, 육으로 애를 쓰는 것은 영의 열매를 맺지 못합니다. 주님의 열매를 맺지 못합니다. 아무리 애를 써도 육의 열매, 나의 열매, 사람의 열매를 맺을 뿐입니다.

그러므로 오직 중요한 것은 우리가 애쓰고 노력하는 것이 아니라 주님을 구하고 주를 얻으며 주의 영광, 사랑스러움에 접촉하고 그분이 내 안에서 사시게 하는 것입니다.

우리에게는 영혼과 육체가 있습니다. 육체는 흙으로 만들어진 것으로서 흙에서 온 것입니다. 그러므로 그것은 흙 중심으로 살며 보이는 것, 만져지는 것, 물질 세계만을 추구합니다. 그것이 행복을 주는 것으로 생각합니다. 그리고 그러한 흙의 의식, 육체의 의식이 모든 고통의 원인입니다. 우리의 영혼은 보이지 않는 것을 추구하며 주님을 구하고 주의 영광을 구합니다. 그러므로 영혼이 발전하고 개발될수록 우리는 주님 없이는 살 수 없습니다. 오직 주를 구하고 주의 영광을 위해서 자신을 드리게 되며 보이지 않는 영원한 소망을 가지게 됩니다. 그러므로 영혼이 발전하고 성숙할수록 우리는 육체의 낮은 의식과 본능적인 욕망에서 벗어나 진정한 구원과 승리의 삶을 경험하게 되는 것입니다.

우리가 이 땅에 온 이유는 환란과 연단을 받고 훈련을 통하여 영혼이 성장하기 위한 것입니다.
육체가 있을 때 성장할 수 있는 기회가 있습니다. 죽은 후에는 성장할 수 없습니다. 바깥 어두운 데서 슬피 우는 이들은 후회는 하겠지만 회개하고 다시 기회를 얻지는 못합니다.
부디 살아있는 동안 영혼의 성장을 구하십시오. 환란도 시련도 시험도 다 우리 영혼의 성장을 위해서 우리에게 다가오는 것입니다.
성장할수록 우리는 자유함을 얻게 될 것입니다. 죽은 후에가 아니라 살아있으면서 천국의 기쁨과 은총을 누리게 됩니다. 부디 그 성장을 사모하고 추구하십시오. 오후 시간에 계속 하겠습니다.

(오전 메시지 끝)

3. 오후 메시지 정리

1.
찹쌀떡과 가래떡이 데이트를 하고 있었습니다. 찹쌀떡은 여성이고 가래떡은 남성이었지요. 그런데 길을 가는 중에 아름다운 인절미 떡이 지나가는 것이었습니다. 인절미도 여성 떡이었지요. 가래떡은 찹쌀떡과 같이 있으면서도 인절미를 흘끔 흘끔 쳐다보았습니다.
그것을 본 찹쌀떡은 화가 나서 가래떡에게 말했습니다.
"자기, 쟤 쳐다보지 마.. 이쁜 것 같지만 순 화장빨이야!"
재미있는 이야기지요? 성령님의 이중사역을 설명하기 위한 비유입니다.

성령의 사역은 두 가지 측면이 있습니다. 그것을 흔히 이중 사역이라고 하는데 예수원에서 사역하셨던 토레이 신부님이 널리 전하셨던 개념이지요. 물론 그 분 이전에도 그러한 가르침은 있었습니다.
인절미는 외적으로는 아름답지만 속은 그저 그렇지요. 그리고 찹쌀떡은 겉은 밋밋하지만 속이 맛이 있습니다. 이처럼 겉이 풍성한 사람이 있고 속이 충만한 사람이 있습니다. 성령님의 사역에도 외곽에서 역사하시는 측면이 있고 내면에서 역사하시는 측면이 있습니다. 이것을 성령님의 외적 사역과 내적 사역이라고 합니다.

성령님은 사람의 외부와 내부에서 역사하십니다. 외부에서 역사하시면 권능이 임하고 힘과 능력, 자신감, 활력으로 충만하게 됩니다. 구약에서의 성령의 역사는 거의 외부적인 사역이었습니다.

그러나 외적인 사역은 권능있고 유능한 신자를 만들지만 그 사람의 내면을 변화시키지는 못합니다. 그러므로 외적인 사역만을 경험하면 능력 있는 신자가 될 수는 있지만 성품과 인격 면에서 거칠고 부족할 수 있습니다.

성령님의 내적 사역은 그 사람의 내면에서 그리스도의 인격과 생명의 아름다움을 나타냅니다. 그러므로 성령의 외적 사역은 은사적, 권능적이라고 할 수 있으며 성령의 내적 사역은 열매적, 인격적, 생명적이라고 할 수 있습니다.

외적인 역사만 충만하면 바깥은 강하지만 내면적으로 허전하고 황폐합니다. 외적으로 능력 있는 부흥사들이 삶에서 아름다운 모습을 보여주지 못하고 더러 타락하는 경우가 있는 데 그것은 이들이 외적인 역사에만 치우쳐서 내적인 주님의 충만함을 소홀히 했기 때문입니다.

또한 내적인 역사만을 경험하고 있으면 겸손하고 헌신된 아름다운 삶의 모습이 나타날 수 있지만 동시에 무기력하고 연약해서 자주 눌리게 됩니다.

성령님의 외적인 사역과 내적인 사역, 그 중에서 어느 것이 더 중요할까요? 물론 그 답은 균형입니다. 우리에게는 두 가지가 다 필요합니다. 성령님의 역사를 경험하되 외적으로나 내적으로 어느 한 편으로 치우치지 않고 균형과 조화를 이루는 신자, 그러한 사람이 곧 성숙한 신자라고 할 수 있을 것입니다.

2.

어떤 분이 말씀하시기를 제가 전에 새벽기도를 하지 말라고 말했다고, 그 말씀에 은혜를 받았다고 하시더군요.
그건 정말 곤란한 이야기입니다. 새벽에 일찍이 일어나 기도하는 것이 얼마나 좋은 것인데 제가 새벽 기도를 하지 말라고 이야기를 하겠습니까.. 저의 이야기는 새벽기도를 하지 말라는 것이 아니라 내적인 감동과 소원이 없이 의무적으로, 기계적으로 하는 것은 열매를 맺기 어렵다는 이야기입니다.

우리가 주의해야 할 것은 하나님의 역사를 패턴화시키고 정형화시키는 것은 좋지 않다는 것입니다. 주님이 어떤 이에게 어떤 방법으로 역사하셨을 때 '나도 그와 같이 해야겠다' 하고 똑같이 하는 것이 주님의 역사를 정형화하는 것인데 그것은 기계적인 방법입니다.
주님께서 여리고를 무너뜨릴 때는 여리고를 빙빙 돌다가 소리를 지르라고 하셨습니다. 그러나 그렇다고 해서 모든 사람이 모든 전쟁에 있어서 그 주위를 빙빙 돌기만 해서는 안 됩니다. 다윗에게 전쟁을 할 때에 말씀하시기를 뽕나무에서 소리가 들리면 공격을 하라고 하셨지요. 그렇다고 모든 사람들이 항상 뽕나무를 쳐다보면 안 됩니다. 그것은 사람마다, 그 때마다 다른 것입니다.

그러므로 어떤 방법 자체를 대단하게 여기거나 하면 안 됩니다. 방법이 아닌, 과거에 역사하셨던 주님이 아닌 오늘 지금 이 시간에 말씀하시는 주님을 붙잡아야 됩니다.
제가 전에 어느 날 집회를 인도할 때 기도하면서 "주님.. 당신이 없는 삶은 상상도 할 수 없습니다.." 하고 고백했던 적이 있었습니다. 그런데 그렇게 기도할 때 엄청난 감동과 기쁨이 있었어요. 사람들도 많이 통곡하고.. 그 기도가 모두의 심령 안에 스며들어가는 느낌이었습니다.

그래서 다음에 집회를 인도할 때 그런 감동이 없었음에도 불구하고 또 같은 언어로 기도를 하였습니다. 하지만 이번에는 전혀 아무런 감동도 기름부음도 없었습니다. 단순히 흉내내고 되풀이하는 것에는 아무 의미가 없는 것이지요.

유명한 사역자가 있으면 젊은이들이나 어린 사역 지망생들이 그런 사역자를 비슷하게 흉내내는 일이 많이 있습니다. 설교하거나 기도하는 소리의 특징이라든지 스타일을 흉내내지요. 하지만 흉내는 비슷한데 영감은 전혀 없는 경우가 많이 있습니다. 중요한 것은 외적인 스타일이나 방법이 아니고 그 안에서 역사하시는 주님입니다.

그러므로 주님의 어떤 역사를 정형화하지 말고 그 때 그 때 감동을 주시고 인도하시는 주님을 붙들어야 하는 것입니다. 새벽 기도든, 어떤 찬양이든, 어떤 방식이든 그 자체보다 주님을 붙들어야 합니다. 주님의 감동과 인도를 따라야 합니다. 주님은 오늘도 살아서 역사하시는 인격적인 분이시기 때문입니다.

3.

주님은 수단이 아니고 목적입니다. 우리의 소원과 목적을 이루기 위하여 주님을 구하는 것은 초보적인 신앙이며 좋은 것이 아닙니다.

주를 추구하는 것과 주님이 주시는 것을 추구하는 것은 다른 것입니다. 어떤 기쁨이나 성취나 좋은 것이 주어진다고 해도 그것이 주님과 상관없는 것이라면, 주님의 바깥에 있는 만족이라면 그것은 무의미한 것입니다. 영원한 곳에 기업이 없는 사람들은 이 땅에 속한 사람들이며 이 땅에서 만족을 누리기를 구하고 추구하는 사람들입니다. 그러한 것은 외형적으로 보았을 때 성공 같이 보이지만 비참한 삶입니다. 우리는 영원에 속하고 천국에 속하여 오직 주님을 얻고 주님으로 채워지고 주님께 속한 사람이 되는 것으로 참된 목표와 만족을 구하여야 합니다.

4.
하나님께 나아가는데 방해가 되는 어두운 생각, 잘못된 의식이 있습니다. 그 첫째는 하나님에 대한 잘못된 인식입니다.
나에게 있어 하나님은 너무 편안하고 따뜻하고 좋으신 분인가, 아니면 아주 무섭고 두려운 분이며 조금만 잘못하면 혼내시는 분인가.. 우리는 이것을 살펴보아야 합니다. 만약에 전자에 속하였다면 그 사람은 하나님의 깊은 은혜와 사랑을 누리기가 어렵습니다. 그것은 그 사람의 의식이 잘못되어있기 때문입니다. 그러한 어두운 의식이 하나님의 임재가 가까이 오는 것을 방해합니다.

툭하면 하나님이 치셨다는 말을 하는 분들이 많은데.. 그런 경우도 있지만 모든 것을 범사에 그런 식으로 생각하는 것은 좋지 않습니다.
많은 경우에 재앙들은 하나님으로부터 온 것이 아니고 우리 안에 있는 어두움의 생각들이 재앙을 불러들이는 것입니다. 두려움에는 재앙이 따라오게 됩니다. 그런데 그것을 자꾸 주님이 패셨다고 하는 것은 옳지 않습니다.
탕자가 아버지의 품을 일방적으로 떠나서 많은 고생을 했지요. 하지만 그것은 스스로의 선택으로 고생을 자처한 것일 뿐 아버지가 조폭을 보내어 아들을 팬 것이 아닙니다. 아버지는 오직 아들을 안타까운 마음으로 기다린 것밖에 없습니다.

주님은 치유자이시고 위로자이시지 형벌을 주는 분이 아니십니다. 우리를 치유하신 후에 다시 병을 주시고.. 그러시는 분이 아닙니다. 그것은 모순입니다. 주님은 우리에게 더 주지 못해서 안타까워하시는 분입니다. 그러므로 하나님에 대한 어두운 의식이 하나님의 아름답고 풍성한 임재를 경험하는 데에 중요한 방해가 되는 것입니다.

하나님의 임재를 방해하는 두 번째 중요한 잘못된 의식은 스스로에 대한 잘못된 인식입니다.

우리는 자기 스스로를 아름답고 귀한 자로 보는가, 아니면 악하고 더럽고 깨어져야 할 못된 존재로 보는가.. 질문을 던져 보아야 합니다. 여러분은 어느 쪽입니까? 만약에 후자라면 그러한 의식은 하나님의 임재를 경험하는 것에 방해가 됩니다.

물론 인간은 타락했습니다. 그러므로 죄에 물들었고 구원과 회복이 필요한 존재입니다. 하지만 하나님께서 원래 그렇게 만드신 것이 아닙니다. 하나님은 우리를 아름다운 존재로 만드셨고 그리고 이제 다시 아름다운 존재로 회복시키기를 원하십니다. 우리는 저주받은 존재가 아니고 귀하고 아름다운 존재입니다.

우리는 하늘을 바라보며 무한하고 광대한 우주와 별의 모습을 보고 감탄하지요. 저 넓고 웅장한 우주를 보라.. 그에 비하면 우리 인간이란 얼마나 약하고 부족한 존재인가.. 하고 말하곤 합니다. 하지만 사실 우주.. 별.. 그거 그리 대단한 것이 아닙니다. 인간보다 그렇게 위대한 존재가 아니에요. 모든 우주의 중심은 인간입니다. 그것이 우리보다 크다고 더 훌륭한 것이 아닙니다. 양과 크기와 숫자로 따지는 것은 물질적 사고관입니다. 크다.. 작다.. 그러한 개념은 물질적인 사고방식입니다.

큰 상급, 큰 집.. 이러한 생각은 이 땅에 속한 개념입니다. 관념적, 육체적 의식에 맞춘 천국 이해는 낮은 차원의 천국 이해입니다.
천국은 규모와 크기의 개념이 없습니다. 그것은 이 땅이 유한하기 때문에 좀 더 넓은 땅, 넓은 집을 구하는 성향이 생긴 것이지요. 무한하다면 넓은 집과 넓은 땅이 있어서 뭐하겠습니까?
천국에는 물량적인 것이 아니라 속성이 있을 뿐입니다. 영혼의 속성, 아름다움과 거룩함과 사랑의 속성, 그 수준과 상태에 차이가 있는 것이죠. 그래서 우리의 영혼이 열리고 발전한 만큼 하나님의 거룩과 영광과 그 성분을 먹고 마시고 누릴 수 있게 됩니다. 그리고 그것이 영혼의 성장에서 누리게 되는 것입니다.

여러 명 전도하고 큰 교회를 세우고.. 우리가 물질 세계에 있기 때문에 그러한 것을 중요하게 여기지만 그것은 본질적인 것이 아닙니다.
그보다 중요한 것이 각 사람에게 주어진 분량과 사명이죠. 우리는 그 주님의 인도하신 분량에 따라 순종하는 것이 중요합니다.
똑같은 돈 만원을 헌금해도 그 행위는 각 사람의 마음의 중심과 동기 상태에 따라 칭찬을 받을 수도 있고 혼이 날 수도 있습니다. 행위보다 중요한 것은 그 사람 심령의 수준입니다. 어떤 동기로 어떤 상태로 이루어졌느냐가 중요한 것입니다.

그러므로 커다란 우주가 아주 대단하고 인간은 미약하다고 생각하지 마십시오. 우주를 지으신 것은 인간을 지으시기 위한 것입니다. 집보다 더 중요한 것은 그 집에서 사는 인간입니다.

하나님은 인간을 지으시고 인간의 안에 심령을 지으셨습니다. 하나님과 교제를 나누기 위해서입니다. 그러므로 인간은 우주보다 위대하며 우주보다 더 중요하며 본질적인 존재입니다. 우리 안에 하나님을 갈망하는 속성이 있고 하나님을 누릴 수 있는 속성이 있습니다. 이것이야말로 진정한 복이며 아름다운 것입니다.

그러므로 긍정적인 인간관을 가져야 합니다. 우리는 더럽고 악하고 죄인이지만.. 그러나 주님이 우리를 사랑하십니다.

우리는 죄인이지만 용서받은 존재이며 아름다운 존재입니다. 거룩한 존재입니다. 이러한 자기관을 가져야 합니다. 그렇게 믿고 신뢰하고 시인할 때 주님의 임재가 아주 가까이 오십니다.

5.
하나님께 나아가는 데 방해되는 어두운 생각들을 조심하십시오.
생각은 영을 끌어당깁니다. '나는 더럽다..' '나는 악하다..' '나는 내가 싫다.' 이런 생각들이 어두움을 끌어당깁니다.

우리의 생각과 의식이 빛의 세계로 올라가야 합니다. 말과 생각은 영적 에너지와 기운을 끌어당겨서 운명과 미래에 영향을 끼칩니다.

누구든지 남을 비판하거나 근심하거나 하면 그 마음과 심령이 즉시로 어두워집니다. 그래서 어두운 기운을 끌어당기게 됩니다.

특히 죄책감을 조심하십시오. 죄책감을 가지고 그것으로 인하여 하나님께 나아간다면 그것은 좋은 일이지만 죄책감 때문에 스스로 웅크리고 있다면 그것은 재앙입니다.

어떤 이들은 자기는 위선자이며 자신의 마음이 사람들 앞에 드러나면 다른 이들이 자기를 미워할 것이라고 생각합니다. 하지만 우리에게 이런 생각이 많다고 하더라도 사람은 다 거기서 거기라는 사실을 인식해야 합니다.

누가 온전한 사람이 있습니까? 누가 주님 앞에서 실수가 없고 거룩합니까? 벌레가 깨끗하면 얼마나 깨끗하고 아름다우면 얼마나 아름답습니까? 우리는 다 거기서 거기입니다. 우리를 아름답고 존귀하게 만드는 것은 주님의 자비와 은혜와 긍휼이지 우리 자신 자체가 아닙니다.

어떤 이들은 영적으로 성숙해서 온전한 단계에 이른다고 생각하는 이들도 있습니다. 그러나 실수가 없고 온전한 단계란 것은 없습니다. 우리는 죽을 때까지 그러한 단계에 오를 수 없습니다.

우리는 죽을 때까지 아무리 성장해도 주의 뜻을 온전히 알지 못합니다. 우리 안에 감동이 있어도 과연 이게 맞을까.. 하는 갈등과 의심이 또한 존재하게 됩니다. 누구도 완벽하지 않습니다.

하지만 잘 모르고 헤매고.. 그렇게 불확실한 중에도 주님을 바라보며 나가는 것입니다. 아브라함도 나아갈 때에 갈 바를 알지 못했다고 했습니다. 확신이 부족하고 두려웠지만 그래도 주님을 의지해서 한 걸음씩 갔습니다. 그것이 인생입니다. 성경에 기록되고 하나님과 친밀한 교제를 나누었던 사람이 그 정도인데 우리가 어떻게 완전한 존재가 되겠습니까?

우리가 낮아지고 더 갈망할수록 주님은 자신을 우리에게 더 보여주시고 말씀하실 것입니다. 그러나 완전하고 확실한 단계란 없습니다.

만약 어떤 사람이 더 성장할 여지가 없이 완전해 졌다면 그는 이 땅위에 더 이상 존재해야할 이유가 없을 것입니다. 그는 온전한 곳으로 떠나야 할 것입니다. 왜냐하면 이 땅에서 우리가 존재하는 이유는 성장을 위해서이기 때문입니다.

우리는 주님의 눈으로 우리를 보아야 합니다. 주님은 그분을 신뢰하는 사람을 보실 때 그 사람의 약점을 보시는 것이 아니고 흠 없는 순결한 모습으로 여기십니다. 그것은 주님의 죽으심과 사랑하심이 우리를 씻으셨기 때문에 그분의 시선은 우리를 아름답고 사랑스러운 모습으로 보시는 것입니다.

우리가 기억해야 할 것은 우리의 죄보다 주님의 은혜와 사랑, 보혈의 역사가 더 크다는 것입니다.

우리도 주님이 보시는 것처럼 자신과 타인을 아름답게 볼 때 자신과 타인을 그렇게 아름답게 변화시키는 능력을 끌어당기게 됩니다. 보는 것에는 끌어당기는 힘이 있기 때문입니다.

어린 모습이나 약점을 보고 정죄하는 이가 있고 덮어주고 사랑해주는 이가 있습니다. 인간의 속성은 쓰레기를 보면 파헤치는 것입니다. 그러나 주님의 속성은 쓰레기를 덮으시고 치유하시며 죄 지은 자를 사랑하고 용서하며 회복시키시는 것입니다.

주님은 우리를 볼 때 사랑스럽게 보십니다. 주님이 우리에게 말씀하시는 것, '나는 너를 사랑한다. 너의 행위, 열심 때문이 아니라 내가 너를 만들었기 때문이다. 너를 사랑하기 때문이다.' 이 말을 우리는 우리 영혼에게 들려주어야 합니다.

주님은 우리를 그리워하고 보고싶어하십니다. 사람은 본능적으로 죄책감이 있어서 "아니에요, 난 못됐어요."라고 하며 사랑을 거부하지만 그것은 오히려 주님을 아프게 합니다.
그러므로 우리는 주님의 사랑과 용서를 받아들여야 합니다. 그러면 그 때부터 변화가 시작됩니다.

주님의 시각은 한 사람 한 사람을 볼 때 아름답고 영광스럽게 보는 것입니다. 우리도 사람들에 대하여 이런 주님의 마음과 시선을 갖고있을 때 주님이 그 사람에게 역사하실 수 있습니다. 우리가 어떤 대상을 미워하고 싫어하면 우리는 그 사람을 도울 수 없습니다. 그 사람은 변화되지 않을 것입니다. 그러므로 우리가 사람을 돕고 변화시키기 원한다면 주님의 시각으로 사람을 보는 것이 필요합니다.

주님은 우리를 흠 없는 아기로 보십니다. 우리는 주님을 위해 일하기 전에 먼저 주님을 누리고 주님 안에서 새롭게 되어야 합니다.
그러므로 신앙의 시작은 은혜입니다. 그분의 은혜 가운데 신앙이 시작됩니다. 그것은 아기가 부모의 사랑 속에서 삶이 시작되는 것과 같습니다. 그것이 정상적이고 건강한 삶의 시작입니다.
주의 사랑을 제한해서는 안 됩니다. 그 분의 사랑이 넘치는데 자꾸 스스로 자학하면 안 됩니다. 그것은 일종의 자기 의이며 교만에서 나오는 것입니다. 그것은 주님을 아프게 합니다.
우리는 악해서 죄를 짓는 게 아니라 약해서 죄를 짓습니다. 주님은 그런 우리를 보시면서 '염려하지 마라. 내가 네게 죄를 이길 수 있는 힘을 줄께..' 라고 하십니다. 그것이 주님의 마음입니다. 그러므로 우리는 주님의 은혜와 용서와 능력 속에서 변화되고 죄를 이기는 힘을 얻게 됩니다. 저도 오래 동안 부르짖고 기도를 했지만 주님의 시선과 주님의 마음을 알기 전까지는 고생만 할 뿐 별로 변화되지 못했습니다. 그러나 주님의 마음을 이해하고 그 사랑을 받아들이며 안식할 때 비로소 해방과 자유함을 알게 되었습니다.

그러므로 주님의 사랑을 받아들이십시오. 용서를 받아들이십시오. '사랑하는 자야. 내가 너를 사랑한다. 너는 아름다운 존재란다..' 할 때 '예..' 하고 대답하십시오. '안 돼요.. 그건 아니에요. 주님.. 저는 자격이 없어요..' 하지 마십시오.
'주님.. 감사합니다.' 하고 대답하십시오. 스스로 완전한 자가 되려고 하지 마십시오. 주님의 마음을 받아주는 것이 주님을 기쁘게 하는 것이며 해방과 승리를 가져오는 것입니다.
스스로 노력하고 애쓰고 삶은 지치고 피곤한 삶이며 거기에는 만족이 없습니다.

오직 주님을 누리고 예수를 먹고 마시십시오. 그것이 해방입니다.
열매는 노력에서 오지 않고 자연스러움에서 옵니다.
우리 안에 어떤 변화가 있다면 그것이 우리가 노력해서 나오는 것이 아니라 저절로 자연스럽게 나오는 것입니다.
'오, 이상해.. 왜 자꾸 사람들이 예뻐 보이지? 왜 자꾸 감사가 나오지? 내가 왜 이럴까?' 이런 식으로 나도 모르게 저절로 변화되는 것입니다. 그것이 열매입니다.
예수의 사랑을 받아들이고 그 분을 사모하고 간절히 추구하다 보면 자연스럽게 변화가 옵니다. 스스로 하는 많은 기도, 행위, 노력은 변화를 주지 못합니다. 법칙과 규정은 우리를 억압합니다.

긴장은 우리를 변화시킬 수 없습니다. 혈기나 미움은 긴장 때문에 오는 것입니다. 안식할 때 열매가 나타납니다.

능력은 순식간에 임하지만 사랑, 온유, 이런 아름다움의 열매들은 한순간에 나타나는 것이 아닙니다. 그것은 오랜 시간 동안 주님 안에서 안식하고 주님을 누리고 사모하고 추구하면서 서서히 주님의 풍성하심이 우리 안에서 나타나게 되는 것입니다. 안식과 누림, 즐김의 분량이 증가되면서 서서히 열매도 증가되는 것입니다.

6.

하나님의 시각은 우리를 아름답고 귀하고 사랑스러운 존재로 여기시는 것입니다. 그 마음, 그 주님의 관점을 신뢰할 때 근심과 염려가 사라지게 됩니다.

주님은 십자가에서 우리 한 사람 한 사람의 이름을 부르며 그 사랑으로 고통을 견디셨습니다. 그 주님을 신뢰하십시오. 그 때 기쁨과 평안이 옵니다.

죄를 짓고 넘어지고 나면 회개를 해야 하지만 또한 감사도 하십시오.
'주님.. 저 또 개판 쳤어요..' 라고 말하고 감사하십시오.
우리의 죄와 악보다 크신 주님의 사랑에 감사하십시오.
우리를 온전히 받아주시는 주님의 사랑 안에 들어가면 우리는 감사해서 감격하게 되고 다른 이들의 죄와 연약함에 대해서도 용납하게 됩니다. 우리를 핍박하고 욕하는 사람도 사랑스러워지게 됩니다. 주님의 사랑이 우리 안에 임하게 될 때 그렇게 되는 것입니다.

7.

우리가 흔히 사랑이라고 생각하는 것은 많은 경우에 사랑이 아닙니다. 진정한 사랑은 우리에게서 나오는 것이 아니라 주님에게서만 나옵니다. 바퀴벌레는 인간을 사랑할 수 없습니다. 만일 바퀴벌레가 인간을 사랑하여 섬기기로 작정했다고 해보십시오. 그가 찐득거리는 더러운 음식을 인간에게 먹으라고 상에 올려놓았다면 그 음식이 사람에게 즐거움이 되겠습니까?

주님은 마르다에게 건강을 위하여 영양 공급을 시켜달라고 요구하신 적이 없으십니다. 주님의 요구는 오직 '나를 먹고 마셔라. 이것이 내 기쁨이다.' 하시는 것입니다. 주님이 요구하시지 않은 것을 내가 인간의 마음으로 섬기려 할 때 그것은 진정한 사랑이 아니며 주님도 그것을 기뻐하시지 않습니다. 진정한 사랑은 주님에게서 나오며 우리는 오직 주님이 우리에게서 원하시는 것을 순종해야 합니다.

8.

주님께 날마다 나와서 기도하는 것이 주님을 사랑하는 것이라고 여기는 이들도 있습니다. 그러나 중요한 것은 많이 기도하는 것이 아니고 무엇을 기도하는가 하는 기도의 내용입니다.

어떤 사람이 날마다 우리에게 와서 100만원을 달라고 조른다면 그는 우리를 사랑하는 것일까요, 백 만원을 사랑하는 것일까요?

내 문제를 해결하기 위해 기도를 많이 한다면 그것은 주님을 사랑하는 것일까요, 내 유익을 사랑하는 것일까요?

물론 주님께 나아가서 우리의 필요를 구하는 것이 잘못된 것은 아닙니다. 그것은 좋은 일입니다.

다만 그 자체가 주님을 사랑하는 것은 아니라는 것입니다.
엄밀히 말해서 우리는 하나님을 사랑할 수 없습니다. 어떤 대상에 대해서 알지 못한다면 그를 사랑할 수 없는 것입니다. 그러므로 주님이 그분 자신을 우리에게 계시하시기까지 우리는 주님을 사랑할 수 없는 것입니다. 주님이 자신을 보여주시는 만큼만 우리는 그를 사랑할 수 있습니다.

많은 시간을 기도하는 것보다 주님을 추구하고 사랑하는 것이 중요한 것입니다. 처음에 기도를 시작할 때 우리는 우리의 문제를 위해 주님께 갑니다. 그러나 기도를 하면 할수록 우리는 자신의 문제를 잃어버리고 주님의 향취를 느끼게 됩니다. 그리고 우리의 문제가 문제가 아니며 우리가 주님을 모르는 것, 우리가 주님께 멀리 있는 것이 모든 문제의 근원인 것을 알게 됩니다.
배에서 부두에 줄을 매고 당기면 부두가 배에게로 끌려오는 것이 아니라 배가 부두로 가까이 당겨져 가듯이 기도할수록 우리는 주님께로 가까이 가게 됩니다. 그것은 우리가 기도를 통해서 주님 자신을 발견하게 되기 때문입니다.

주님은 우리의 종이 아닙니다. 우리의 해결사도 아닙니다. 우리가 문제의 해결에만 마음이 집중되어 있다면 우리는 아직 주님을 사랑하는 신앙의 단계가 아닙니다. 그 때 우리는 아직 본질적인 것을 보지 못하고 있기 때문에 깨닫기 위하여 좀 더 어려움을 겪게 될 것입니다.
주님께 가까이 나아가는 과정에서 주님은 자신을 보여주십니다.
그 시작은 아버지의 마음을 보여주시는 것입니다.

악하고 더럽고 자격 없는 우리를 온전한 사랑으로 받아주시는 것입니다. '나는 너를 위해 목숨도 아끼지 않는데 왜 두려워하니..' 그렇게 말씀하시는 주님의 메시지가 우리 영혼에 채워져야 합니다. 그것이 주님의 마음에 가까이 나아가는 은총의 시작입니다.

9.
우리는 주님이 필요하지만 주님에게도 우리가 필요합니다.
우리를 사랑하고 기다리는 주님의 마음은 아기를 잃은 엄마의 마음과 같은 것입니다. 아기에게도 엄마가 필요하지만 엄마에게도 아기가 필요합니다. 아기는 어리고 부족하고 연약하지만 엄마는 그 아기를 너무나 사랑하기 때문에 그래서 아기가 필요합니다.
주님은 우리가 그 분을 버릴 줄을 알면서도 우리를 사랑하십니다. 우리가 많은 일을 하는 것보다 그 분의 마음을 알아주기를 원하십니다.

목회를 할 때 어느 자매가 아무리 내가 사랑한다고 말해도 '제가 미우시죠? 싫으시죠? 저는 못됐잖아요..' 하는 것을 보고 너무 마음이 아파 '왜 이렇게 내 마음을 모르니..' 하면서 울었던 적이 있습니다. 나는 주님의 마음도 그와 같을 거라고 생각합니다. 그분은 우리가 잘해서 사랑하시는 것이 아니라 그분이 사랑이시므로 우리를 사랑하십니다.

10.
주를 알아갈수록 주를 믿는 믿음으로 인하여 뜨고 싶은 마음, 인정받고 싶은 마음, 편하게 살고 싶은 마음이 없어지게 됩니다. 오히려 어떻게 하면 주를 위해 죽을 수 있을까.. 어떻게 하면 세포 하나 하나 까지 주를 위해 살 수 있을까.. 주는 날 위해 죽으셨는데.. 나는 어떻게 하면 주를 위해 죽을 수 있을까.. 희생할 수 있을까.. 그런 마음으로 채워지게 됩니다.

2주일이면 통과할 수 있는 광야를 40년 동안이나 헤매다가 죽은 이유가 무엇일까요? 그것은 주를 모르고 주님의 마음을 몰랐기 때문입니다. 그들은 하나님의 능력은 알았으나 그 마음은 몰랐습니다.
주님을 알았더라면 이렇게 말했을 것입니다.
'주님.. 못 먹으면 어때요.. 주리면 어때요.. 주님은 날 위해 죽었잖아요. 괜찮아요..'
주를 알아갈수록 주님과 동행할 수만 있다면, 그 과정에서 겪는 고통과 어려움을 싫어하지 않습니다.
이 말을 듣고 '어.. 그 때는 구약인데.. 주님은 신약 시대에 죽으셨는데..' 하지 마세요. 신약에는 주님의 마음이 환히 드러나고 구약에는 환히 드러나지 않지만.. 그래도 주님의 마음은 같은 것입니다.
주님은 말씀하십니다.
"네가 정말 나와 하나가 되고싶으냐? 그렇다면 너도 함께 가야 한단다. 내가 간 길.. 고독.. 절망의 길을.."
주의 길은 곧 해방이며 자유이며 천국입니다. 외적으로 그것은 고통의 길 같이 보이지만 그 길은 영광의 길이며 심령 속의 가득한 행복의 길입니다.

11.
사람은 자존자가 아닙니다. 모든 것을 외부에서 받아서 삽니다. 음식도 공기도 다 외부에서 오는 것입니다. 외부에서 오는 것 중에서 가장 중요한 것은 의식, 생각, 감동입니다. 어두운 의식을 받아들이면 어두움의 사람이 되고 빛의 의식을 받아들이면 빛의 사람이 됩니다.

어두움이란 빛이 없는, 실체가 없는 것입니다. 어두움의 의식은 땅에서 오는 것입니다. 빛의 의식은 하늘에서, 천국에서 옵니다.

사람은 흙으로 만들어진 육체와 하나님의 생기로 만들어진 영혼이 있는데 흙, 육체에서 오는 의식은 사람을 멸망시키며 영으로, 하나님으로부터 오는 의식은 사람을 살게 합니다.

두려움, 분노, 불안, 쫓김, 비교의식, 열등감.. 등 모든 낮고 유한한 의식이 흙으로부터 오는 것입니다. 육으로 살고 육의 의식에 잡혀 있는 이들은 마음이 항상 바쁘고 쫓깁니다. 이러한 이들은 영혼의 아름다운 열매를 맺지 못합니다.

모든 두려움은 죽음에 대한 두려움에서 시작됩니다. 그 죽음에 대한 의식도 육체의식, 흙에서 오는 것입니다. 사람의 영혼이 눈을 뜨고 우리 내부에 있는 신성의 불꽃이 일어나게 되면 두려움이 사라지게 되며 자유로운 인간이 됩니다.

영혼의 의식은 무한한 것이며 나라는 개체 의식이 없습니다. 그래서 너와 나를 분리해서 여기지 않습니다. 그러므로 비교하지 않으며 시기하지 않습니다. 내가 아닌 다른 사람을 통해 하나님이 영광을 받으시면 순수한 기쁨을 느끼게 됩니다. 타인의 고통을 쉽게 인지하고 느끼며 같은 고통을 겪습니다. 영혼이 열려서 영혼의 의식이 일어날수록 주님의 실상과 영광에 사로잡히게 되며 주님과 온 우주가 혼연일체임을 깨닫고 느끼게 됩니다.

성경의 말씀 속에서 순수한 빛과 영광을 느끼고 사로잡히게 됩니다.
우리는 하나님의 그 영광의 빛을 다 감당할 수 없습니다. 그러므로 주님은 우리의 영혼을 조금씩 열어주시며 감당할 수 있는 만큼만 빛과 은총과 깨달음을 주십니다.

12.
사람은 흔히 뇌 중심으로 살기 때문에 무엇을 듣고 깨닫고 결단하여 그것을 적용하고 실천하려고 합니다. 그것이 뇌가 움직이는 방식입니다. 그것은 물질적인 방식입니다. 그러나 듣고 깨닫는 것보다 중요한 것은 감동입니다. 우리는 충분히 우리 영혼의 즐김과 누림을 경험해야 합니다. 감동의 행복을 경험해야 합니다. 충분히 그 은총의 즐거움 속에 들어가다 보면 우리는 어느 순간 변해 있는 자신을 발견하게 됩니다.

13.
자연의 아름다움은 보지만 그 안의 있는 하나님의 형체와 영광을 보지 못하는 것.. 그것이 외적인 시각이며 낮은 차원의 삶입니다.
보이는 것은 형상이지 본질이 아닙니다. 눈을 의지하는 삶, 본 고로 믿는 신앙.. 이것은 낮은 의식의 삶이며 신앙입니다. 그것은 바깥에 속한 것이며 육체에 속한 낮은 것입니다.

14.
주님을 추구하고 사랑하는 것을 통하여 얻는 기쁨 이외의 모든 기쁨들은 우리에게 결국 고통을 주는 것입니다. 예수 밖에 있는 즐거움은 반드시 대가를 지불하게 되어있습니다. 마귀는 결코 우리에게 공짜의 즐거움을 주지 않습니다. 그들은 우리를 사로잡기 위하여 미끼를 줄 뿐입니다. 그들은 자선사업가가 아닙니다.

주님 외의 다른 것들을 추구하는 이들은 평생을 비참함 속에서 살게 됩니다. 그것이 명예이든, 권세이든, 연애이든, 화려한 삶이든.. 그것들은 오직 비참함을 줍니다.

주님 외의 다른 것들은 얻으면 얻을수록 더 불안하기만 하다는 사실을 깨닫는 과정.. 그것이 곧 인생입니다.

주님이 크게 보이게 되면 남들이 알아주는 것, 돈, 명예, 권세, 외모, 애정.. 이런 것들이 크게 보이지 않습니다.

15.

사람들이 주님 외에 추구하게 되는 대표적인 것이 인간적인 애정, 사랑입니다. 사람은 누구나 본능적으로 애정을 갈구하며 자신을 채워줄 사람을 찾습니다. 그러나 주님 외의 인간은 사람을 채울 수 없습니다. 그러므로 애정과 사랑을 구하는 이들은 오직 좌절과 고통을 겪게 됩니다. 암논은 다말을 짝사랑하였고 꾀를 써서 꿈을 이루었으나 그 후에는 깊은 환멸과 분노가 일어났고 결국에는 그로 인하여 죽게 되었습니다. 그 애정이 그를 멸망시킨 것입니다. 이것은 오늘날 많은 사람들이 가지고 있는 문제입니다.

인간적인 애정, 낭만적 사랑을 사람들은 많이 추구하지만 그것은 사람을 만족시키지 못합니다. 그러한 사람에게는 주님이 임하실 수 없습니다. 그러므로 하나님이 주시는 측량할 수 없는 은혜를 받지 못하고 시간 낭비를 하게 됩니다.

야곱도 그와 같은 사랑을 추구했습니다. 그리하여 평생을 고통 속에서 살았습니다. 당하지 않아도 될 고통과 시련을 많이 겪었습니다.

사람의 육적인 본능은 자기에게 가장 저주가 되는 것을 오히려 좋아하고 끌어당기게 되어있습니다. 육체는 본능적으로 죽음과 재앙 쪽으로 가게 되어있습니다.

그렇기 때문에 자신의 육적 본능대로, 눈에 좋은 대로, 기질에 맞는 이상형을 만나게 되면 오히려 삶이 비참해집니다. 그것은 사람의 육성적인 본능이 자신을 멸망시키는 이들을 보고 매력을 느끼게 되기 때문입니다. 그것이 삼손이 들릴라에게 빠진 이유입니다.

영성으로 살지 않는 이들은 자신을 멸망으로 끌어당길 것에게 애정을 느끼게 됩니다. 이는 영혼이 천국을 사모하고 끌어당기는 것처럼 육성은 지옥을 사모하고 멸망을 끌어당기기 때문입니다. 그러므로 육성의 본능으로 살고 본능을 만족시키려 애쓰는 이들은 멸망을 향하여 가고 있는 것입니다.

우리를 향한 주님의 놀라운 은혜는 지연되거나 거절되는 기도응답입니다. 주님은 너무나 자비로우셔서 우리의 육적인 기도에 응답을 하지 않으십니다. 그러한 기도를 응답해 주시면 우리에게 온갖 어두움이 임함을 아시기 때문입니다.

16.
누구나 자기 취향이 있습니다. 자기 눈에 좋아 보이고 멋있어 보이는 사랑이 있습니다. 그것이 육신적인 애정입니다. 그것이 우리의 사랑입니다.

그런데 우리 눈에 싫고 원수 같은 사람이 있습니다. 맞지 않는 사람이 있습니다. 그러한 사람을 사랑하는 것이 주님의 사랑입니다. 육으로 사는 사람은 결코 주님의 사랑을 할 수가 없습니다. 오직 자기 사랑을 할 뿐입니다. 제 눈에 좋은 사람을 사랑하며 제 눈에 싫은 사람을 싫어합니다. 이러한 경향이 곧 우리의 본능적인 육성이며 여기에서 많은 악들이 나옵니다. 시기, 질투, 정욕, 집착, 독점욕, 지배욕, 기대, 실망, 복수심, 원한 등이 나오게 됩니다.

이러한 인간적인 애정이 우리 삶에 오는 대부분의 고통의 원인입니다. 주님은 우리 사랑을 죽이고 우리 육성을 죽이고 오직 주님의 사람이 되어 주님의 사랑을 하게 하기를 원하십니다.

우리가 영이 깨어나고 주님의 사람이 될 때 우리는 우리 취향대로 사랑하지 않고 주님의 눈으로 사랑하게 됩니다. 그래서 전에는 전혀 사랑할 엄두도 내지 못하던 사람을 사랑하게 됩니다. 그것이 영성인의 삶이며 사랑입니다.

야곱도 처음에 낭만적이고 육적인 애정을 구했습니다. 인간적인 애정을 구하였으며 사람을 통해 얻는 기쁨을 구했습니다. 그래서 평생을 고생했습니다.

다윗도 압살롬을 사랑하고 편애했으나 그 압살롬이 왕위를 찬탈했습니다. 인간적인 애정, 자식 사랑이 영혼을 채울 수 없고 비극을 가져오는 것을 보여주는 것입니다.

요나단과 다윗은 깊은 애정을 가졌습니다. 그러나 요나단의 사랑은 은사적인, 기질적인 사랑을 보여주는 것입니다. 거기에 은사적인 충만함, 열정은 있었으나 영혼의 연합은 없었습니다.

요나단은 다윗을 사랑했지만 그는 여전히 사울의 사람이었으며 다윗과 함께 영혼의 여정으로 떠나지 않았습니다. 요나단은 다윗의 처지에 많은 눈물을 흘렸으나 결국 그의 처소는 사울의 궁궐이었습니다. 요나단은 마지막까지 영성의 길을 가지 못한 육성적 삶의 표상을 보여줍니다. 이것은 인간의 애정도, 우정도 사람의 심령을 채울 수 없다는 것을 보여줍니다.

인간 육성의 핵심은 감정이며 감정의 핵심은 애정입니다. 그리고 우리 대부분의 사람이 추구하는 것은 육성에 속한 사랑입니다. 그것을 포기하기 전까지 사람은 결코 만족을 얻을 수 없습니다.

배우자도, 사랑하는 사람도, 그 누구도 우리의 가슴을 채울 수 없다는 것을 발견해 나가는 것이 인생의 경험이며 과정입니다.

우리의 가슴에 예수를 채우고 예수로 만족하는 것.. 예수의 실상을 알고 그 사랑의 영광에 빠져드는 것.. 이것 외엔 만족이란 이 우주 안에 결단코 없습니다.

17.

주님께서 우리를 불러주신 것은 우리가 잘나서 부르시는 것이 아닙니다. 오히려 우리가 부족하고 모자라기 때문에 부르시는 것입니다. 그러한 우리를 불쌍히 여기셔서 불러 주셨습니다. 한심하고 바보 같고 멍청할수록 하나님은 부르십니다.

하나님께서 사용하신 도구들도 마찬가지입니다. 그들은 결코 훌륭한 사람들이 아니었습니다. 아브라함은 위기가 있을 때마다 거듭하여 부인을 팔았습니다. 툭하면 쉬운 길을 가고 타협했습니다. 야곱은 치사하고 잔꾀를 부리며 이기적인 사람이었고 기드온은 열등감과 패배의식으로 가득한 사람이었습니다. 다윗도, 삼손도 인간적으로는 별로 대단한 사람들이 아니었습니다. 그러므로 그들을 우러러보고 본받으려 할 필요는 없습니다. 우리가 바라볼 대상은 오직 주님뿐입니다. 그분만이 모든 연약한 이들을 부르시고 강건하게 하셔서 사랑하시며 사용하시는 것입니다.

성경에 등장하는 모든 이야기는 이렇게 부족하고 연약한 사람을 하나님이 받아주시고 사랑하신다는 것입니다.

그러므로 강해지려고 하지 마십시오. 잘난 사람이 되려고 하지 마십시오. 자격이 있어서 부름 받은 사람은 아무도 없습니다.

너무 부족하고 한심스러우니까 주님이 오신 것입니다. 주님은 우리의 강점이 아니라 오히려 약점을 통해 오십니다. 가장 부족한 사람을 들어서 지도자로 삼으시고 수제자를 삼으십니다. 이것이 세상의 기준과 주님의 기준의 차이입니다.

사람의 마지막 한계 상황에서 주님이 오십니다. 그분은 우리가 약할 때 오셔서 우리를 강하게 만드십니다.

사람은 누구나 본능적으로 편하게 살고 싶어하지만 그러나 여러분들은 편하게 살려고 애쓰지 마십시오. 우리는 누구나 자기 한계에 부딪힐 때 주님을 만나게 되는 것입니다.

자신을 감추지 마십시오. 강한 척 하지 마십시오. 잘 하는 척 할 필요가 없습니다. 엉망이고 부족한 자기의 모습을 다 드러내십시오. 그 때 주님이 오셔서 우리를 새롭게 변화시켜주십니다. 세상은 약자를 비웃고 괴롭히지만 주님은 오셔서 그러한 사람을 만나주시고 치유해주십니다. 그리고 자기의 사람으로 만드십니다.

18.

사역은 주님을 나누어주는 것입니다. 주님의 풍성하신 생명을 다른 이들에게 공급하는 것입니다.

주를 사랑하는 사람은 누구나 다 사역자입니다. 속의 중심이 주님으로 가득히 채워지면 누구나 사역할 수 있습니다. 그러므로 인격과 생명이 주님으로 온전히 채워져야 합니다. 그래서 우리의 존재 자체가 빛이 되어야 합니다. 그러한 이들은 단순히 예배를 인도하고 말씀을 전하는 사역자가 아니라 삶의 존재 자체, 행동 하나 하나를 통해 주님의 생명을 나누어주는 사역자가 될 수 있습니다.

주님.. 그 분은 우리의 목표입니다. 우리 삶의 존재이유입니다.
밤낮으로 어떻게 하면 주님을 알 수 있을까.. 하며 애타게 주를 갈구하고 추구하는 것.. 아가서 여인의 고백처럼 밤에 잠을 자면서도 그 의식 속에 주님이 가득하여 꿈속에서도 주님을 찾는 것.. 그것이 우리의 삶이 되어야 합니다.

주님을 찾아 헤매는 술람미 여인.. 아름답고 영광스러운 주님을 찾아 헤매는 술람미 여인.. 그녀는 자기의 상태가 스스로 생각하기에는 엉망이었지만 다른 사람이 보면 아름다웠습니다. 다른 이들은 그들이 알지 못하는 주님의 놀라운 은총을 그녀가 알고 있다고 생각했습니다. 그래서 그녀가 찾던 주님의 놀라우신 임재를 그들도 알고 싶어했습니다.
그렇게 주님을 사모하고 가슴 중심으로 구하는 것이 진정한 삶이며 사역입니다. 그러한 이들은 그 열정으로 인하여, 주님께 대한 가슴저린 사랑과 갈망으로 인하여 다른 이들에게 예수 중독과 예수 전염을 일으키게 됩니다. 그것이 바로 사역이며 그러한 사람이 주님의 사역자인 것입니다.

19.
마지막으로 말씀을 마치기 전에 두 가지를 다시 강조하고 싶습니다.
첫째, 인생 대부분의 고통은 잘못된 목표 때문에 온다는 것입니다.
육적인 기쁨, 눈에 보이는 세상에 속한 것들을 추구하는 것이 모든 고통의 시작입니다. 근원을 붙잡지 않고 보이는 것을 붙잡을 때 고통이 옵니다. 세상이 주는 기쁨, 보이는 기쁨은 결코 오래 가지 않습니다. 아주 잠깐 즐거움이 온 후에 길고 긴 좌절의 고통의 시간이 시작됩니다. 오직 주님 그 분을 알아 가는 것.. 이것이 진정한 만족입니다. 이 목표가 우리 삶의 중심이 되어야 합니다.
주님을 추구하는 과정에서도 물론 고통이 있습니다. 어려움이 있고 환란이 있습니다. 그러나 그 고통은 다릅니다. 그 고통 가운데는 주님의 위로가 있고 임재가 있습니다. 그러므로 우리는 주님의 임재 속에서 그 고통을 넉넉히 이기고 극복할 수 있습니다. 오직 주님을 알고 사모하고 구하는 것.. 이것이 우리 인생의 목적이 되어야 합니다.

둘째로, 주님은 우리의 부족과 연약함을 통하여 오십니다.
그러므로 강해지려고 하지 마십시오. 자기의 연약함을 부끄러워하지 마십시오. 그것이 은총의 통로입니다. 우리에게 주어진 모든 고통과 절망과 자기 한계는 주님이 우리를 부르시는 부르심입니다.
우리는 상처를 통하여 주님의 은혜 가운데 가까이 나아갑니다. 우리의 상처는 우리를 얻기 원하시고 외로워하시는 주님 마음의 상처.. 찢기고 못 박힌 마음의 고통에 비하면 백 만분의 일도 안 되는 것입니다.
그러므로 상처로 인하여 아파하지 말고 오히려 감사하며 주를 구해야 합니다.
사단은 많은 공격과 상처와 재앙을 통해서 우리를 파괴하려 하지만 주님은 그것을 통해서도 우리에게 선을 이루십니다. 그 재앙들을 통하여 주님을 닮아가고 예수의 형상을 이루시는 아름다운 도구로 삼으십니다.
고통을 무조건 피해서는 안 됩니다. 때때로 그것은 우리를 향한 주님의 프로포즈일수도 있습니다. 우리가 "주님.. 받아들일게요.. 감사해요.." 할 때 우리를 향한 주님의 계획이 이루어집니다.

저는 여러 번 주례를 해보았고 또 많은 결혼식을 구경했는데 결혼식에서 가장 감동이 되는 순간은 주례가 신랑 신부에게 서약을 요구할 때가 아닌가 싶습니다.
주례는 말합니다.
"신랑, 신부에게 묻습니다. 00군은.. 00양은.. 상대가 힘들 때나 아플 때나 외로울 때나.. 언제 어떤 상황에서도 그를 사랑하기를 원하십니까?"
이 때 신랑은 힘차게 "네!" 하고 대답하며 신부도 수줍게 "예" 하고 대답합니다.
나는 그들의 대답을 그다지 신뢰하지 않습니다. 대부분의 젊은이들은 아직 희생이 무엇인지, 헌신이 무엇인지 잘 모릅니다. 어려울 때 자신을 희생하고 상대를 위하여 헌신하는 것은 그리 쉬운 일이 아닙니다.
그러나 아무튼 그러한 고백을 하는 그 장면만큼은 참으로 아름답다고 할 수밖에 없습니다.

저는 오늘 여러분들에게 그러한 고백을 할 기회를 드리고 싶습니다.
우리는 주님의 신부로서 주님을 신랑으로서 고백해야 합니다. 지금 여러분이 주님과 결혼식을 한다고 생각하고 제가 잠시 주례의 역할을 맡아보겠습니다. 자, 지금 여러분들은 모두 신부입니다. 저의 질문에 대답해주시기를 바랍니다.

"사랑하는 여러분.. 여러분들은 모두 주님의 신부입니다. 이제 서약을 하는 시간을 가지겠습니다.
주님의 신부 되신 여러분들은 바로 옆에 계신 주님을 기쁠 때나 슬플 때나 즐거울 때나 외로울 때나
편안할 때나 힘들 때나
건강할 때나 아플 때나
인생의 벼랑에 처할 때에도
지치고 모든 것이 어둡게 느껴질 때에도
오직 주님만을 사랑하며
그분 앞에서 살며
몸과 마음의 순결을 지키기 원하십니까?"

일동 : "네에!"

"감사합니다. 이제 여러분과 주님, 두 분은 하나가 되었습니다.
부디 오늘의 고백과 사랑을 영원히 기억하고
언제나 항상 주님과 함께 행복하고 아름다운 나날들이 되십시오.
감사합니다. 오늘 예배를 마치겠습니다.

8장 보라매공원 회관 집회

일시 : 2001년 12월 26일 - 29일
장소 : 대방동 보라매 공원내 연수원

어느 교회의 중·고등·청년부 연합 수련회의 초청으로 대방동의 보라매공원 안에 있는 연수원에서 집회를 하게 되었습니다.
많은 감동과 눈물이 있기는 했지만 이 집회는 결과적으로 실패로 끝났다고 할 수 있습니다. 하지만 동시에 귀중한 교훈을 얻게 된 좋은 기회가 된 집회였습니다.

1. 갈망이 있는 곳에 주님은 임하신다

가까이 알고 있는 전도사님으로부터 자신이 담당하고 있는 중 고등부의 여름 수련회를 인도해달라는 부탁을 오래 전부터 받았습니다. 다른 전도사님이 맡고 있는 청년부와 같이 여름 수련회를 할 것이라고 했습니다.
이상하게 별로 내키지 않았습니다. 가고 싶지 않았습니다. 그것은 심령 속에 주님이 주시는 기쁨과 감동이 별로 없었고 그저 부담이 되기만 하기 때문이었습니다. 하지만 가까이 친하게 지내는 분이었고 그 때만 해도 거절에 익숙하지 않아서 결국 허락을 하고 말았습니다.

나는 그 동안의 집회를 통해서 주님이 집회 가운데 임하시는 것을 많이 보아왔습니다. 모임을 시작하기만 하면 다소 어려울 때도 있었지만 나중에는 결국 통곡의 바다, 그리고 아우성.. 쓰러지고 춤을 추고.. 주의 영에 사로잡혀서 기쁨과 감격 속으로 들어가는 것을 나는 많이 경험하였습니다.
그랬기 때문에 나는 이 수련회에 대해서 마음에 무엇인가 답답하고 찜찜한 면은 있었지만 그래도 잘 되겠지.. 하고 낙관적인 마음을 품었습니다. 어려움이 있어도 열심히 기도하고 열심히 주를 의지하면 되겠지.. 하는 생각으로 나는 집회를 인도하기로 결정하였습니다.

하지만 내가 오해하고 있는 것이 있었습니다. 나의 집회에서 주님의 은총과 자비가 나타났다면 그것은 오직 주님이 하시는 일이지 나의 능력으로 되는 일은 아니었습니다. 그것은 내가 주님께 겸손히 순복하고 자신을 주님의 원하심을 따라 드리는 것을 통해서만 가능한 것이었습니다.

주님이 먼저 움직이시고 행하시지 않으면 나는 아무 것도 할 수 없는 것이었습니다. 그러므로 나는 주님의 인도하심과 감동에 철저하게 순종해야 했었습니다. 별로 고민하지 않고 인간적인 마음에 따라 쉽게 결정한 것은 정말 실수였고 잘못이었습니다. 나는 이 때만 해도 조금 부담이 되기는 했지만 나의 잘못이 그리 대단한 것이라고는 생각하지 않았습니다.

수련회 날이 되고 찜찜한 가운데 첫날 집회를 시작하면서 나는 비로소 내가 오지 않을 곳에 왔다는 것을 깨닫게 되었습니다. 이 집회는 주님이 내게 맡기신 집회가 아니었습니다. 제대로 기도하지 않고 함부로 움직인 나의 잘못에 대한 통렬한 후회가 속에서 강렬하게 일어났습니다.

집회에 참석한 아이들은 마치 동네 놀이터에 놀러 온 것같이 보였습니다. 이 아이들의 모습 속엔 주님을 사모한다거나 은혜를 구하는 흔적은 전혀 보이지 않았습니다. 찬양 인도자는 열심히 찬양을 하고 있었지만 아이들의 모습은 찬양을 한다기 보다는 장난을 치고 있었습니다.
시간이 되어 기가 막힌 채로 나는 강단에 올라갔습니다. 그리고 찬양을 시작했습니다. 하지만 이런 상태의 찬양이 주님께 상달될 리가 만무했습니다. 아이들은 찬양을 거의 따라 부르지도 않았으며 찬양과 상관없이 계속 장난을 치고 서로 키득키득 거리며 웃고 있었습니다.

나는 과거에 이와 비슷한 집회를 여러 번 한 적이 있었습니다. 그러나 이렇게 심하게 어처구니없는 상황은 겪은 적이 없었습니다. 이들에게는 놀이가 필요했지 집회가 필요한 상황이 아니었습니다.

나는 아이들에게 예배는 주님께 드리는 것이며 이런 태도로는 주님이 이곳에 임하실 수 없다고 이야기하며 집회에 마음을 집중해 달라고 조용한 목소리로 부탁하였습니다. 그러나 아이들은 전혀 호응이 없었고 오히려 더 크게 웃어댔습니다.

나는 더 이상 집회를 인도할 수 없었습니다. 집회는 근본적으로 주님께 드리는 것이며 주님의 영의 운행하심 속에서 하는 것입니다. 이렇게 주님과 상관이 없는 모임을 인도할 수는 없었습니다. 나는 아무 말 없이 강단에서 내려왔습니다. 일단은 어떻게 해야하는지 생각하고 기도를 할 시간이 필요했습니다.

나는 집회 장소에서 나와서 같은 건물 안에 있는 강사 숙소로 들어갔습니다. 마음의 감동에 따르지 않고 함부로 행동한 나의 잘못이 너무나 후회스럽고 통탄스러웠습니다. 담당 전도사님을 통해서 그들의 영적 상태와 분위기를 확인해보지 않은 나의 경솔함에 가슴을 쳤습니다.

담당 전도사님은 나에 대한 막연한 환상을 가지고 있었습니다. 그는 내가 집회를 하는 장면을 여러 번 보았습니다. 집회에서 나타나는 강렬한 회개와 눈물과 감격적인 장면들.. 그러한 모습이 자신이 담당하고 있는 곳에서도 나타나기를 기대했을 것입니다. 그는 단지 내가 오기만 하면 부흥과 역사가 나타나리라고 믿고 있었습니다.

하지만 그것은 정말 오해였습니다. 나는 주님이 직접 임하시지 않는다면 스스로 아무 것도 할 수 없었습니다.

이것은 선명한 깨달음이었습니다. 주님은 그분을 갈망하고 사모하지 않는 이들에게는 결코 오시지 않습니다. 그분은 값싼 분이 아닙니다. 그분은 우리를 위해서 피와 죽음의 고통을 지불하셨습니다. 그리고 그 주님을 얻기 위해서 같은 고통을 지불하고 뜨겁게 갈망하는 이들을 찾으십니다. 갈망이 없는 곳에 주님은 임하실 수 없었습니다.

주님은 영이십니다. 몸은 물질적인 존재이기 때문에 마음에 원하지 않는 곳이라도 하더라도 억지로 움직이면 갈 수 있습니다. 그러나 영은 다릅니다. 영은 성질이 다른 곳에 갈 수 없습니다. 갈망이 없고 사모함이 없는 곳에 주의 영은 오시고 싶어도 오실 수 없습니다. 이것을 잘 알고 있던 내가 그들의 갈망을 확인하지 않은 것은 정말 어처구니없는 실수였습니다.

주님께, 영성에 대하여 별 관심을 가지고 있지 않은 청소년들을 위한 집회라면 그들이 관심을 가지고 있는 기독교인 연예인들을 섭외해서 간증을 듣거나 하는 것이 효과적일 것입니다.

메시지의 전달은 상대방의 영적 수준과 상태에 맞추어서 그들의 관심사에 맞게 전하는 것이 좋은 것입니다.

영적 상태가 어둡고 낮으며 주님에 대한 갈망과 관심이 부족한 것이 잘못이라고 할 수는 없습니다. 그럴 수 있습니다. 그것은 이 시대의 보편적인 상태입니다. 오늘날의 일반적인 학생들의 관심은 컴퓨터나 게임이나 연예인.. 이성 친구 등입니다. 그것은 이상한 일이 아닙니다. 배우지 않고 경험하지 않으면 아무도 주님께 대한 갈망을 가질 수 없습니다. 그러므로 그러한 학생들의 관심사와 수준에 맞는 방식으로 메시지도 전달되어야 합니다.

다만 그러한 사역은 나의 사명은 아니었습니다. 그러한 역할과 사명을 맡은 사람이 있는 것입니다. 나의 사역은 사모하고 갈망하는 이들에게 영성에 대한 섬세한 메시지와 원리를 가르치는 것이며 주님의 실제적인 임재와 마음에 대한 메시지를 전하는 것이 주 사명이고 임무였습니다. 그러므로 이들은 나와 맞지 않았습니다. 그들의 상태나 관심에 대해서 확인하지 않은 것이 나의 실수였습니다. 충분히 기도했다면 나는 아마 가지 않았을 것입니다.

이러한 수준의 학생들을 대상으로 하는 집회였다면 거기에는 많은 중보와 눈물과 기도의 전쟁이 미리 필요한 것이었습니다.

아직 영성이 준비되지 않은 이들에 대해서는 미리 그들을 위하여 대가를 지불하고 고통을 지불하며 기도의 씨름에 헌신할 사람이 필요했습니다. 그것은 목숨을 건 치열한 전쟁이며 승리를 위해서 자신의 모든 것을 바칠 사람이 필요한 전쟁이었습니다.

하지만 이 집회에는 그러한 희생자가 없었습니다. 그것은 원수들에 대한, 그리고 영적 전쟁에 대한 너무나 안이한 자세로 인한 것이었습니다. 당사자들이 갈망하지도 않으며 그러한 상태에 있는 사람들에 대한 피와 눈물의 희생자도 예비되지 않은 모임의 성공은 거의 기대하기 어려운 것이었습니다.

이 집회에는 두 부류의 사람들이 참석을 하고 있었습니다. 나를 초청한 교회의 중·고등부 학생과 청년들이 있었고 또 내가 집회를 하는 것을 알고 찾아온 많은 일반 독자, 회원들이 있었습니다. 이들은 주님을 간절히 알고 경험하기를 갈망하는 사람들이었습니다. 멀리 지방에서 이 집회만을 사모하여 힘들게 찾아온 이들이 많았습니다. 그러므로 영적 헌신도나 관심사가 전혀 다른 두 부류의 사람들을 대상으로 집회를 하게 된 것이었습니다. 이러한 계획 자체에도 문제가 있는 것이었습니다. 나는 처음에 반대를 하다가 나중에 그냥 어정쩡하게 넘어가고 말았는데 이러한 실수도 나중에 많이 반성하게 되었습니다. 헌신도가 전혀 다른 사람들은 같이 있는 것이 좋지 않다는 것을 확연하게 깨닫게 되었습니다.

강사 숙소로 와서 나는 엎드렸습니다. 지금 어떻게 해야 할지 기도를 해야했습니다. 곧 걱정이 가득한 얼굴로 아내가 방에 들어왔습니다. 그녀는 내게 어떻게 할 것이냐고 물었습니다.
잠시 후에 나는 대답했습니다. 지금 이 상태로는 도저히 집회를 할 수가 없다고.. 조금 기도한 후에 다시 나갈 테니 그 동안에 집회장소에서 자리를 바꾸어 달라고 부탁했습니다. 은혜를 사모하는 사람들은 앞 자리에 앉고 그렇지 않은 이들은 뒷자리로 자리를 옮겨달라고 부탁했습니다. 잠시 후에 다시 가서 집회를 인도해보려고 시도는 해보겠지만 자신이 없고, 주님이 계속 역사하지 않으신다면 이번 집회는 포기할 수밖에 없다고 전했습니다. 아내는 나의 이야기를 전하러 나가고 나는 다시 자리에 엎드렸습니다.

얼마의 시간이 지나고 나는 다시 집회 장소에 가서 강단으로 올라갔습니다. 그리고 다시 기도와 찬양을 시작했습니다. 앞줄에 간절함을 가진 사람들이 포진해있었기 때문에 조금 힘이 났습니다. 그러나 전체적인 상황은 별로 나아진 것이 없었습니다. 그래도 애를 쓰면서 찬양을 인도하고 있는 데 갑자기 뒷자리에서 눈물 범벅이 되어 간절하게 기도하고 있는 아내의 모습이 눈에 들어왔습니다. 그 순간 이상하게 속에서 어떤 전율과 같은 것이 일어나면서 힘이 생기기 시작했습니다.

그 순간부터 집회의 흐름이 달라졌습니다. 나는 주님의 임재가 가까이 온 것을 느꼈습니다. 사람들은 통곡하기 시작했습니다. 관심이 없었고 장난을 치던 아이들도 울기 시작했습니다. 기도를 할 때도, 찬양을 할 때도, 메시지를 전할 때도 분위기는 전과 달라져 있었습니다. 그것은 거의 순식간에 일어난 변화였습니다.

나는 찬양과 기도와 메시지를 마치고 지금 성령의 능력을 받을 사람은 그 자리에 일어서라고 권했습니다. 이제 주님의 임재가 가까이 임했기 때문에 그 영에 사로잡히기를 원하는 사람은 받을 수 있었습니다. 나는 사람들에게 예수의 이름을 간절히 소리치고 외치도록 인도했습니다. 곧 집회 장소는 주의 이름을 간절하게 부르고 외치는 울음 섞인 함성으로 가득하게 되었습니다.

나는 일어선 사람들에게 안수를 하고 방언이 임하도록 기도해주었습니다. 학생들도 많이 방언을 받았습니다. 나는 방언의 통역을 해주기도 했습니다. 이제 그 공간은 이미 여기 저기서 들리는 비명 소리, 쓰러진 사람의 울부짖음, 기도소리, 찬양 소리가 어우러져 아수라장과 같았습니다. 많이 보아왔던 익숙한 모습이 다시 나타나기 시작했습니다. 그것은 감격스러운 장면이었습니다.

어려움이 있었지만 그래도 나중에라도 주님의 풍성하신 나타나심이 있어서 나는 안심이 되었습니다. 그리고 기뻤습니다. 집회의 첫날에 이런 정도의 역사가 일어나는 것은 놀라운 일이었습니다.

시간은 이미 많이 지났고 나는 모임을 정리하고 마쳤습니다. 그리고 탈진해서 내 방으로 왔습니다. 걱정하고 염려했지만 그래도 상황이 아름답게 끝나서 다행이라고 생각하고 있었습니다. 이제 밤에 좀 더 쉬면서 기도하고 나의 불찰에 대해서 회개하고 기도하면 내일은 더 풍성한 주님의 역사가 있을 것을 나는 기대했습니다.

하지만 집회가 끝나고 곧 청년부를 담당하고 있는 전도사가 면담을 요청했습니다. 그는 말하기를 이것은 성령의 역사가 아니라고 했습니다. 성령의 충만함을 입는 것이 그저 예수 이름을 몇 번 부르면 되는 것이냐고 그는 따졌습니다.

그는 집회 중에 성령님이 임해서 사람들이 쓰러지고 울고 하는 것을 처음 본 것 같았습니다. 자기는 신학교에서 그렇게 배운 적이 없다고 그는 항의했습니다. 이것은 인위적으로 사람을 흥분시키는 것이기 때문에 목사님이 지금 집회를 중단하고 가지 않으면 자신이 청년부원 전체를 데리고 철수하겠다고 선언했습니다.

이미 충분히 지쳐있었던 나는 더 이상 집회를 인도하고 싶지 않았습니다. 이것은 몇 마디 말로 설명하고 설득할 수 있는 문제가 아니었습니다. 나는 성령의 역사를 부인하고 제한하는 사역자들을 많이 보았습니다. 그것은 그들의 선택입니다.

나는 그러한 이들을 설득하고 싶은 의사가 없었습니다. 갈망하는 이들은 주님의 은총을 얻게 될 것입니다. 그러나 거부하는 이들은 얻을 수 없을 것입니다. 그것은 누가 대신하여 사모해줄 수 없으며 억지로 강요할 수 없는 것입니다.

나는 오랜 시간을 갈망하고 사모하던 끝에 은사들을 경험했으며 주님의 임재와 가까이 함을 누리게 되었습니다. 그것이 내게 얼마나 귀한 것인지! 나는 그러한 경험들을 나의 생명과도 바꾸지 않을 것입니다. 그러나 나는 그 가치를 아는 이들에게 그것을 전하기 원합니다. 원하지 않고 가치를 모르는 이들에게 그것을 나누고 싶은 마음은 전혀 없었습니다.

그것은 성령님의 일하시는 방식이기도 합니다. 성령님은 온유하십니다. 그분은 결코 원하지 않는 이들에게 억지로 임하시지 않습니다. 사람들이 주를 거절할 때 그분은 조용히 소멸되십니다. 아주 극히 드물게 강권적으로 주님이 역사하실 때도 있지만 그것은 아주 특별한 예외에 속한 것입니다. 사역자들은 흔히 '성령께서 강권적으로 역사하여 주시옵소서' 하고 기도하지만 성령님은 강권적으로 역사하시는 것을 좋아하지 않으십니다. 그분은 너무나 인격적이어서 억지로 하지 않으시며 오직 갈망하고 사모하는 자들에게 임하십니다.

교회는 그 교회를 맡고 있는 사역자의 영적 수준을 넘어설 수가 없습니다. 그것이 일반적인 법칙입니다. 성도들이 개인적으로 영적인 갈급함을 채우기 위해서 자기 교회가 아닌 여기 저기를 돌아다니면서 개인적으로 은혜를 얻고 몸부림을 칠 수는 있겠지만 그것은 별로 자연스러운 방식이 아닐 것입니다. 일반적으로 성도들은 자기가 속한 교회에서 영적 양식을 취하는 것이 좋은 것입니다.

그러므로 자기 교회에서 영적으로 만족을 얻고 주님과의 풍성한 교제를 누릴 수 있는 것이 자연스러운 것입니다. 그렇기 때문에 사역자가 그러한 주님의 풍성하신 자비와 임재를 공급할 수 없다면 성도들은 지독한 영적 갈증에 시달리게 됩니다. 그리고 나중에는 영적으로 마비되고 그저 목숨만 붙어있는 형식적인 신자가 됩니다. 그것은 거의 사역자의 영적 상태에 달려있는 것입니다.

성도들의 입장에서 그것은 억울할까요? 하지만 그것은 할 수 없는 일입니다. 성도들에게 있어서 교회의 선택과 사역자의 선택은 자신의 영원한 운명과 관계가 있는 것입니다. 그것은 본인의 선택에 달려있습니다. 모든 사역자들은 자기 신앙의 방향과 사명과 목적이 있는 것입니다. 그 선택은 성도들에게 달려 있습니다.

아무도 교회와 사역자의 선택을 강요하지 않습니다. 성도들은 자신의 신앙 방향을 따라 교회와 사역자를 선택해야 합니다. 사역자에게 자기 마음에 원하는 것을 요구해서는 안 됩니다. 짜장면을 원하는 사람은 중국집에 가야 합니다. 된장찌개를 원하는 사람은 한식집에 가야 합니다. 중국집에 가서 왜 된장찌개가 없느냐고 말해서는 안 됩니다.

나는 학생부의 여름 수련회를 인도한 후에 집회를 통해서 주님의 여러 역사들이 일어나는 것을 보았습니다. 그런데 그 후에 그 교회를 담임하던 사역자들이 그 주의 역사를 소멸시키려고 애를 쓰는 것을 여러 번 보았습니다. 수련회가 끝난 후에 날마다 학생들이 교회에 모여서 울면서 기도를 하고 찬양을 하는 것을 광신적인 흥분으로 보고 방해하는 경우들을 나는 여러 번 보았습니다.

그러한 경험들이 너무나 가슴아팠기 때문에 나는 어떤 부흥의 역사가 일어나더라도 담임 사역자가 그러한 영성의 흐름을 계속 관리하고 이끌어갈 수 있는 곳이 아니라면 다시는 가지 않겠다고 결심을 하였었습니다. 그러나 이번 집회에 나는 어리석게도 같이 수련회에 참여하는 청년회원들의 영적 상태나 갈망, 그리고 담임 전도사의 성향도 파악하지 않고 있었습니다. 이것은 나의 경솔함이며 영적 전쟁을 별 것 아닌 것으로 생각했던 어리석음이었습니다.

나는 전도사를 축복해주었습니다. 내가 떠난 후에 그는 자신이 집회를 계속 인도하겠다고 했습니다. 나는 그를 위해 축복기도를 해주고 내일 아침에 떠날 것이라고 말했습니다.
내가 남아있는 것은 무의미한 일이었습니다. 며칠 집회를 더 해서 더 풍성한 주의 자비가 나타난다고 해도 나는 한번 집회를 하고 갈 사람이었습니다. 한 교회 내에서 부처간의 갈등이 있는 것은 바람직하지 않을 것입니다.

나를 초청한 전도사와 부 목사님이 늦게 소식을 듣고 나를 설득하려고 애를 썼습니다. 하지만 상황은 이미 끝난 것이었습니다.
나는 사람들에게 연락을 해서 나의 집회는 끝났으니 더 이상 오지 말라고 전달하도록 했습니다. 다행히도 연락의 체계가 잘 되어 있어서 아주 일부 외에는 다음날의 집회에 오지 않았습니다. 이렇게 해서 보라매공원에서의 집회는 끝났습니다. 그것은 실패로 끝났습니다. 집회 도중에 쫓겨난 것이니까 실패로 끝난 것이 맞을 것입니다.
하지만 아름다운 간증도 많이 있었습니다. 생전 처음 이렇게 놀라운 장면을 보았다고 놀라고 기뻐하던 이들도 많았습니다. 학생들 중에서도 많은 이들이 성령의 세례를 받고 놀라운 간증이 쏟아졌다고 했습니다. 나는 실패했지만 주님은 실패하지 않으셨습니다.

이번의 교훈은 선명하고 확실한 것이었습니다. 사역자는 결코 주님의 인도와 허락이 없이 함부로 움직여서는 안 된다는 것입니다. 아무리 개인적인 친분이 있더라도 오직 주님만이 말씀하실 수 있고 명령하실 수 있는 것입니다. 사역자는 오직 그에 따라서 순종만 해야합니다.

또한 주님의 은혜는 결코 바겐세일 할 수 없다는 것도 이번 사건의 놀라운 교훈이었습니다. 주님을 갈망하는 이들은 주님을 얻을 것입니다. 그러나 갈망하지 않는 이들은 은혜를 맛볼 수 없습니다. 갈망하지 않는 이들이 은혜를 얻고 주님을 경험하기 위해서는 지도자나 누군가가 생명을 건 중보와 대가 지불이 있어야 합니다.

지금 생각해보면 나는 그 동안의 집회를 통해서 어느 정도 마음이 높아지지 않았나 생각이 듭니다. 대충 해도 은혜가 임하지 않을까.. 주님은 자비로우신 분이시며 우리를 만지시는 것을 좋아하시는 분이니까 대강 은혜가 오지 않을까.. 이런 마음이 있었던 것 같습니다. 그러나 이번의 실패를 통해서 나는 많이 낮아지고 반성을 하게 되었습니다. 그리고 어떻든지 항상 주님의 인도만을 기다리고 갈구하게 된 좋은 계기가 되었습니다.

그 이후에 나는 갈망이 없는 이들에게는 가급적이면 나의 시간을 쓰지 않기로 결정했습니다. 나에게 주어진 시간은 한정되어 있습니다. 그 시간을 주님의 은혜에 대해서 준비되지 않은 이들에게 사용하는 것은 효

율적인 일이 아님을 선명하게 깨닫게 되었습니다.

왜냐하면 정말 너무나 많은 사람들이 주님을 갈망하며 그분의 임하심을 사모하고 구하고 있기 때문입니다. 내게 시간이 주어진다면 나는 오직 그러한 이들을 돕기로 마음을 먹었습니다. 다른 이들에게는 다른 사명이 있겠지만 내게는 그것이 합당한 일임을 알게 되었습니다.

이 집회는 실패한 집회입니다. 그러므로 과연 이 책에 이 실패에 대한 보고를 넣어야 할지 많이 망설였습니다. 하지만 망설임 끝에 결국 수록하기로 결정했습니다. 실패의 보고도 필요하며 거기에서 교훈을 얻고 반성하는 것도 중요하다고 여겼기 때문입니다.

집회는 실패로 끝났지만, 그래서 사모하고 집회를 기다리던 성도들에게는 너무나 죄송한 일이었지만 내게는 교만함과 경솔함에서 다시 자신을 돌아볼 수 있는 좋은 기회가 되었습니다. 어떤 면에서는 자신에 대해서 통쾌하기까지 했습니다.

정말 낮고 사모하고 갈망하는 마음으로 오직 언제나 주님만을 간절하게 붙들어야 한다는.. 그러한 결심을 다시 한번 분명하게 일으켜준 내게는 몹시 아름다운 집회였고 경험이었습니다.

2. 보라매 집회의 소감   -이혜경 사모-

보라대 공원에서의 집회에 참석한 소감을 간단하게 나누어보려고 합니다. 이 집회는 우리에게 충격과 아픔이 되기도 했지만 또한 귀한 깨달음을 얻게 된 시간이기도 했습니다.
첫 집회의 시간이 되어 카페 회원님들의 중보 기도소리가 계속 들려오는 가운데 집회장소에 들어갔습니다.
하지만 몹시 당황스러웠습니다. 아이들의 장난, 웃음.. 그 어디에도 주님을 사모함이 없었습니다. 안타까운 마음을 가지고 쳐다보고 있었지요. 목사님이 등장하셔서 찬양을 인도하시다가 맨 앞에서 떠들고 웃는 아이들에게 주의를 주셨습니다. 그래도 계속 웃고, 떠들자 목사님은 단에서 내려오시고 바깥에 있는 강사의 방으로 들어가셨습니다.

저는 뛰는 가슴으로 목사님께 달려갔습니다. 저는 목사님을 잘 아는 지라 놀란 가슴이 쿵쾅거리는 것을 느꼈습니다. 목사님은 주님이 임하시지 않으면 아무리 사람이 많아도 집회를 인도하지 않습니다. 그러기에 목회를 하면서 예배를 드리다가도 주님이 말씀을 주시지 않는다고 그냥 각자 기도하자고.. 그렇게 예배를 끝내신 적도 여러 번 있었습니다. 하지만 지금은 많은 분들이 은혜를 사모하여 먼 곳에서부터 왔는데.. 그들을 실망시켜서는 안 되는데.. 너무나 안타까운 마음으로 목사님께 달려갔습니다. 말씀을 드리자 목사님은 한숨을 쉬시면서 "나도 할 수가 없는 걸.. 주님이 역사를 못하시는데 어떡해.." 하는 것입니다.

목사님은 잠시 고개를 숙이고 있더니 말씀하기를 맨 앞줄의 자리를 바꾸지 않으면 도저히 찬양을 할 수가 없으며 성령님이 오시지 않고 집회 자체가 불가능하다고 했습니다. 주님을 우습게 여기고 무시하는 곳에서는 주님이 오실 수 없으며 자신이 아무리 집회를 인도하고 싶어도 할 수가 없다고 합니다.

맨 앞쪽 자리에 주님을 사모하는 이들이 채워지면 도움이 될 것이라고 하셨습니다. 그러면 성령님의 능력이 나갈 수가 있을지도 모른다고 했습니다. 지금은 능력이 나가지도 않고 설사 능력이 나간다해도 앞 쪽에서 다 막혀서 반사되기 때문에 뒤까지 갈 수 없다고 했습니다. 그러므로 꼭 자리를 바꾸어달라고 부탁을 했습니다.

나는 그 이야기를 듣고 지난 번에 P교회 학생회에서 집회를 했을 때 첫날에는 자리를 마음대로 앉아서 집회가 어려웠지만 그 다음날에 사모하는 이들이 첫째 줄에 앉도록 자리를 바꾼 후에 주님의 놀라우신 역사가 임했던 것이 생각났습니다.

나는 나가서 자리를 얼른 바꾸어 앉도록 이야기하고 다시 목사님이 계신 방으로 들어와서 보고를 하였습니다.

목사님은 가만히 기도하면서 기다리고 있다가 조금 시간이 지나자 "다시 한번 시도해보지요. 이번에도 안 되면 포기할 수밖에 없어요.." 하시고는 비장한 모습으로 다시 예배 장소로 돌아갔습니다.

잠시 후 목사님은 다시 강단위로 올라섰습니다.
저는 자리에 앉자마자 눈물이 주체할 수 없이 흘러 내렸습니다.
마치 마음이 타는 것 같아서 마음 속 깊이 울부짖으며 기도했습니다.
'주님.. 다 저 때문입니다. 제가 제대로 기도하지 않았어요..
주님.. 제발 용서해주세요..제발.. 도와주세요..
주님! 주님! 도와주세요.'

'도와주세요.' 라는 말만하면 눈물이 폭포수처럼 쏟아졌습니다. '여기에 모인 이 많은 사람들.. 이렇게 은혜를 사모해서 멀리에서 왔는데.. 그냥 돌아가지 않게 해주세요..' 하는 간절한 마음으로 기도했습니다. 저는 그야말로 절박한 심정이었습니다. 그렇게 간절하게 기도한 시간은 불과 몇 분에 지나지 않았습니다. 그러나 저에게 그 시간은 몇 천년 같이 느껴지던 시간이었습니다. 마치 애가 바짝바짝 타는 것 같았습니다. 정말 죽을 것 같이 절박하고 고통스럽게 느껴지던 순간이었습니다. 모세가 자기의 백성을 위해 하나님께 눈물로 호소하던 모습이 갑자기 떠올랐습니다. '주님, 도와주세요..' 하면서 간절히, 정말 간절히.. 소리는 내지 않았지만 비 오듯 눈물을 흘리면서 기도했습니다. 그러면서 '아.. 중보란 바로 이러한 것이구나..' 하는 느낌이 들었습니다.

그렇게 간곡하게 주님을 붙들고 있는데 너무나 선명하게 주님이 말씀하시기를 [내가 너의 눈물을 보았다.] [너는 남편을 위하여 눈물로 중보하라. 내가 그를 붙잡으리라.] 하시는 것이었습니다.
그것은 너무나 강력한 말씀이었고 놀라운 음성이었습니다. 저는 그 음성을 듣자 조금 안심이 되었습니다.

그러면서 주님의 음성을 듣는 것은 그러한 절박함, 간절함에서 오는 것이구나.. 하고 다시 느꼈습니다.
나중에 목사님이 말씀하시는데 제가 마구 우는 모습을 보았고 그 순간 마음이 뜨거워지면서 집회의 영이 회복되는 것을 느꼈다고 하는 것이었습니다.

그리고 저는 분위기가 바뀐 것을 느꼈습니다. 목사님이 찬양을 시작하시자 곧 온 회중에 눈물의 폭풍이 휘몰아치는 것 같이 느껴졌습니다. 사람들은 집회 내내 엉엉 울었고 쓰러지고 성령님에 취해서 정신을 못 차리는 분들도 계셨습니다.
목사님의 메시지가 끝나고 다시 찬양, 기도, 눈물, 통곡, 쓰러짐, 포효하는 듯한 장내의 소리.. 성령을 받으려고, 방언을 받으려고 나온 아이들, 그들을 위해 기도해주는 목사님과 카페 식구들의 기도소리.. 그것은 정말 아름다운 음악소리와 같았습니다. 주님의 영이 운행하시는 소리가 윙윙하는 바람소리처럼 들렸습니다.
주님의 운행하심.. 그것은 정말 선명하게 느껴졌습니다.
목사님은 아이들이 방언을 받도록 도와주신 후에 기도를 인도하면서 주님의 임하심을 계속 초청하고 구했습니다.

목사님이 큰 소리로 외치시며 "주님의 영이 지금 운행하고 계십니다. 지금 받으세요.. 계속 계속 받으세요" 하고 말씀하실 때는 강한 힘이 움직이면서 온 몸에 짜릿 짜릿해지며 전신에 강한 능력이 계속 들어오는 것이 느껴졌습니다.
그 주님의 임하심.. 말로 표현이 잘 안 되는군요.

주의 이름을 부르는 기도를 인도하실 때 목사님을 따라 '예수! 예수! 예수!' 이름을 계속 외치면서 반복할 때는 속이 얼마나 뜨거워지고 감격이 되던지 마치 영혼이 하늘에 올라가는 기분이었습니다.
반대하시는 전도사님은 그것을 잘못되었다고 하셨는데 예수 이름을 부르는 것이 이렇게 좋은데 왜 그럴까 싶고 잘 이해가 가지 않았습니다.

우리는 첫날 집회를 마치고 조금 안심이 되었습니다. 처음에는 마음을 많이 졸였지만 집회를 마치고 나니 이제 더욱 더 강력한 주님의 역사가 집회에 임하겠구나 싶어서 마음이 기뻤습니다.
보통 목사님은 집회를 하실 때 첫날이나 둘째 날은 조금 완급을 조절하는 편이고 마지막 날에 강력하게 쏟아 부어서 끝날 때에는 눈물의 홍수가 되는 것이 보통이었습니다. 그런데 왜 오늘은 첫날부터 강력하게 방언도 터트리고 강력한 기도를 시켰는지가 궁금했습니다.
그래서 이상해서 물어보니 참석자들 안에 어둠의 기운이 너무 많다고, 내일 밤에는 마귀의 진을 아주 초토화시키는 결박의 전투를 벌이려고 하는데 오늘 어느 정도는 영이 열려야 그것을 감당할 수 있다고 말씀하십니다.

첫날은 주님의 임재와 능력을 경험하고 둘째 날에는 마귀를 부수고 자유케 되는 것에 다루고 경험할 것이며 그리고 마지막 날에는 주님께 순종하고 사랑하고 연합되는 것에 대해서 전하려 한다고 하십니다.
하지만 밤에 잠을 자려고 하는데 K전도사님이 오셔서 청년부 전도사님이 면담을 요청하신다고 이야기를 하셨고 그리고 그 다음의 이야기는 이제 다 아실 것입니다.

우리는 그 곳에서 철수해서 같이 있었던 카페의 식구님들과 광주에서 올라오신 목사님일행들, 여러 형제들과 같이 우리 집으로 가서 교제와 함께 여러 대화들을 나누었습니다.

그들이 떠난 후 우리는 지쳐서 곧 잠이 들었는데 아침에 깨어나자마자 저는 '주님.. 왜 이런 일이 일어났을까요?' 하고 간절하게 기도를 드렸습니다.

저의 맘속에 선명한 주님의 메시지가 오기 시작했습니다.
[딸아, 너는 아직도 영적인 전쟁을 피상적으로 생각하고 있다. 너는 마귀로부터 나와 너의 남편과 너의 카페의 식구들을 보호해야 하며 마귀의 진을 부수어야 한다.]
[너희가 나의 종이라면 결코 인간의 정에 이끌려서는 안 된다.]
[너희를 대적한 이들을 축복해야 한다.]
[내가 보낸 모든 집회에 내가 역사하고, 역사할 것이다.]
[나의 능력을 나타낼 것이다.]
[사람들의 심령을 내가 회복하고, 넘치는 자유와 기쁨을 줄 것이다.]

그 모든 메시지들에 아멘, 아멘을 드리면서 저는 절망과 낙심에 빠져있던 마음이 순식간에 기쁨으로 회복되었습니다. 저는 솔직히 목사님처럼 대적자들을 즉시 사랑하고 축복하지 못했고, 원망하는 마음이 있었거든요..

이번 일은 정말 모든 일에 주님의 인도를 받으며 순종해야 하는 것의 중요성을 새롭게 가르쳐준 것 같습니다. 가슴이 아팠지만 결과적으로는 너무 감사합니다.

또한 중보란 오랜 시간을 기도하는 것이 아니라 짧은 시간에도 목숨과 진액을 쏟아 붓는 것이며 그렇게 기도할 때에 주님이 선명하게 그 간절함을 보시고 오신다는 것을 새롭게 알게 되었습니다.

오늘 L전도사님 댁에 교제를 위하여 모였었지요. 어떻게들 다들 알았는지 22명이나 모였고 찬양을 한 곡한다는 것이 다섯 시간동안이나 찬양과 기도를 드리게 되어서 집회가 되어버렸지요.

목사님이 부흥과 영적 전쟁과 능력이 임하는 세 가지 단계 등에 대해서 말씀하셨고 말씀을 듣는 가운데 후련함과 기쁨이 있었습니다. 그리고 나서 사랑의 고백과 눈물, 통곡, 웃음과 기쁨을 나누면서 정말 이것이 천국이구나.. 하는 것을 다시 느꼈습니다.

주님 안에서 만나고 사랑하고 축복을 나누는 것.. 이것이 정말 얼마나 감사한지요. 오늘의 만남 속에 있었던 주님의 풍성하신 역사는 이번에 아쉽게 끝나버린 집회에 대한 주님의 위로인 것처럼 느껴졌습니다.

카페 식구님들 모두 너무 너무 사랑하고 감사합니다.

참 아름다운 밤이군요. 주님과 같이 아름답고 편안한 밤이 되시기를 바랍니다. 사랑합니다.

[K집사] 승리의 주님을 찬양합니다. 왠지는 모르지만 눈물이 납니다.

주님..당신은 승리하셨음을 선포합니다. 주님께선 승리의 노래를 부르게 하십니다. 처음에 어려움이 있었지만 다시 찬양은 시작되었을 때 집회에 주님의 영이 임하기 시작하며 여기 저기에서 울음이 터져 나오기 시작했습니다.

집회를 시작하면서부터 심장에 답답함이 있었고, 주님은 집회를 시작하고 한참 동안 아이들을 위해 기도하게 하셨습니다. 가슴은 자꾸 답답하고 아팠습니다. 이것이 아이들의 열리지 않은 마음이란 것을 느낄 수 있었습니다.

목사님께서는 사람들의 머리에 너무 복잡한 생각들이 많이 있다고 하시며, 머리에 주님의 보혈이 떨어지는 상상과 주님의 빛이 머리에 임하는 상상을 해보라고 하셨습니다.

목사님의 말씀대로 했을 때, 저에겐 주님의 빛이 임하면서 그 빛이 머리에서부터 서서히 내려오며 온 몸을 빛으로 감싸며 내려오는 것이 보였고 이후 머리와 몸 전체가 매우 시원함을 느낄 수 있었습니다.

찬양을 하면서 사람들은 쓰러지기도 하며 울기도 하며, 손을 들기도 하면서 기쁨의 찬양을 드렸습니다. 사모하는 영혼들에게 주님은 임하고 계셨습니다. 사람들의 마음에 주님의 영은 임하고 계셨고 주님께 사로잡히신 분들은 깊은 임재 속으로 들어갔습니다. 여기저기서 포효에 가까운 부르짖음이 있었고 그 부르짖음을 통하여 주님은 권능을 입혀 주셨습니다.

많은 분들이 주님께 자신의 마음과 혀를 맡겨 드렸고, 방언을 사모한 대다수의 분들이 방언을 받으셨습니다. 학생들 중에도 방언을 사모한 친구들이 많이 나왔는데 그들에게도 방언이 임했습니다.

목사님은 마지막으로 주님께서 아이들을 향해 말씀하시는 메시지를 아이들에게 전했습니다. 주님이 우리를 사랑하고 계시다는 것과, 언제나 우리들에게서 떠나지 않겠다는 것을 말씀하셨습니다. 그리고 아이들을 위해 축복해 주시고 주님께서 아이들을 이끌어 주심을 감사하시며 집회를 마쳤습니다.

이렇게 집회는 끝이 났고 예정한 시간대로 다 끝마치지 못하고 중간에 그만 두게 되어서 몹시 아쉬웠습니다.

그러나 어떤 이들에게는 이 학생 집회가 실패한 집회처럼 보일지 모르지만 그러나 주님은 이 집회를 승리한 집회로 여기실 줄로 믿습니다. 주님은 한 영혼을 귀중히 여기십니다.

그런데 이 집회는 세상의 어두운 영들에 사로잡혀 주님을 알지 못하는 아이들에게 주님이 어떤 분인지를 알게 하셨고, 주님의 역사는 이런 것이라는 것을 아이들의 눈에 보여 주셨기 때문입니다.

일부의 아이들일지 모르지만 그들의 심령에 주님의 메시지는 꽂혔고, 그 메시지를 통하여 그들은 변화 될 것이며, 그들의 영혼은 살아나게 될 것입니다.

그리고, 주님의 영이 무엇인지 모르던 아이들은 이 색다른 경험을 통하여 일생동안 주님은 어떤 분인가란 궁금증을 가지게 될 것이며, 주님께 나아오게 될 것입니다.

이 집회를 통하여 영혼을 살리기 위해서 주님의 마음으로 더 간절한 마음을 찢는 기도가 있어야함을 가슴 깊이 새기게 되었습니다.

주님은 승리하셨습니다. 주님은 이 집회가 실패처럼 보이지만 성공임을 우리에게 알려 주셨습니다.

할렐루야.. 살아 계신 주님을 찬양합니다. 모든 영광을 받으시옵소서. 아멘.

3. 보라매집회 후 목사님 댁에서의 메시지

보라매 집회를 일찍 마치고 남아있던 분들 중에 일부가 우리 집까지 같이 와서 교제를 나누었습니다. 서로 인사도 하고 질문과 대답도 나누면서 몇 가지 이야기들을 나누었는데 그 내용들을 H전도사가 정리하였습니다. 그 중의 일부를 올립니다.

1.
우리는 사람을 도울 때 인간적인 감정으로는 돕고 위로하려 할 때가 많이 있습니다. 그러나 이것을 알아야 합니다. 우리가 아무리 돕고 싶어도 주님의 역사와 인도가 아니면 도울 수 없습니다. 주님의 뜻과 인도하심보다 사람을 도와주고자 하는 내 마음이 더 강하면 오히려 주님을 방해하게 됩니다.
도처에 불쌍한 사람, 도움이 필요한 사람이 많이 있습니다. 그러나 우리가 그들 모두에 대한 부담을 질 수는 없습니다. 그러므로 우리는 오직 주님이 인도하시는 분량만큼만 가야 합니다.
도와주지 않으면 욕을 먹지 않을까 싶어서 도와주는 것은 바른 동기가 아닙니다. 우리는 주님을 위해서 욕을 먹어야 할 때는 욕도 먹어야 합니다. 주님께서도 십자가에 달리실 때 아무 능력도 행하지 않으셨으며 무능한 모습으로 자신을 변호하지 않으시고 욕을 당하셨습니다.

우리는 주님의 도구가 되기 위해서 우리의 기교, 재능, 자존심 등이 온전히 주님의 손에 잡혀야 합니다. 그렇지 않으면 주님을 방해하게 됩니다. 대체로 주님을 방해하는 것은 나쁜 마음이 아니라 선한 마음이며 무능함이 아니고 유능함인 경우가 많습니다.

하나님이 주시는 마음이 아닌데 봉사하는 것에는 뭔가 인정받고 싶어 하고 대가를 받으려 하는 마음이 있을 때가 많습니다. 그러한 봉사는 생명의 열매를 맺지 못합니다.

2.

그리스도인들은 전도에 대한 부담을 항상 많이 가지고 있습니다. 사역자들은 성도들에게 그러한 부담을 많이 줍니다. 하지만 전도에 있어서 중요한 것은 주님의 인도와 감동 속에서 움직이는 것입니다. 무조건 아무 때나 움직이는 것은 좋지 않습니다.

'때를 얻든 못 얻든 전하라'는 말씀은 전도의 시급성을 말한 것이지 아무 때나 막 전하라는 게 아닙니다.

주님의 감동을 듣고 느끼는 것은 어렵지 않습니다. 그것은 대단하게 느껴지는 신령하고 신비한 것이 아니라 심령에서 올라오는 자연스러운 기쁨입니다. 마음속의 자연스럽게 일어나는 소원과 기쁨을 따라 하는 것입니다. 그것은 아주 간단하고 쉬운 것입니다.

누군가 얘기할 때 그 사람이 속마음을 털어놓고 얘기하는지 겉으로만 이야기하는 지는 쉽게 알 수 있습니다. 마음을 여는지 안 여는지를 누구나 느낄 수 있습니다. 마음 중심에서 나오는 이야기는 사람의 마음 속에 항상 감동을 줍니다.

주님의 인도와 감동도 그와 같이 자연스럽고 편안합니다. 그것은 아주 아름답고 따뜻한 것입니다. 그것은 깊은 곳에서 일어나는 즐거움이며 감동입니다. 주님의 음성이 아닌 것은 뭔가 이상하게 차갑고 부자연스럽습니다. 경험하면 그것의 분별이 어렵지 않은 것을 알 수 있을 것입니다.

3.
우리는 보통 인간적인 정을 처리하지 못해서 주님을 방해합니다.
선악과는 생명이 아닙니다. 그 중에서 악한 것이 생명이 아니라는 사실은 잘 알려져 있습니다. 그러나 선 역시 생명이 아니라는 사실은 흔히 잊게 됩니다. 착하게 살고 남을 잘 섬기는 것.. 그런 성향 때문에 사람에게 이끌려서 주님을 방해하는 경우도 있습니다.
상처를 주는 것이나 받는 것이 좋은 것은 아니지만, 가능하면 피해야 하겠지만 그러나 때에 따라서는 있을 수도 있습니다. 상처를 받을 수도 있고 줄 수도 있습니다.
언제나 좋은 사람의 역할을 하고 싶고 남에게 상처를 주기 싫고, 다른 사람에게 나쁜 사람으로 보이기 싫고, 욕먹기 싫고 오해받기 싫고.. 이러한 성향이 주님을 제한할 수 있습니다. 일체의 분쟁이나 갈등을 싫어하는 이들도 있는데 그러한 기질이 주님을 따르는 것을 방해할 수 있다는 것을 알아야 합니다.
우리는 선함과 사랑, 아름다움 자체보다, 그 무엇보다도 주님께 순종하는 것이 중요하다는 사실을 인식해야 합니다. 주님의 뜻이 바로 선함이며 사랑이며 아름다움이기 때문입니다. 인간적인 사랑과 아름다움에는 생명이 없지만 주님께 속한 모든 것에는 생명과 빛으로 충만한 것입니다.

4.

많은 영적 체험이 있지만 그의 삶과 인격을 보면 욕심도 많고 혈기도 많고 이기적인 사람이 있습니다. 반면에 별 다른 영적 체험을 가지고 있지 않으며 영적인 느낌이나 감동에 대해서도 잘 모른다고 하는데 항상 상대방을 잘 배려해주는 사람이 있습니다.

이런 경우에는 후자가 더 성숙한 사람이라고 할 수 있습니다. 성숙이란 체험의 문제가 아니라 삶과 인격의 문제입니다.

교회에는 은사가 많은 사람보다 친절한 사람이 더 필요하고 중요합니다. 은사가 많지만 인격이 부족한 사람은 일을 하면서 많은 문제를 일으키지만 은사가 부족하더라도 삶과 인격에서 주님의 향기가 나타나는 사람은 교회에 덕을 세우게 됩니다.

은사는 그 자체가 생명이 아닙니다. 그 은사에 인격적 순종을 더할 때 영혼의 성숙이 나타나게 됩니다.

말씀을 잘 깨닫는 것도 은사에 속한 것입니다. 그것은 재능이며 달란트입니다. 그렇게 말씀을 잘 이해하고 가르치는 사람이라도 인격적으로 주님께 순종을 하지 않으면 그의 영혼에는 아무런 유익이 없습니다.

그렇다고 해서 은사를 무시해서는 안됩니다. 은사를 가르치고 발전시켜야 합니다. 문제가 생길 수 있다고 아예 접근을 포기해서는 안 됩니다. 은사를 통해서 우리는 우리의 지식과 능력을 초월하는 하나님의 능력과 실제를 접하게 됩니다. 하나님으로부터 오는 깨달음이나 생각은 우리가 평소에는 생각하지 못하는 부분입니다. 그렇기 때문에 예언의 은사를 사용해서 자기 자신에게 예언을 하더라도 항상 신선한 충격을 받게 됩니다.

주의 음성을 통해 우리는 신선한 도전을 받게 됩니다. 그것이 은사입니다. 그리고 그 은사와 주님의 음성에 순종할 때 우리는 영적으로 성장하게 되며 우리의 삶과 인격에 주님의 실제와 생명이 나타나게 됩니다.
은사가 은사로서 끝나느냐, 생명의 열매를 맺는 것으로 끝나느냐 하는 것은 각 사람이 그 은사를 통해서 역사하시고 말씀하시는 주님께 인격적으로 순종하느냐, 아니냐 거기에 달린 것입니다.

5.
지적인 사역자들, 제자 훈련 사역을 하시는 분들이 영성운동이나 영적 현상에 대해 거부감을 갖는 경우가 많이 있습니다. 그 주된 이유는 영성운동이 단순한 은사운동으로 치우치고 그러한 운동을 하는 사람이나 경험자들의 삶 속에서 거칠고 이기적이고 사랑이 없는 모습을 많이 보았기 때문입니다. 조금 관심을 가지려다가도 그런 분들의 비인격적이고 비지성적인 모습에 환멸을 느껴서 마음을 닫는 경우가 많이 있습니다.
그러한 이들과 논쟁을 하는 것은 좋지 않습니다. 영성과 주님의 임재와 그에 따른 은총들에 대해서 마음을 열게 하려고 노력하는 것도, 강요하는 것도 설득하는 것도 아주 좋지 않습니다. 다만 그들을 넓은 마음으로 사랑하고 이해해주는 것이 필요합니다. 그들의 수준에서 대화하는 것이 좋습니다.
신앙의 색깔은 다 틀리지만 그렇다 해도 공통적으로 쉽게 나눌 수 있는 부분들이 있습니다. 잘 찾아보면 그러한 이들과도 같이 공감할 수 있는 부분이 있을 것입니다. 예를 들어서 주님을 사랑하고 헌신해야 한다는 것에는 누구나 공감할 것입니다. 서로 사랑하고 용서해야 한다는 것에 대해서는 누구나 공감할 것입니다.

주님은 우리를 사랑하시며 우리가 서로 사랑하기를 원하시는 것도 공감할 수 있을 것입니다. 그런 식으로 우리는 서로의 다른 점을 찾지 말고 같은 부분을 찾아야 합니다. 그러면 차츰 좀 더 깊은 부분을 서로 나눌 수 있을 것입니다. 일부가 다르다고 마음을 닫아서는 안 됩니다. 누구나 따뜻함, 행복함, 아름다움, 사랑스러움, 편안함, 웃음.. 이런 것들을 좋아합니다. 그러므로 우리는 겸손하고 아름다우며 사랑스러움으로 사람들을 배려하고 영성과 주님의 실제적인 임하심에 대하여 마음이 닫힌 이들을 불쌍히 여겨야 합니다.

6.
모든 좋은 열매는 주님으로부터 오는 것입니다. 그것은 결코 우리에게서 나오지 않습니다. 주님이 임하실 때 모든 아름다운 열매가 나타나게 됩니다. 그러므로 자신의 삶에 사랑과 은혜가 있으면 '아.. 주님이 오셨구나..' 하고 감사를 드려야 합니다.

자신의 삶과 사역에 은혜가 나타나지 않으면 '아.. 주님이 임하지 않으셨구나.. 그렇다면 내가 어떤 부분에서 주님을 방해했을까?' 하고 자문하고 기도해야 합니다.

주님이 우리에게 임하시고 감동하시면 사랑하는 것, 겸손하게 사람을 대하는 것이 아주 쉽고 편합니다. 그러나 주님이 임하시지 않고 우리 스스로 사랑을 하려면 그것은 아주 어렵고 힘든 것입니다. 그러므로 내가 고생을 하고 애쓰고 있는데도 힘들고 별로 열매가 없다면 그것은 뭔가 주님께 막혀 있는 것이 있는 것입니다.

주님이 임하시는 그릇이 있는데 그 그릇은 바로 절망입니다.
우리는 우리 자신에 대해 아직 충분하게 절망하지 못했습니다. 만일 충분히 절망하고 또 절망했다면 주님이 임하실 것입니다. 그러므로 우리는 깊은 절망으로 떨어져야 합니다. 이것이 고통과 환란과 실패가 우리에게 오는 이유입니다.

우리는 근본적으로 사랑을 할 수 없는 존재입니다. 인간은 겉으로 선해 보이는 사람이라고 할지라도 근본적으로 누구나 이기적이고 완악한 존재입니다. 그런데도 은밀하게 마음속으로 내 자신이 이 정도면 괜찮은 사람이라고 생각하는 것.. 그것이 바로 악한 것이며 은혜를 막는 것입니다.

바리새인은 아주 경건하고 훌륭한 사람이었지만 '나는 괜찮은 사람이다.' 라는 의식이 있었기 때문에 은혜가 오지 않았습니다. 세리나 창기는 죄를 많이 지었지만 '나는 더럽고 못된 사람이다' 라는 의식이 있었기 때문에 주님이 오셨습니다.

그러므로 주님께 나아가기 위해서 자신의 더러움과 악에 대하여 근본적인 절망과 애통이 필요합니다. 주님은 은혜를 주시기 전에, 우리에게 임하시기 전에 우리의 비참한 상황을 보여주십니다. 그리고 주 앞에서 엎드려져 애통하고 있는 자에게 오셔서 그를 일으켜주십니다.

그러므로 절망해야 합니다. 오직 모든 소망을 주님께 두어야 합니다. "주님, 당신이 임하시지 않으면 저는 죽습니다.." 하는 마음으로 간절하게 기도하고 사모해야 합니다. 그 때 주님은 임하시며 우리는 비로소 아름다운 열매를 맺게 되는 것입니다.

7.
어떤 이들은 자신에게 사랑이 없다고, 자기가 사랑을 못한다고 죄책감을 갖습니다. 하지만 그것은 당연한 일입니다. 우리는 사랑할 수 없습니다. 아직 우리가 스스로의 힘으로 사랑할 수 있다고 생각하는 것은 아직 자신을 모르고 있는 것입니다.
주님은 사라의 경수가 끊어질 때까지 기다리셨습니다. 그 후에 이삭이 나왔을 때 아브라함은 그 아이가 주님으로부터 온 것을 알았습니다.
주님은 우리에게도 그렇게 하십니다. 우리를 절망시키시고 우리의 어두움을 보여주시고 우리가 스스로 열매를 낳을 수 없음을 확인시키신 후에 열매를 주십니다. 경수가 끊어진 후에 아이를 주십니다.

원래부터 정이 많고 사랑이 많은 사람은 사랑을 하면서 '이건 내가 하는 거야' 하고 생각하며 자기에게 영광을 돌릴 것입니다. 그러나 원래 사랑을 할 수 없던 사람이 주님의 은혜를 힘입어 변화를 받고 사랑을 하게 되면 그는 그 사랑과 열매가 결코 자기에게서 나온 것이 아니고 주님으로부터 온 것임을 분명히 알기 때문에 오직 주님께 영광을 돌리게 됩니다. 그러므로 주님은 우리의 경수가 끊어질 때까지 기다리시는 것입니다.

오늘날 많은 이들이 알고 있는 것, 가르치고 있는 것은 스스로 애를 쓰고 노력하면 열매를 낳을 수 있다는 것입니다. 그것은 새우가 애를 쓰고 애를 쓰면 고래를 낳을 수 있다는 것과 같은 이야기입니다.
그것은 진리가 아닙니다. 그러므로 그러한 가르침은 사람들에게 많은 부담과 고통을 줄 뿐이며 믿음으로 주를 의지하여 살게 하지 않고 스스로 율법을 만들어 고통을 겪게 할 뿐입니다.

그러므로 우리는 자신에 대하여 절망하고 오직 주님을 붙들어야 합니다. 우리 자신에게는 결코 열매가 없습니다. 오직 사망이 있을 뿐입니다. 모든 열매는 주님으로부터 옵니다. 그러므로 자신의 힘으로 살지 않고 항상 언제나 간절하게 주님을 붙드는 이들은 아름답고 풍성한 주님의 열매를 맺을 수 있게 되는 것입니다.

8.

부모가 자녀보다 영적으로 성숙한 경우도 있지만 그 반대의 경우도 있습니다. 사역자가 성도보다 성숙한 경우도 있고, 그것이 일반적이지만 그 반대의 경우도 있습니다. 성도가 사역자의 어린 모습을 보며 품고 키우는 사명을 주시는 경우도 있습니다.

사람들은 교회를 선택할 때 '목사님 말씀이 좋아서..', '교회 분위기가 마음에 들어서..', 등의 말을 합니다. 하지만 그 결정에 있어서 오직 기도해야 하며 주님이 원하시고 인도하시는 교회를 선택해야 합니다.

어려운 면이 있어도 또는 사역자가 부족한 면이 있어도 주님께서 중보의 사명을 주셨고 그러한 감동으로 인도하시면 순종하고 기도해야 하는 것입니다.

9.

이 땅에서 알아주는 사람, 성공했다고 여겨지는 사람이 천국에서도 같은 평가를 받는다고 할 수 없습니다. 그것은 다른 것입니다.

그러므로 영의 눈이 뜨이고 영적으로 성장할수록 그는 남이 알아주는 사람이 되고 싶지 않으며 영광 받는 것을 싫어하게 됩니다.

흔히 사람들은 '세계적인 종', '하나님이 크게 쓰시는 종..' 이런 말을 하며 그렇게 되기를 사모하는데 그것은 별로 의미가 없는 것입니다.
우리는 오직 주님이 주신 분량 안에서 순종하는 것이 중요합니다.
큰 일이든 작은 일이든 주님의 부르심과 원하심에 순종할 때 우리는 기쁨을 얻게 됩니다. 참된 기쁨은 오직 주님이 주시는 것이며 그것은 하늘에서 오는 것입니다. 그것은 세상 사람들이 알아주는 것, 칭찬하는 것과 비교할 수 없는 기쁨입니다.

10.
우리는 항상 모든 삶의 순간에 주님의 인도와 감동을 따라 사는 것이 훈련되어야 합니다. 바깥의 상황에 대해서 합리적으로 적절하게 처신하는 것보다 내면에서 말씀하시는 주님의 음성을 들어야 합니다.
주님은 일반적으로 사람과의 관계에서 덕을 세우도록 인도하시지만 그러나 그렇지 않은 경우도 있습니다. 그럴 때 우리는 사람의 얼굴을 보아주는 것보다 주님의 감동에 따라야 합니다. 그로 인하여 어떤 불이익이 있을 수도 있지만 그래도 우리는 주님을 선택하고 그 불이익을 감수해야 합니다. 그것이 주님께 속한 사람의 삶입니다.

11.
주님의 감동은 지금 현재 나의 수준에서 하고싶은, 해야하는 어떤 것입니다. 우리가 아무리 어려도 주님은 우리의 영적 수준에서 말씀하시고 순종을 요구하십니다. 우리는 그것이 무엇인지, 주님이 내게 무엇을 원하시는지 알 수 있습니다. 우리의 양심은 그것을 압니다. 우리가 그 감동을 거스르면 마음이 편하지 않습니다.

모든 사람이 주님을 향해 가기 원하는데 각자 자기 단계에서 연약함이 있고 실수할 수 있습니다. 그러나 어린아이처럼 단순하고 순진하게 주님을 사랑하고 따라간다면 우리는 조금씩 더 성장해갈 수 있을 것입니다.

12.
영이 발전할 수록 주님이 크게 보이고 사람이 작게 보입니다. 사람이 두렵지 않습니다.
주님이 크게 보일수록 세상이 작게 보입니다. 세상에서 대단하게 여기는 것이 우습게 보이게 됩니다. 그러므로 영이 발전할수록 우리는 사람과 세상에 묶이지 않고 자유롭게 살수 있게 되는 것입니다.

13.
한 사람의 목회자를 쓰러뜨리기 위해서 마귀가 얼마나 많은 공격을 하는지 모릅니다. 젊은 시절에 순수하고 뜨겁게 주님을 사랑하다가 나중에 넘어지고 타락하는 사역자들이 많이 있습니다. 그것은 마귀가 쏘는 불화살에 맞았기 때문입니다.
지금도 환란과 시험, 배반을 수도 없이 경험하며 피눈물나는 고생을 겪는 목회자들이 많습니다. 그들의 외로운 투쟁에 대해 함께 울고 기도하고 격려하는 사람이 필요합니다. 한국 교회의 사역자들과 신학교를 위해 많은 중보기도가 필요합니다.
사역자들이 은혜가 없다고 비난하는 이들은 많지만, 그들의 타락과 넘어짐에 대해서 비난하는 이들은 많지만 중보하고 아파하며 기도하는 이들은 드뭅니다. 하지만 목숨을 걸고 중보한 사람 외에는 비난할 자격이 없습니다. 그리고 목숨을 걸고 중보한 사람은 결코 그들을 비난하지 않을 것입니다.

우리는 모두 같은 편입니다. 우리는 마귀와 치열한 전쟁을 하고 있습니다. 우리는 기도로 무장해서 우리에게 속한 장수들을 지켜야 합니다. 장수가 쓰러지면 백성들도 죽습니다.

기도하십시오. 기도는 우리의 사명입니다. 우리는 항상 자신을 위해서 기도해야하며 사역자를 위해서, 교회를 위해서 기도해야 합니다. 그것은 우리가 모두 주님 안에서 한 몸이며 한 가족이기 때문입니다.

도서구입신청

도서 구입을 원하시는 분들을 위한 안내입니다.

1. 도서 목록 확인
페이지를 넘기시면 정원 목사님의 도서 전권이 안내되어있습니다.
도서 목록을 참조하셔서 필요로 하시는 책을 선택하십시오.
각 도서의 자세한 목차와 내용을 원하시면 정원목사 독자 모임 카페의 [저자
및 저서소개] 코너를 참조하십시오. (http://cafe.daum.net/garden500)

2. 책신청
구입하실 도서를 결정하신 후에, 영성의 숲 출판사로 전화를 주세요.
(02-355-7526 / 010-9176-7526. 통화시간: 월~금 오전 9시~저녁 7시)
신청 도서 목록을 알려주시면 입금하실 금액을 안내해 드립니다.
신청하실 때는 책을 받으실 주소와 전화번호를 함께 알려주세요.
책신청은 전화 외에도 영성의 숲 홈페이지의 [책신청] 코너,
출판사 이메일 (spiritforest@hanmail.net)을 사용하실 수 있습니다.

3. 송금
안내 받으신 도서 대금을 아래 계좌로 입금해 주세요.
(국민은행: 461901-01-019724, 우체국: 013649-02-049367, 예금주: 이혜경)
신청자 성함과 입금자 성함이 일치하지 않는 경우에는 입금자 성함을
꼭 알려주셔야 확인이 가능합니다.

4. 배송
입금 확인 후에 바로 발송 작업을 하는데, 발송후 도착까지 보통 2-3일 정도
가 소요 됩니다. 책을 급하게 필요로 하실 경우에는 일반 서점을 이용해 주세
요. 해외 배송을 원하시는 분은 총판을 담당하고 있는 생명의 말씀사로 문의
해주시기 바랍니다. (생명의 말씀사 080-022-1211 www.lifebook.co.kr)

<기도 시리즈>

1. 하늘의 권능이 임하는 부르짖는 기도 1
영성의 숲. 373쪽. 13,000원 / 핸디북 10,000원
부르짖는 기도는 모든 기도의 형태 중에서 가장 기본적이고 중요한 기도입니다. 이 기도를 바르게 배우고 적용한다면 하늘의 권능이 임하는 것을 경험하게 되며 모든 면에서 강건한 그리스도인이 될수 있을 것입니다.

2. 하늘의 권능이 임하는 부르짖는 기도 2
영성의 숲. 444쪽. 14,000원 / 핸디북 11,000원
부르짖는 기도 1권은 발성의 의미, 능력과 부르짖는 기도의 전체적인 원리를 다루었으며 2권은 부르짖는 기도의 실제로서 구체적인 기도의 방법과 적용원리를 다루고 있습니다. 3부에 수록된 다양한 승리의 간증은 독자님들에게 좋은 도전이 될 것입니다.

3. 대적기도의 원리와 능력
영성의 숲. 400쪽. 14,000원 / 핸디북 11,000원
대적기도 시리즈 1편. 대적기도는 주님께 간구하는 기도가 아니며 우리에게 주어진 권세와 능력을 발견하고 사용하여 능력과 승리를 경험하는 기도입니다. 이 기도를 알게 될 때 당신의 삶은 진정 달라지게 될 것입니다.
휴대를 위한 작은 사이즈의 핸디북도 있습니다.

4. 대적기도의 적용 원리
영성의 숲. 424쪽. 14,000원 / 핸디북11,000원
대적기도 시리즈 2편. 대적기도에도 원리와 법칙이 있습니다. 그 원리와 법칙을 잘 익혀서 실제의 삶에 적용한다면 우리는 풍성한 삶을 살 수 있습니다. 이 책에서는 그 원리들을 구체적으로 제시해 주고 있습니다.
휴대를 위한 작은 사이즈의 핸디북도 있습니다.

5. 대적기도를 통한 승리의 삶
영성의 숲. 452쪽. 15,000원 / 핸디북 12,000원
대적기도 시리즈 3편. 대적기도를 인간관계, 가정에서의 삶, 복음 전도와 사역에 구체적으로 적용하는 방법을 제시하였습니다. 여기서 제시된 원리를 잘 읽고 적용한다면 삶과 사역에 있어서 많은 변화와 승리를 경험할 수 있게 될 것입니다.
휴대를 위한 작은 사이즈의 핸디북도 있습니다.

6. 대적기도의 근본적인 승리 비결
영성의 숲. 454쪽. 15,000원 / 핸디북 12,000원
대적기도 시리즈 4편. 완결편. 1부에서는 악한 영들을 근본적으로 완전하게 제압하고 승리할 수 있는 원리와 비결을 제시하고 있습니다. 2부에서는 대적기도를 적용하고 경험한 성도들의 사례가 실려 있는데 이것은 각 사람의 적용과 승리에 좋은 참고가 될 수 있을 것입니다.
휴대를 위한 작은 사이즈의 핸디북도 있습니다.

7. 아름답고 행복한 기도의 세계
영성의 숲. 279쪽. 9,000원
〈기도업데이트〉의 개정판. 자연스럽고 편안하게 기도의 아름다움과 행복에 잠길 수 있도록 돕는 책입니다. 기다리는 기도, 듣는 기도, 안식하는 기도 등 다양하고 풍성한 기도의 원리들을 일상의 예화들을 통하여 쉽게 정리하였습니다.

8. 주님의 마음에 이르는 기도
영성의 숲. 309쪽. 10,000원
기도의 원리와 방법에 대한 200개의 조언을 담았습니다. 주님의 마음을 향하여 가는 것. 그것이 기도의 방향이며 목적임을 보여주는 책입니다.

9. 주님의 임재를 경험하는 길
영성의 숲. 308쪽. 10,000원
〈주님을 경험하는 100가지 방법〉의 개정판. 주님의 살아계심과 임재를 경험하기 위한 100가지의 실제적인 방법을 제시하고 있습니다. 사모하는 마음으로 이 방법들을 시도한다면 누구나 쉽게 그분의 역사를 경험하게 될 것입니다.

10. 예수 호흡기도
영성의 숲. 460쪽. 15,000원 / 핸디북 11,000원
호흡을 통한 기도가 주님의 임재와 영적 실제에 들어가는 중요한 비밀이며 열쇠임을 보여주는 책입니다. 이 책에 제시된 원리와 방법을 충실히 시도해 본다면 누구나 놀라운 변화를 경험하게 될 것입니다.

11. 방언기도의 은혜와 능력 1
영성의 숲. 459쪽. 16,000원 / 핸디북 12,000원
방언기도 시리즈 1편. 방언에 대한 성경적이고 균형잡힌 설명 뿐 아니라, 저자의 개인적인 경험과 간증, 방언을 받는 과정과 통역을 시도하는 과정에 대한 구체적인 설명, 여러 경험자들의 실례가 풍성하게 실려있어, 방언의 은혜에 대해 이해하고 적용하는 데에 실제적인 도움을 주는 책입니다.

12. 방언기도의 은혜와 능력 2
영성의 숲 403쪽. 14,000원 / 핸디북 11,000원
방언기도 2편에서는 방언과 통역이 발전해 나가는 과정과 그 영적인 의미를 깊이있게 다루었습니다. 방언의 가치와 의미를 바르게 이해하고 적용하게 될 때, 오래동안 방언을 사용하면서도 주님의 은총를 누리지 못하던 이들이 주님의 가까우심과 아름다우심을 풍성히 경험하게 될 것입니다.

13. 방언기도의 은혜와 능력 3
영성의 숲 489쪽. 15,000원 / 핸디북 12,000원
방언 기도 시리즈의 결론적인 부분을 다룬 책입니다. 방언에 대한 부정적인 견해와 원인들, 방언을 통해 어떻게 부흥이 시작되는지, 은사의 바른 방향과 의미, 목적 등을 정리하였고, 전체적인 요약정리와 함께 경험자들의 구체적인 사례들을 첨부하여 실제적인 적용에 도움이 되도록 하였습니다.

<영성 시리즈>

1. 영성의 실제를 경험하는 길
영성의 숲. 357쪽. 12,000원
〈그리스도인의 아름다운 영성〉의 개정판.
많은 은혜의 도구들이 있지만 그것들이 다 주님을 접촉하는 것은 아닙니다. 참다운 영성과 주님을 경험하는 원리를 제시하는 책입니다.

2. 생각의 자유를 경험하는 길
영성의 숲. 228쪽. 8,000원
〈그리스도인의 생각 다스리기〉의 개정판. 우리가 겪는 삶의 대부분의 고통들은 스스로 만들어낸 생각의 감옥에 지나지 않으며 생각을 분별하고 관리함으로써 풍성하고 행복한 삶을 살 수 있다는 메시지를 다양한 예화와 함께 설득력 있게 제시하고 있습니다. 많은 교회에서 훈련 교재로 사용되기도 했습니다.

3. 영성의 중심은 사랑입니다
영성의 숲. 243쪽. 8,000원
하나님의 은혜를 받아들이고 누림으로써 진정한 사랑과 따뜻함의 세계를 경험할 수 있도록 돕는 책. 신앙의 따뜻함과 아름다움을 회복하고, 영혼들을 이해하고 도울 수 있는 관점을 제시하고 있습니다.

4. 영성의 원리
영성의 숲. 319쪽. 11,000원
영성에도 원리가 있습니다. 이 책은 영성의 발전을 위한 다양한 원리들, 영의 흐름, 영의 인식, 영적 승리를 위한 중보 등의 원리를 실제적인 예와 함께 잘 설명해 줍니다. 영적 부흥과 충만함을 사모하는 이들에게 좋은 참고서가 될 수 있을 것입니다.

5. 문제는 주님의 음성입니다
영성의 숲. 227쪽. 9,000원
우리의 삶에 다가오는 여러가지 어려움들, 문제들은 우연이 아닙니다. 거기에는 주님의 배려와 가르치심이 있으며 반드시 우리가 배워야 할 것이 있습니다. 이 책은 그 문제들에서 주님의 뜻과 음성을 발견하는 원리를 가르쳐 주고 있습니다.

6. 영성의 발전은 어떻게 이루어지는가
영성의 숲. 254쪽. 8,000원
〈영성의 상담〉의 증보 개정판. 영성에 대한 여러 질문과 답변을 통해 다양한 영적현상의 의미와 삶 속에서 영적 성장을 이루는 구체적인 방법들을 소개하고 있습니다.

7. 지금 이 공간에 임하시는 주님
영성의 숲. 340쪽. 12,000원
주님은 믿을수 없을만큼 가까이 계시지만 사람들은 흔히 그분을 무시함으로 그의 임재를 소멸시킵니다. 이책은 그분의 가까우심과 구체적인 공간을 통한 임재, 나타나심을 경험할수 있도록 실제적인 지침을 제시하고 있습니다.

8. 심령이 약한 자의 승리하는 삶
영성의 숲. 228쪽. 9,000원
영혼의 힘이 약하고 마음이 여리고 민감하여 고통을 겪고 있는 이들을 위한 책. 영혼의 원리 및 기질과 사명을 이해함으로써 이전에 알지 못했던 자유와 해방과 놀라운 행복감을 누리게 될 것입니다.

9. 천국의 중심원리
영성의 숲. 452쪽. 14,000원
천국은 사후에만 갈 수 있는 장소가 아닙니다. 이 땅에 살면서 천국의 임재, 그 천국의 빛과 영광을 경험할 수 있습니다. 이 책에서는 내면세계의 천국을 경험하기 위한 길과 원리를 제시해 주고 있습니다.

10. 행복한 신앙을 위한 28가지 조언
영성의 숲. 348쪽. 12,000원
〈자유롭고 행복한 그리스도인 1〉의 개정판. 묶여 있고 창백한 의식의 틀을 벗어나, 자유롭고 풍성한 믿음의 삶으로 나아가도록 돕는 책입니다. 28가지 조언속에 행복한 신앙을 위한 영적 원리들을 담고 있습니다.

11. 성숙한 신앙을 위한 30가지 조언
영성의 숲. 340쪽. 12,000원
〈자유롭고 행복한 그리스도인2〉의 개정판. 의식이 바뀔 때 천국의 자유와 기쁨을 누릴 수 있음을 보여주는 책입니다. 묶여있는 사고와 습관, 잘못된 의식에서 해방되는 원리를 제시해 주고 있습니다.

12. 의식의 깨어남을 사모하라
영성의 숲. 239쪽. 9,000원
잠과 꿈과 깨어남의 실체를 보여주며 진정한 깨어있음의 세계로 인도하는 책입니다.
의식과 영혼을 깨우기 위한 방법과 원리들을 제시해 주고 있습니다.

13. 주님의 마음, 주님의 임재 속으로
영성의 숲. 348쪽. 11,000원
오늘날 주님의 마음에 대한 많은 오해가 있어서 주님의 깊으신 임재에 들어가지 못합니다. 이 책은 그 오해를 풀어주며 우리를 향한 주님의 사랑을 보여주고 그 사랑의 임재 속에 들어가는 길을 안내해주고 있습니다.

14. 영성의 발전을 갈망하라
영성의 숲. 292쪽. 10,000원
영성의 진리 시리즈 1편. 영성을 깨우고 발전시킬 수 있는 다양한 이야기, 원리, 법칙들을 묶은 36가지의 메시지가 수록되어 있습니다. 영혼의 각성에 도움이 되는 지식과 도전을 얻게될 것입니다.

15. 집회에서 흐르는 주님의 은혜
영성의 숲. 254쪽. 8,000원
이미 출간되었던 [집회 가운데 임하시는 주님]을 새롭게 개정하였습니다. 회원들의 간증을 줄이고 더 많은 분량을 추가하였습니다. 집회 가운데 나타나는 주님의 생생한 역사와 이에 관련된 여러 영적 원리를 기술하였습니다. 읽을수록 집회 현장에 있는 듯한 감동과 은혜를 얻을 수 있을 것입니다. 은혜를 사모하는 이들, 영성 사역에 관심이 있는 사역자들에게 좋은 참고가 될 것입니다.

16. 삶을 변화시키는 생명의 원리
영성의 숲. 348쪽. 값 12,000원
삶 속에서 열매를 맺을 수 있는 비결과 원리를 시편 1편의 말씀과 요한복음 15장의 말씀을 중심으로 제시하고 있습니다. 포도나무이신 주님과 가지로서 항상 연결되는 삶이 열매를 맺는 원리이며 은총의 비결인 것을 명쾌한 논지로 설명하고 있습니다. 신앙의 기초와 방향을 분명히 밝히는 책으로서 풍성한 삶과 승리하는 삶을 갈망하는 그리스도인들에게 귀한 도전이 될 것입니다.

17. 낮아짐의 은혜1
영성의 숲. 308쪽. 값 11,000원
쉽게 하나님의 임재를 경험하며 그 은혜 가운데 머무르는 사람이 있습니다. 그 은총의 비밀은 무엇일까요? 그것은 바로 낮아짐이며 이를 통하여 주의 무한한 은혜와 천국의 풍성함을 누릴 수 있음을 본서는 증명합니다. 사람을 파괴하는 높아짐의 시작과 타락, 은혜의 회복, 열매의 풍성함 등을 다루고 있으며 누구나 그 은혜의 세계에 쉽게 이르도록 길을 제시하고 있습니다.

18. 낮아짐의 은혜 2
영성의 숲. 388쪽. 값 14,000원
낮아짐은 감추어진 비밀이며 천국의 문을 여는 보화입니다. 마귀는 낮아짐을 빼앗을 때 그 영혼을 사로잡을 수 있으므로 온갖 유혹으로 이 보화를 가로챕니다. 하나님은 천국의 풍성함을 주시기 위하여 낮아짐을 훈련하시며 인도하십니다.
2권은 적용을 주로 다루며 구체적으로 풍성한 은총을 누릴 수 있도록 권면하고 있습니다.

19. 그리스도를 갈망하는 삶
영성의 숲. 268쪽. 값 10,000원
부흥과 영적 깨어남, 영성의 다양한 원리에 대한 이야기. 삶 속의 이야기와 함께 자연스럽게 풀어서 정리하였습니다. 일상의 사소한 삶에서 영적 원리를 발견하고 적용하도록 도우며 그리스도에 대한 갈망이 증가되도록 도전하고 있습니다.

20. 영이 깨어날수록 천국을 누린다
영성의 숲. 236쪽. 값 8,000원
독자들과 일대일로 마주 앉아서 대화를 하듯이 영적 성장과 풍성한 삶을 누리는 원리에 대해서 메시지를 전달하고 있습니다. 사랑하는 삶, 영성의 깨어남에 대한 새로운 통찰력을 제공해주며 기쁨으로 주님을 따르는 길을 제시해줍니다.

<생활 영성 시리즈>

1. 주님과 차 한잔을
영성의 숲. 220쪽. 6,000원
신앙의 귀한 진리들, 주님을 사모하고 가까이 나아가는 데 도움이 되는 원리들을 유머를 통해 밝고 즐겁게 전달해주는 책입니다.
주님과 같이 차를 한잔 마시는 기분으로 부담없이 읽다 보면 자연스럽게 영적 통찰을 얻을 수 있을 것입니다.

2. 일상의 삶에서 주님을 의식하기
영성의 숲. 280쪽. 8,000원
일상의 사소한 삶 속에서 주님을 의식하며 살아가는 이야기. 신앙과 영성은 기도할 때만이 아니라 일상의 모든 삶 속에서 나타나야 한다. 작고 사소한 모든 일에서 주님을 의식하는 것이 진정한 행복의 원리인 것을 이 책은 보여주고 있습니다.

3. 일상에서 경험하는 주님의 사랑
영성의 숲. 277쪽. 8,000원
일상의 묵상 시리즈 2편. 사소한 일상의 삶에서 주님의 임재와 사랑을 느끼고 주님의 메시지를 경험하는 이야기. 항상 모든 것에서 주님의 마음과 시선으로 삶과 사람을 보고 느껴야 하며 이를 통해서 날마다 천국을 경험할 수 있음을 사소한 삶의 이야기를 통하여 부드럽게 전달해주고 있습니다.

4. 삶이 가르치는 지혜
영성의 숲. 212쪽. 6,000원
〈삶이 가르치는 지혜〉의 개정판. 우리의 삶에서 경험하는 많은 즐거운 일, 힘든 일들이 결국 우리 영혼의 성장을 위하여 주어진 일임을 보여줍니다. 가슴을 따뜻하게 하는 소박한 이야기들을 통해서 사랑의 중요성을 다시 한번 깨닫게 합니다.

5. 사랑의 나라로 가는 여행
영성의 숲. 156쪽. 5,000원
〈사랑의 나라〉의 개정판. 어른들을 위한 우화로서 한 청년이 여행을 통하여 삶의 목적과 방향을 깨달아 가는 과정이 흥미진진하게 전개되고 있습니다. 즐겁게 이야기를 읽어나가다보면 영적 성장의 방향과 중심, 영적 세계의 에너지와 원리, 흐름을 이해하는데 도움이 될 것입니다.

6. 하나님의 뜻을 발견해 가는 여행
영성의 숲. 269쪽. 신국판 변형 8,000원
성경에 등장하는 입다, 다윗, 암논의 삶과 사건들을 통하여 하나님의 아버지 마음과 하나님의 의도와 훈련을 이해하고 발견하도록 안내하는 책입니다. 등장인물들의 마음과 정서가 드라마처럼 녹아있어 흥미와 감동을 전달해 줍니다.

7. 일상에서 경험하는 주님의 은혜
영성의 숲. 253쪽. 값 8,000원
일상시리즈 3편입니다.
가족 이야기, 모임 이야기, 일상에서 경험하는 여러 가지 일들을 통해서 영적 원리와 교훈을 정리하였습니다.
일기와 이야기 형식으로 기록되어 있어서 즐겁게 읽는 가운데 주님과 같이 걷는 삶의 흐름 속으로 들어갈 수 있게 될 것입니다.

<묵상 시리즈>

1. 맑고 깊은 영성의 세계를 향하여
영성의 숲. 140쪽. 5,000원.
잠언시리즈 1편. 내 영혼의 잠언1을 판형을 바꾸어 새롭게 만들었습니다. 순결하고 맑은 영혼으로 성장하기 위한 진리의 묵상들이 간결하게 정리되어 있습니다.

2. 주님은 생수의 근원 입니다
영성의 숲. 196쪽. 6,000원
〈내 영혼의 잠언2〉의 개정판. 맑고 투명한 영성의 세계로 안내하는 영성 잠언집. 새벽녘의 신선하고 향긋한 바람처럼 우리 영혼을 달콤하게 채워주는 묵상의 글들을 모아서 정리했습니다.

3. 묻지 않는 자에게 해답을 던지지 말라
영성의 숲. 156쪽. 5,000원
삶과 사랑과 영혼의 진리를 담은 잠언 시집.
인생의 의미와 진리, 영성의 발전과정을 예리하면서도 부드러운 시각으로 표현하고 있습니다. 불신자에 대한 전도용으로도 좋은 책입니다.

4. 영혼을 깨우는 지혜의 샘물
영성의 숲. 180쪽. 6,000원
〈영적 성숙으로 향하는 여행〉의 개정판
인생, 진리, 마음, 영성 등 중요한 8가지의 주제에 대한 짧은 묵상을 담았습니다. 맑은 샘물이 흐르듯이 간결한 지혜의 메시지가 영성을 일깨워주는 책입니다.

집회에서 흐르는 주님의 은혜

1판 1쇄 발행	2003년 9월 15일
2판 1쇄 발행	2007년 5월 10일
2판 3쇄 발행	2016년 10월 20일
지은이	정원
펴낸이	이 혜경
펴낸곳	영성의 숲
등록번호	2001. 7. 19 제 8-341 호
전화	02 - 355 - 7526 (영성의숲)
핸드폰	010 - 9176 - 7526 (영성의숲)
E - mail	spiritforest@hanmail.net (영성의숲)
홈페이지	cafe.daum.net/garden500 (정원목사 독자 모임)
	cafe.naver.com/garden500 (정원목사 독자 모임)
국민은행	461901 - 01 - 019724
우체국	013649 - 02 - 049367
예금주	이 혜경
총판	생명의 말씀사
전화	02 - 3159 - 8211
팩스	080 - 022 - 8585,6

값 8,000원
ISBN 978 - 89 - 90200 - 48 - 8 03230